A. PLAISANT

—

BAIL A FERME
ET BAIL A MÉTAYAGE

Librairie J.-B. BAILLIÈRE et Fils

CAZIOT. — Expertises rurales et forestières. *2° édition.* 1924, 1 vol. in-16 de 432 pages, avec 20 figures........... 15 fr.

CONVERT. — L'industrie agricole, 1 vol. in-16 de 444 pages.. 15 fr.

— Comptabilité agricole. 3ᵉ édition. 1920, 1 vol. in-18 de 468 pages.. 15 fr.

DANGUY. — Constructions rurales. Bâtiments agricoles. Aménagement de la ferme. *4° édition*, 1923, 1 vol. in-16 de 464 pages, avec 186 figures........................... 15 fr.

DUCLOUX. — Méthode pratique de Comptabilité agricole. Guide comprenant les opérations agricoles relatives à une période de culture annuelle. 1911. 1 vol. petit in-4 de 40 pages... 3 fr. 50

FONS. — Manuel de Droit Rural. 1923, 1 vol. in-16 de 444 pages.. 12 fr.

JOUZIER. — Économie rurale. *3° édition*, 1 vol. in-16 de 550 pages.. 15 fr.

— Législation rurale. *3° édition*, par E. JOUZIER et P. ANTOINE. 1925. 2 vol. in-18 de 800 pages..................... 25 fr.

— Registre de Comptabilité agricole. Feuilles journal de semaine. 1 vol. in-fol. oblong de 52 feuilles avec modèle, relié toile.. 20 fr.

PLAISANT. — Les accidents du travail agricole, commentaires de la législation nouvelle, 1924. 1 vol. in-16 de 100 pages.. 3 fr. 50

PONCINS (DE). — La Motoculture pratique. 1 vol. in-18 de 332 pages, avec 100 figures....................... 12 fr.

PROVOST et ROLLEY. — La pratique du génie rural. *2° édition*. 1923, 1 vol. in-18 de 420 pages, avec 52 figures....... 15 fr.

REGNARD et PORTIER. — Hygiène de la ferme. *3° édition*. 1 vol. in-16 de 440 pages, avec 127 figures........... 15 fr.

VUIGNER. — Comment exploiter un Domaine agricole. *3° édition*. 1924, 1 vol. in-16 de 600 pages................. 20 fr.

LARUE. — Le Matériel agricole pour petites et moyennes exploitations. 1 vol. in-16 de 370 pages, avec 240 figures. 12 fr.

LE BAIL A FERME

ET

LE BAIL A MÉTAYAGE

TRAITÉ THÉORIQUE ET PRATIQUE

A L'USAGE DES

PROPRIÉTAIRES, FERMIERS, MÉTAYERS, NOTAIRES, EXPERTS, RÉGISSEURS, GÉRANTS

ET ADMINISTRATEURS DE BIENS RURAUX

Par

Achille PLAISANT

Premier Président honoraire de la Cour d'Appel de Bourges.
Agriculteur.

LIBRAIRIE J.-B. BAILLIÈRE ET FILS

19, RUE HAUTEFEUILLE, 19

1926

DU MÊME AUTEUR

—

Les Étrangers en France, broch. in-8°, Rouen, 1890.
Le Bail à métayage en Berry, broch. in-8°, Sire, Bourges, 1892.
Ouvriers et salaires ruraux, broch. in-8°, Bourges, 1896.
Les accidents du Travail agricole, in-18, Paris, J.-B. Baillière, 1924.

PRÉFACE

L'idée de confier l'exploitation d'un bien rural, d'une propriété en général, à un tiers, moyennant une redevance en nature ou en argent, pour prix de cet abandon, et de régler, par un contrat, les situations respectives du propriétaire et de l'exploitant, est de tous les temps et de tous les pays ; mais c'est une idée soumise à une insensible et constante évolution, sélon les mœurs, les circonstances, et la situation économique. Par suite, le contrat, ou *bail*, qui en résulte, est en perpétuelle transformation, dans l'idée qu'on s'en fait, comme dans les formes adoptées pour le réaliser.

Aussi ne doit-on pas s'étonner si les ouvrages qui ont examiné et analysé cette question, même s'ils remontent à moins d'un siècle, paraissent avoir vieilli, et n'être plus d'accord avec les opinions régnantes, soit en matière agricole ou économique, soit en matière juridique.

Trop souvent, d'ailleurs, ces ouvrages ont été inspirés d'une manière exclusive, soit par des notions ou systèmes tirés de la science ou de la pratique agricole, des théories de l'économie politique, soit, au contraire, des principes du pur droit civil ou de la pratique notariale ; en sorte qu'on pourrait les croire destinés seulement soit à des praticiens de l'agriculture qui ignoreraient tout de la pratique des affaires et des connaissances juridiques, soit à des hommes d'affaires ignorants de ce qui touche à la mise en valeur et à l'exploitation des biens fonds.

Cependant, aujourd'hui, l'instruction est assez répandue, et le mouvement des esprits assez vif pour qu'on puisse rencontrer chez les lecteurs, d'une part, la possession de notions de droit pratique, et d'autre part quelque connaissance de la vie agricole, et qu'il ne soit pas nécessaire, pour être compris, d'exposer préalablement à leur intention, les éléments du droit et principes sur lesquels repose l'exploitation agricole.

C'est en nous plaçant à ce point de vue, et, en utilisant une double expérience judiciaire et agricole, que nous avons composé ce traité sur les baux à ferme et à métayage, dans la pensée que tout lecteur un peu cultivé nous comprendrait aisément, et que, d'ailleurs, la pénétration réciproque des idées juridiques et de la pratique agricole rendrait l'ouvrage à la fois plus clair, plus intéressant et plus utile.

Nous avons aussi entrepris l'exposé d'ensemble des rapports des propriétaires et des fermiers de biens fonds, en abordant d'emblée la complexité des droits et obligations qui résultent du contrat de bail pour le propriétaire et l'exploitant. Beaucoup de ces notions sont connues déjà par l'usage et le frottement de la vie courante, en particulier de ceux qui ont l'habitude de la vie rurale.

Ces notions ont cependant besoin d'être précisées pour tous, rapprochées des principes d'où elles dérivent, et qui en éclairent l'importance, le caractère ou la portée véritable.

Nous avons toutefois donné, en forme d'Introduction, un tableau général des différents modes d'exploitation, formé d'observations qui tout en s'appliquant à l'ensemble du pays, s'inspire plus particulièrement des usages de la région du Centre, mais que chacun pourra, avec ses connaissances et sa pratique particulière, compléter et adapter à la région qu'il connait le mieux, ou qui l'intéresse le plus.

En général, nous avons dû nous borner à ce qui est d'une pratique ordinaire et courante, et laisser de côté ce qui est purement théorique, exceptionnel et inusité.

Cependant, pour répondre aux préoccupations actuelles du monde agricole, nous n'avons pu manquer de traiter, à l'occasion de chacun des éléments essentiels des baux, des questions encore assez neuves et qui ont été soulevées, les unes au cours du siècle dernier, les autres à une époque assez récente, et à la suite des événements qui ont perturbé la situation économique et sociale.

Nous faisons allusion ici à l'indemnité pour améliorations réalisées au cours du bail et réclamées en faveur du fermier sortant, à la détermination, pour le fermage, d'un prix variable suivant les cours des denrées telles que la viande et le blé, à l'estimation des cheptels à la sortie du fermier, et à l'attribution de la plus value anormale acquise par le cheptel vif au cours du bail, etc...

Nous avons cru devoir aussi proposer, comme exemples, à l'appui de ces développements, quelques formules de clauses ou des baux, qui ont subi déjà l'épreuve de la pratique, ou des indications sur la préparation, la rédaction des baux et enfin sur les frais, honoraires et droits des actes notariés.

A. Plaisant.

INTRODUCTION

Des divers modes d'exploitation
des biens ruraux

On admettra facilement que de tout temps le propriétaire d'une terre ou d'un domaine, petit ou grand, voulant en tirer profit, s'est ingénié, tout d'abord et spontanément, à l'exploiter lui-même, soit en le cultivant, et en tirant du sol des récoltes dont il pourrait se nourrir, ou se servir, comme denrée d'échange, si même il ne pouvait déjà les convertir en deniers ou monnaie pour la satisfaction de ses besoins, ou pour réaliser d'autres acquisitions.

Si ce propriétaire, ancien ou récent, était déjà un agriculteur, la chose allait de soi et semblait s'imposer comme la plus naturelle et la plus avantageuse.

Mais, à mesure que la civilisation est devenue plus compliquée, que les professions ont été plus nombreuses et plus diverses, on peut supposer qu'il est arrivé fréquemment que le propriétaire d'un fonds ait dû renoncer à l'exploiter et à en tirer profit lui-même, par son travail ou par son industrie.

Il a suffi pour cela, que sa profession ne lui laissât point le loisir de se livrer à l'agriculture, ou qu'elle fut incompatible avec cette forme de l'activité humaine. D'autre part, à mesure que l'agriculture devenait plus perfectionnée, exigeait des connaissances et une pratique difficiles, une expérience longue à acquérir, le propriétaire a pu se trouver incapable de s'improviser ou de devenir cultivateur et éleveur. Enfin, il suffisait 'que son âge ou sa santé ne lui permît pas de dépenser les forces ou de déployer l'activité nécessaires aux rudes travaux des champs, pour qu'il décidât encore de s'abstenir d'une exploitation qui, dans ces conditions ne pouvait être que médiocre ou insuffisante.

Ainsi le propriétaire a été conduit à recourir à d'autres modes d'exploitation de la terre très anciens, qui sont encore connus et pratiqués aujourd'hui, avec quelques différences, il est vrai, selon les temps, les peuples, et les circonstances et qui sont, la Régie ou le faire-valoir direct, le Fermage et le Métayage.

Régie et Faire-Valoir

La Régie ou le faire-valoir est assurément un système qui s'éloigne le moins de l'exploitation par le propriétaire lui-même, ou c'est, si on préfère, une des formes de cette exploitation personnelle.

En effet, elle apparaît déjà du jour où, l'exploitation devenant trop lourde ou difficile pour le propriétaire travaillant seul, ou avec les membres de sa famille, il se voit obligé de s'adjoindre, non plus seulement des ouvriers qui travaillent avec lui, ou exécutent, sous sa surveillance directe, l'œuvre entreprise, mais encore se décide à déléguer tout ou partie de son autorité de direction à un homme de confiance, auquel il laissera plus ou moins d'indépendance et d'initiative, soit pour accomplir ou faire exécuter par des ouvriers des travaux déterminés, soit pour diriger ou surveiller l'un des services de l'exploitation agricole. Si, pour des raisons énumérées plus haut, le propriétaire doit se tenir à l'écart de l'exploitation, on se trouvera dès lors en présence d'une régie plus ou moins absolue, plus ou moins indépendante et distincte, suivant les cas, de l'action personnelle du propriétaire.

Sous cet aspect, la Régie a existé et se rencontre encore fréquemment dans plusieurs régions.

Soit que le propriétaire n'ait jamais eu recours au fermage ou au métayage, soit que, ayant pratiqué déjà ces modes d'exploitation, il ait été conduit à y renoncer, il a la ressource, ne pouvant ou ne voulant exploiter lui-même son domaine, de se décharger des soucis et des fatigues de l'exploitation, sur les épaules d'un agriculteur de profession, qui, moyennant une rémunération en argent, ou l'abandon d'une part des produits, exécutera ou fera exécuter, aux frais, à la charge et sous la responsabilité du propriétaire, tous les travaux nécessaires, sauf à rendre compte à celui-ci de tout le profit net qu'il lui sera possible d'obtenir.

Si l'exploitation porte non seulement sur un fonds, un domaine déterminé, mais sur un ensemble de terres et de domaines, comprenant aussi parfois des bois et des étangs, le chef de cette régie, ou *régisseur*, devra être forcément un praticien actif, capable et expérimenté, auquel on laissera une assez large initiative et une grande indépendance, sauf à organiser et maintenir un système de surveillance et de contrôle de la régie, ce qui, on le comprend sans peine, sera toujours le point difficile et délicat de cette organisation.

C'est pourquoi les grandes régies, ainsi envisagées, ont été nombreuses dans le passé où elles étaient recherchées ou acceptées, faute de mieux. Aujourd'hui elles sont plutôt rares, et ne se voient le plus souvent, pour des propriétés d'une importance restreinte, que sous la forme du faire-valoir direct, dont on connait de nombreux exemples, sous des formes assez variées.

Faire-valoir direct.

Là, le propriétaire, n'étant pas complétement étranger à la profession agricole, désireux, d'autre part de ne pas abandonner tout à fait la surveillance et l'exploitation du domaine, restant attaché également à la vie rurale, et tenu, par ses besoins ou ses charges, de retirer de son exploitation le produit le meilleur et le plus élevé, soucieux enfin de ne pas abdiquer ni remettre son autorité aux mains d'un régisseur, se borne à prendre des auxiliaires ou des collaborateurs plus modestes et moins exigeants, tout en conservant ces collaborateurs dans une certaine dépendance. De là, le nom parfois donné à ce mode d'exploitation de régie ou *« faire-valoir par domestiques. »*

En fait, et dans la pratique, le propriétaire, habitant sur le domaine ou à peu de distance de là, aura ainsi, sous sa direction et sa surveillance, un chef domestique, très souvent même un ménage dont l'homme et la femme prendront le nom de basse-couriers, dans le Centre, de maître-valets, dans le Midi, l'homme, plus spécialement affecté à la direction des travaux de culture, à la conduite du personnel, à la surveillance et à l'entretien du cheptel, vacherie, écurie, bergerie et porcherie ; la femme, s'occupant, de son côté, du ménage, de la cuisine, de la nourriture du personnel, de la laiterie, enfin, de la direction, dans son ensemble, comme dans ses détails, de la basse-cour, en particulier des volailles et de tous les petits animaux qui peuplent ce compartiment de la ferme.

On comprend que le propriétaire conserve une plus grande autorité sur les basse-couriers que sur le régisseur proprement dit. Comme il pourvoit à toutes les dépenses, il doit profiter de toutes les recettes ; ainsi, doit-il et peut-il entrer dans l'examen et la surveillance des moindres détails de l'exploitation, lesquels se reflètent dans la comptabilité du domaine. Aussi bien le propriétaire a généralement le souci de tenir lui-même cette comptabilité, ne laissant à ses auxiliaires que le soin de noter certains comptes de détail, comme le paiement des salaires journaliers, et se réservant de surveiller ou de contrôler, à tout moment, chaque branche de ses services.

Tout en conservant son autorité, le propriétaire s'exonère, tout au moins, de la partie matérielle des travaux pour lesquels il se borne à donner une direction générale, et aussi, des rapports directs avec le personnel d'ouvriers et de domestiques, source fréquente de contacts et de frottements difficiles.

Bien entendu, ce système n'est vraiment heureux et profitable que si le propriétaire joint, à une certaine compétence agricole, une autorité naturelle, le goût de la vie rurale, la facilité de se plier et s'adapter aux petites ou grandes misères et difficultés de cette existence rustique.

Il faut encore qu'il ait des loisirs à consacrer à ces occupations, et, de plus, la volonté, comme la possibilité de descendre, à certains moments, au niveau de son personnel, de payer d'exemple, d'être prêt à donner un ordre, à redresser une fausse manœuvre, à montrer enfin ce qu'il faut faire et ce qu'il convient d'éviter.

Le succès de ce genre d'exploitation dépend donc, au plus haut point, des qualités du propriétaire et du choix des basse-couriers auquels, fait curieux, il faut demander à la fois les vertus du maître et celles du domestique, car ils sont *maîtres* quand ils organisent, commandent et surveillent le travail de la journée, tout en réglant eux-mêmes les difficultés de détail, spécialement durant les absences du propriétaire; et sont domestiques, quand leur propriétaire ou « maître » est au domaine, qu'ils reçoivent ses ordres ou intructions pour les faire exécuter.

Ce type précieux d'auxiliaires agricoles existe un peu partout; il faut seulement avoir la chance de le rencontrer, ou, à défaut, la patience et l'adresse de le chercher pour le découvrir. On le trouve quelques fois tout formé, ayant fait ailleurs ses débuts et son apprentissage. D'autres fois, il faut l'éduquer, le dresser et le former soi-même, le plier à ses habitudes et aux exigences de la situation locale.

D'ordinaire, c'est un ancien ouvrier, journalier ou domestique agricole qui fut, en son temps, petit domestique, charretier, vacher ou berger, laboureur..., et qui s'est fait remarquer par son intelligence, sa conduite, son autorité naturelle; qui, d'autre, part a eu l'esprit d'épouser une brave fille de la campagne, elle-même ancienne domestique de ferme, familière avec tous les travaux d'intérieur d'un domaine, et avec les soins de la basse-cour.

Quelques fois cet ouvrier est devenu déjà petit propriétaire et connait, par expérience, certaines difficultés pratiques de l'exploitation et de la direction d'une entreprise agricole.

Au surplus, dans le faire-valoir, le propriétaire peut encore se faire aider ou suppléer, soit durant ses absences, soit, en permanence, pour certains services de l'exploitation, par un professionnel, qui n'est plus le régisseur proprement dit, mais qui, sans être engagé dans les liens de la domesticité, reste dans une certaine dépendance vis à vis de celui qui l'emploie, tout en intervenant avec quelque initiative et liberté dans l'exploitation du domaine.

Cette collaboration est importante et utile, dans le cas où celui qui dirige et décide doit rester, par ses manières et son langage, très près du monde rural, être pénétré de ses usages et de ses habitudes, de ses manières et de son langage, par exemple, pour le recrutement du personnel d'ouvriers et de domestiques et les accords à faire avec ceux qui composent ce personnel, l'achat et la vente des produits, spécialement des animaux dans les foires et marchés.

Ce personnage se trouve assez facilement parmi les anciens fermiers, qui, à défaut de connaissances agronomiques, possèdent une pratique agricole et une expérience précieuses, qui, d'autre part, ont des loisirs à utiliser, en venant au domaine, une ou plusieurs fois par semaine, examiner les travaux en cours d'exécution ou en projet, surveiller le bétail, donner un avis ou un conseil d'expert, en fréquentant les foires et les marchés pour connaître les cours et les tendances du commerce, en visitant au besoin les fournisseurs et les acheteurs.

Comme pour les basse-couriers, l'adjonction de cette sorte d'homme d'affaires, ou de régisseur au petit pied, augmente les dépenses de gestion ou d'administration, mais, s'il a été bien choisi, — ce qui arrive, — s'il est honnête, actif et compétent, cet auxiliaire est utile et précieux, il paie bien sa place, comme on dit. D'ailleurs, il est opportun de le rémunérer, avec une remise sur le produit net, ou un tant pour cent sur les ventes, plutôt qu'avec un traitement fixe ou encore de combiner ces deux moyens.

Si la régie et le faire-valoir présentent l'avantage de décharger le propriétaire du souci et des fatigues de l'exploitation directe et personnelle, il faut bien reconnaître qu'ils comportent aussi des inconvénients dont l'un réside dans l'augmentation des frais de gestion et un certain gaspillage qui est plus ou moins prononcé, suivant l'honnêteté et le zèle des intermédiaires, régisseurs ou domestiques, suivant aussi la surveillance et le contrôle exercés par le propriétaire. Il n'y a d'ailleurs là rien qui doive surprendre. C'est le prix et la rançon de la liberté et du soulagement que le propriétaire a voulu se procurer ; on doit bien s'attendre à ce que les intermédaires, agissant pour autrui, n'apporteront pas la même attention, le même soin, la même économie que le propriétaire, ni dans l'emploi de la main-d'œuvre, ni dans la consommation ou l'emploi des denrées, produits, et instruments mis à leur disposition et placés sous leur garde. Les ouvriers eux-mêmes en prendront beaucoup plus à leur aise, dans l'accomplissement de leur tâche, étant placés sous la surveillance d'intermédiaires, qui n'agissent point pour leur compte, que s'ils travaillaient sous les ordres d'un exploitant intéressé.

Si le propriétaire trouve que la régie et le faire-valoir sont encore au-dessus de ses forces, des loisirs et des moyens dont il dispose, il ne lui restera plus, pour exploiter utilement et fructueusement son domaine, parmi les modes d'exploitation en usage, que le fermage et le métayage.

Le Fermage et le Métayage.

Ces deux contrats se ressemblent en ce qu'ils constituent l'un et l'autre, un bail, par lequel le propriétaire, en échange de la jouissance du domaine, qu'il abandonne à un exploitant, ne reçoit qu'une part des produits de ce domaine. Ils comportent en effet, l'exploitation du domaine par un tiers, à ses risques, à charge par lui de remettre au propriétaire une part des produits, en nature, en principe, dans le métayage, en argent dans le fermage. Ces combinaisons semblent, à première vue, exonérer le propriétaire de toute charge et de tout souci ; mais c'est à voir.

Le Métayage.

Le métayage a été connu de l'antiquité et pratiqué en particulier par les Romains. Pline en fait mention dans une de ses lettres, comme un remède à la situation obérée des fermiers, et à leur culture défectueuse. En France, les siècles passés l'ont également connu et pratiqué, dans toutes les provinces, et notamment en Berry, ou on en retrouve les traces dans les registres des abbayes, et dans les contrats consentis à leurs tenanciers par les établissements publics et religieux.

On sait que le métayage se ramène, en gros, à une sorte d'association du propriétaire et du métayer, le premier fournissant un capital, terre, fonds ou domaine, souvent avec quelque bétail et un matériel de culture, le second apportant son travail, ses connaissances et son expérience de cultivateur, et faisant face, en principe, aux frais et aux dépenses de l'exploitation, mais ne fournissant, sauf exception, ni bétail ni matériel.

Si on part de cette notion assez simple, on peut admettre que le métayage ait été une préparation ou une transition tout indiquée de l'exploitation personnelle et directe du propriétaire au régime du fermage. Là, en effet, le fermier, fournissant non seulement son travail pour l'exploitation du domaine, mais aussi un capital, pour garnir, mettre en valeur et exploiter le domaine, s'est dégagé des liens de sujétion et de subordination où le métayer se trouvait retenu ; il a joui d'une indépendance qui était la contrepartie de la liberté et de la sécurité qu'il procurait au propriétaire, en libérant celui-ci de toutes charges personnelles, et en lui garantissant, par sa solvabilité et son savoir-faire, un revenu constant et régulier.

Il est permis de croire également que, sous le régime féodal, le métayage fut, plus d'une fois, le moyen, pour le tenancier pauvre, mais intelligent et actif, de s'émanciper du servage, en échangeant la domination lourde du seigneur fieffeux, contre l'autorité assez douce et débonnaire du propriétaire qui ne lui demandait qu'un labeur dont il recueillait les fruits tout le premier, et dont il pouvait, avec un peu d'habileté, consommer ou garder la meilleure part.

Quoiqu'il en soit, on voit, dès le xvie siècle, Olivier de Serres, dans son « *Théâtre d'agriculture* », recommander la pratique du métayage.

Les terres, d'une étendue considérable, étaient nombreuses à cette époque, appartenant à des couvents, des abbayes, des hôpitaux ou à de grands seigneurs ; elles étaient favorables à l'exploitation en régie, mais aussi par métayage. Elles pouvaient en effet être divisées en un grand nombre de domaines, petits, ou d'une étendue modérée, pour lesquels on n'eut point trouvé un nombre assez grand de fermiers, capables et solvables, mais qui pouvaient être mis aux mains de familles de laboureurs, promus, pour la circonstance, à la situation déjà meilleure de métayers. On devait seulement leur faire quelques avances pour attendre la récolte, faire vivre et produire le cheptel qui leur était confié. Et cela valait mieux que de laisser les terres, en friche, retourner à l'état de pâtures boisées.

Aussi bien, n'était-ce pas l'époque où les coutumes de Berry et de Nivernais reconnaissaient et réglaient l'existence des « communautés taisibles » entre pères, sœurs et autres, demeurant ensemble, « par demourance, et dispense commune », vivant au même pot, sel, et chanteau de pain (1), et se continuant entre les survivants et les cohéritiers des prédécédés, en ligne directe et collatérale entre majeurs et mineurs, dans une complète et durable indivision ? C'étaient là assurément de pauvres organisations, à leur début, d'un médiocre rendement et profit, mais qui, tout de même, assuraient la continuité d'une

---

(1) Dupin a donné, dans sa nouvelle édition de la coutume de Nivernais, (in-8°, Paris, 1864) la description d'une de ces communautés, existant, de temps immémorial, dans la Nièvre (commune de Saint-Benin-des-Bois) et qu'il avait pu visiter encore en 1840. Cette communauté « des Jault » possédant des titres de l'an 1500. réunissait alors 36 personnes, hommes, femmes et enfants qui occupaient *Les Jault*, groupe de bâtiments, et propriété composée de terres, prés et vignes alors estimés plus de deux cent mille francs. Cette famille continuait de vivre dans l'indivision, sous l'autorité du *maître* qui avait été choisi, comme étant le plus capable, parmi les hommes faits, pour diriger les affaires, tandis que la femme la plus entendue présidait aux soins du ménage. La propriété, restant dans l'indivision, était maintenue intacte, malgré les décès qui n'entraînaient point de partages : mais les femmes lorsqu'elles se mariaient au dehors, et sortaient ainsi de la communauté au moins provisoirement, recevaient une dot en argent comptant, pour tous droits présents et à venir, (p. 472 et s.s.)

exploitation, de la culture et de l'élevage dans les domaines, en attendant le jour ou l'agriculture devait prendre son essor.

Ces communautés fort critiquées par les juristes et les économistes, avaient, en fait, cet avantage d'apporter une main d'œuvre nombreuse et intéressée, se suffisant à elle-même, dans la terre qu'elles occupaient, et se trouvaient par suite favorables à l'exploitation par métayage.

. Pour le recrutement des métayers, on dut souvent, faute de mieux, s'adresser à des familles de paysans, fort dénués de ressources, simples ouvriers des champs, ou même, engagés déjà dans les liens de la domesticité. Il en résultait, pour ces modestes exploitants, un état de subordination et de dépendance, dont le souvenir et la persistance se manifestaient parfois encore dans la condition des métayers de quelques campagnes reculées, au cours même du dix-neuvième siècle.

C'est ainsi qu'on a vu des contrats où le métayer s'engageait à faire « tout ce que le bailleur jugerait convenable » en particulier des « charrois », « dans quelque lieu, et pour quelques motifs que ce soit ».

Ailleurs le bailleur stipulait, en toutes lettres, que les métayers lui feraient la cuisine et lui serviraient de domestiques, pendant ses séjours au domaine.

Ces conditions, excessives sans doute, étaient, en réalités plus surprenantes dans la forme que dans le fond, car, en pratique, elles étaient appliquées sans aucune rigueur, grâce à la douceur des mœurs et au caractère familial et patriarcal des rapports existant entre maitres et métayers.

Il en était de même de la clause empruntée aux usages du Bourbonnais, et d'après laquelle, les baux à métayage n'étaient consentis que pour une année, avec préavis de six mois, et d'ailleurs, avec faculté de tacite reconduction. La courte durée de ces baux, blamée par les agronomes, a cependant donné de bons résultats, dans la pratique, car, appliquée avec modération et discernement, elle n'a servi en définitive, qu'à combattre l'inertie, l'indolence ou l'infidélité des métayers, par une menace, toujours suspendue sur leur tète, mais rarement exécutée. En fait, des familles de métayers ont pu, nonobstant cet usage, se perpétuer dans le même domaine durant de longues périodes et même se succéder de génération en génération.

Ainsi, le métayage, fondé, en somme, sur quelques principes assez simples, a évolué sans cesse, se transformant, d'après les exigences des lieux, de la situation générale, sociale, politique et économique, du pays, et enfin selon la nature et le caractère de ceux qui le mettaient en œuvre, propriétaires et tenanciers.

Selon la tradition, encore conservée, le propriétaire ou bailleur est « le maître », conserve à ce titre, le droit souverain de direction de l'exploitation, quant à la culture et à l'élevage. Dans les familles de métayers du Centre, on l'appelle « not'maître », comme lui, parlant de son métayer, dit volontiers « mon laboureur » comme il parlerait de sa domesticité.

Il n'est pas moins vrai que le maître connaît les limites de son pouvoir, et s'abstient d'ordonner, dans bien des cas où, rigoureusement, il en aurait le droit.

Soit qu'il habite le domaine, parfois dans une maison contiguë à la ferme, ou en faisant même partie, soit que, habitant au loin, il vienne faire des séjours ou de simples visites à la métairie, le maître regarde, examine, s'entretient familièrement avec les uns et les autres, interroge discrètement, et, son opinion étant faite, blàme rarement avec sévérité, conseille plus souvent qu'il ne commande.

De même, aux foires, alors qu'il a le droit de vendre lui-même, et, d'après ses inspirations, le bétail que le métayer y a conduit avec son consentement, le maître laisse souvent le métayer débattre le prix avec l'acheteur de son choix, et n'intervient finalement que comme arbitre. La paix et la bonne entente sont le prix de ces petites concessions qui sont parfois le fait du métayer lui-même, lorsque, spontanément, il vient demander au maître son avis, son conseil, ou son consentement, pour une opération qu'il a conçue lui-même, mais qu'il veut cependant, faire adopter tout d'abord par son associé.

On est amené ainsi à modifier souvent, dans la pratique, la règle d'après laquelle le métayer ne doit que son travail avec l'obligation toutefois de faire tous les frais de la culture du domaine. Pour la bonne marche et la réussite de l'exploitation, le maître est, maintes fois, conduit à faire au métayer des avances d'argent auxquelles il n'est point tenu, ou à supporter, dans les dépenses d'amélioration, une part supérieure à la moitié.

On va ainsi au-devant d'une des critiques adressées au métayage, et d'après laquelle on ne saurait décider le métayer à entreprendre une opération dans laquelle il ne serait pas certain de retrouver, pour sa part, beaucoup plus que les avances par lui faites.

Pour préciser, on observe que le métayer n'a pas intérêt à faire, même en commun, une dépense de 100 francs qui ne devrait rapporter que 150 francs. L'opération paraît cependant excellente. Mais, dit-on, le métayer ne faisant que partager la différence du produit et de la dépense, soit cinquante francs, ce qui lui procure, pour sa part, vingt-cinq francs; comme il a dû avancer cinquante francs, sans

compter son travail, il se trouve en perte de vingt-cinq
francs sur l'opération. Cela est exact, selon la logique, et
d'après le calcul. et encore, à la condition de se référer au
produit net et non au produit brut, comme on le devrait
faire ici.Mais cela est faux en pratique, car le maître, pour
décider le métayer à entreprendre l'opération jugée fructueuse. a bien su lui consentir des avantages. directs ou
indirects, ou encore sa participation personnelle aux dépenses, supérieure à la moitié. C'est ainsi que le propriétaire a emporté les hésitations du métayer.

Cela permet aussi de comprendre qu'on ne saurait caractériser le métayage d'une façon abstraite, et dire, comme
l'ont soutenu des théoriciens, qu'il est un contrat de *société*
d'après les uns, de *louage d'ouvrage ou de services*, d'après
les autres, ou enfin un contrat de bail, assimilable, en droit,
au bail à ferme, selon d'autres encore.

La vérité, selon la pratique, est qu'il ne constitue, en
principe, aucun de ces contrats, mais qu'il réalise en fait,
l'un ou l'autre, suivant les lieux, les temps, les circonstances. enfin suivant les habitudes et le caractère du
maître et du métayer, ou suivant les conditions du bail
écrit, quand il y en a un.

Ce qu'on peut reconnaître toutefois, d'après nombre
d'observations et de renseignements, c'est que, dans la
région du Centre, le *métayage-louage de services* tend à
disparaître, s'il n'est déjà disparu, tandis que le *métayage-
association* et le *métayage-bail à ferme* tendent à se développer et à se généraliser.

D'autre part, le nombre des métayers décroit, c'est-à-
dire que le métayage perd du terrain. Cependant la crise
agricole qui a sévi, de 1870 à 1885 environ, avait valu au
métayage un regain de faveur, vu la plus grande rareté

des fermiers solvables et entreprenants à cette époque. Depuis, le métayage est de nouveau en regréssion. Dans la région du Centre, il est encore recherché, par la contagion de l'exemple sans doute, dans le voisinage du Bourbonnais où il se maintient très vivace, et là où les domaines sont de faible étendue, au-dessous de cinquante hectares, par exemple, et comprennent plus de terres de culture que de prairies. Les autres domaines, de cent hectares et au-dessus, là surtout où prédominent les prairies, avec un nombreux cheptel vif et un élevage florissant, sont aux mains des fermiers.

Cela résulte assurément de la prospérité de l'agriculture, grâce à laquelle les domaines sont recherchés par un nombre assez grand de fermiers capables et solvables qui, d'eux-mêmes, offrent aux propriétaires un prix de fermage régulier et assez élevé, bien garanti, qui semble préférable à l'aléa et aux difficultés de perception de la part de produits réservés au propriétaire, sous le régime du métayage. Car là gît une des complications et la partie délicate du fonctionnement du métayage.

. L'opération est assez simple quand il s'agit du partage des grains et des laines. D'habitude, le maître assiste aux battages, comme il est présent, au domaine, à l'époque des tondailles où se réalise et se perçoit le produit en laine de la bergerie. S'il est absent, il est représenté par son garde, son régisseur, son homme d'affaires, ou simplement, par « l'ouvrier de maître » qui veille au partage égal des produits. Chacun des associés peut donc vendre, séparément, et à sa guise, sa part de produits, et le métayer est tenu de rouler la part du « maître » jusqu'au magasin du marchand, à la gare ou au moulin. Chacun reçoit aussi, séparément, le prix en argent de sa vente.

Pour le partage des profits provenant du bétail, l'opération est déjà plus compliquée, bien que, dans la pratique, elle ait été déjà simplifiée. En effet, il est inutile, dans ce cas, de faire un partage en nature. Les animaux, conduits à la foire ou au marché, sont vendus en public, à la suite d'un débat où soit le propriétaire lui-même, soit son représentant a rigoureusement le dernier mot, et finalement, reçoit de l'acheteur le prix de la vente. Ce prix, s'il n'est point partagé de suite, sera porté en recette, pour moitié, au compte de métayage, tenu par le maître, compte où figurent, au débit ou en dépense, les avances faites au métayer et tout ce dont celui-ci peut-être redevable, pour sa part, en argent. C'est, en définitive, le solde de ce compte, tenu par le maître, qui fera l'objet d'un paiement, par le maître au métayer, s'il y a un excédent de recettes, ou solde créditeur et, dans ce cas contraire, par le métayer à son maître, à moins qu'il n'y ait « report à nouveau » au compte de l'année suivante.

Mais, à côté de ces principales sources de profits, il y en a d'autres pour lesquelles le partage, théoriquement prévu, est plus difficile. Il y a, par exemple, le produit des cultures sarclées, betteraves et pommes de terre notamment, qui ne sont pas destinées à la vente, mais resteront à la métairie, pour la nourriture, l'entretien et l'engraissement des bêtes, du cheptel, afin de préparer ainsi, pour l'avenir, d'autres recettes en argent. Il faut donc admettre que le métayer emploiera ces produits exactement et judicieusement, ou tenir la main, par une surveillance et un contrôle appliqués, à ce qu'il en soit ainsi. On admet toutefois que les pommes de terre serviront aussi à la nourriture du personnel et de la famille du métayer. Mais il ne faut pas alors que les métayers les emploient en cachette, à l'engraissement de volailles et de porcs, vendus à leur seul profit ou abattus à la ferme pour y être consommés par eux.

Pour les volailles, on a fini d'ordinaire par admettre, pour simplifier, que le profit en resterait en entier aux métayers qui ne devraient d'ailleurs leur donner du grain que sur leur part de céréales. En fait, cependant, ces volailles vivent, pour une large part, des produits de la métairie qui échappent au partage. C'est pourquoi, par une sorte de forfait, les métayers sont tenus de donner au maître, à une époque traditionnelle ou convenue, comme la Saint-Martin ou Noël, tant de paires de volailles soit maigres, soit engraissées, suivant convention.

Par analogie, les métayers doivent aussi tant de livres de beurre, et tant de fromages, ce qui peut faire une certaine compensation pour la part du lait des vaches dont les métayers ont seuls le profit, en plus de la part qui a servi à l'élevage des veaux et des porcs vendus en commun.

Il y a une source plus sérieuse d'injustice ou d'inégalité dans le partage du produit et des dépenses que comporte le métayage ; c'est ce qui arrive dans le cas où la métairie, au lieu de n'être composée que de terres de culture, qui exigent beaucoup de travail et de main-d'œuvre, à la charge du métayer, comprend une forte proportion de prés, ce qui n'entraîne pour le métayer que des travaux d'entretien, de peu d'importance, et d'autre part, exige de grosses avances en bétail, du chef du maître.

On y a remédié, mais d'une manière empirique, qui ne laisse pas de prêter à de vives discussions, avant ou après la conclusion du bail, en exigeant du métayer, le paiement annuel d'une somme fixe en argent sous le nom de « *prestation colonique* » ou « *impôt* » qui correspond en général, à une somme de dix à trente francs, par hectare, multipliée soit par le nombre des hectares du domaine, soit seulement par le nombre des hectares de prairies. D'aucuns disent que c'est la juste contrepartie de l'impôt-foncier payé par le propriétaire; mais il y a une explication plus rationnelle à donner de cette prestation.

Sans doute, cette somme, arbitrairement fixée, en apparence, paraît tout d'abord une charge excessive pour le métayer, qui a déjà des obligations, quant à la culture et à l'entretien. Cela se justifie cependant par cette raison que, dans ce cas, apparaît une sorte de mélange ou d'union des principes du fermage et du métayage, car cet arrangement se ramène à la combinaison d'après laquelle le maître et le métayer affermeraient ensemble, à frais communs, les prés faisant partie du domaine et jugés nécessaires à l'exploitation. Les prés étant fournis par le maître gratuitement, alors qu'il pouvait se borner à fournir des terres arables, il est juste que le métayer, qui en jouit pour sa part, paie aussi sa part de la somme qui représente le prix de fermage de ces prés.

Quoi qu'il en soit, malgré ces arrangements ingénieux, créés par la pratique, et fondés en somme sur un certain empirisme, plutôt que sur des calculs précis et exacts, il n'en reste pas moins acquis que de nombreux produits, d'importance diverse, échappent au partage en nature ou à la règle de l'apport égal des deux parties qui sont à la base du métayage, et que, d'autre part, les avantages admis, comme contrepartie, au profit du maître, semblent toujours, aux yeux du métayer, onéreux et injustes à l'excès C'est là souvent l'origine et la cause d'un désaccord ou même d'un esprit d'hostilité entre les deux associés, qu'on apaise par des concessions réciproques, jusqu'au jour ou un incident le fait éclater, au point d'amener la rupture du contrat. Parfois, c'est le propriétaire qui, ayant reçu des offres avantageuses pour un bail à ferme, nourrit le secret espoir de remplacer son métayer, devenu de rapports difficiles, par un fermier, avec lequel il n'aura aucun compte à régler. — D'autres fois, c'est le métayer lui-même, qui, enrichi dans son exploitation de métayage, commencée avec les plus maigres ressources, souffre de la subordination dans laquelle il vit, et aspire à l'existence libre et indépendante du fermier à prix d'argent, ou il se leurre de de l'espoir de réaliser des profits plus élevés, tout au moins égaux, avec plus d'agrément et de satisfactions d'amour-propre.

Si le propriétaire est porté à renoncer au métayage pour le fermage, c'est aussi parce que les bons métayers deviennent rares, que la race de ces métayers se perd et disparaît, en même temps que disparaissent les familles de paysans fortement attachés à la terre, modestes et tranquilles.

Car s'il ne suffit pas, pour faire un bon métayer, d'être un adroit laboureur et un bon « soigneur de bestiaux » comme on dit. Il faut encore avoir l'esprit du métayage, et pour cela, avoir été élevé, avoir vécu et grandi chez des métayers, ou du moins dans un pays de métayage où tous les usages propres à ce mode d'exploitation sont connus, pratiqués, et appréciés, au point d'être incorporés à la vie, à la pratique agricole et rurale.

Cet esprit a existé et a été longtemps fort vivace dans les contrées du Centre, de l'Ouest et du Midi, et, surtout, dans le Bourbonnais, qui, avec ses métairies petites et très nombreuses, paraît devoir rester, pour quelque temps encore, le pays d'élection du métayage. Ailleurs, il tend à disparaître, les traditions anciennes reculant ou s'éteignant

sous la poussée des idées d'indépendance et d'individua-
lisme.

Les vieux métayers eux-mêmes ont du mal à se faire
obéir et respecter de leurs enfants; ceux-ci oublient qu'ils
sont intéressés à la prospérité de la métairie, et prèfèrent
se conduire comme des domestiques à gage, disposés au
besoin à quitter le toît paternel, pour aller se mettre au
service d'un fermier.

Le Fermage.

Ainsi, nombre de circonstances contribuent, on le voit,
à orienter le monde agricole vers la pratique du fermage.

Cela se conçoit d'autant mieux que si les bons métayers,
modestes, sérieux, travailleurs et honnêtes, pères de nombreux enfants, devenaient plus rares, les fermiers, fiers,
mais actifs, courageux, pleins d'entrain, ambitieux, assez
instruits, disposant d'un certain avoir, devenaient de plus
en plus nombreux et entreprenants. Car il y a dans la
région du Centre, comme aussi dans les riches et fertiles
contrées de l'Ile-de-France, de la Brie et de la Beauce,
plus encore dans le Nord et l'Est, un race de fermiers qui
a son esprit de caste, son orgueil et ses traditions, tout ce
qui est de nature à exalter et à développer leur valeur
d'exploitants agricoles.

Pourvus seulement, la plupart, d'une instruction pri-
maire, ils ont acquis, dans leur jeunesse, une pratique agricole très complète. Beaucoup d'entre eux en effet sont nés
et ont été élevés chez leurs parents, fermiers eux-mêmes,
chez qui, au sortir de l'école, ils ont rempli tous les emplois de la ferme, successivement vachers, charretiers ou
laboureurs, ils ont couru, suivant leur père, les foires et
les marchés, y conduisant les bêtes de grand matin. On les

a vus aussi assistant aux ventes et aux achats, et parfois
prenant part à la discussion et à la conclusion de l'accord,
fréquentant l'usine où le meunier, acheteur de la récolte
de la ferme, convertit le grain en farine, son et recoupes,
fréquentant de même l'abattoir et l'étal du boucher, acheteur des bêtes du domaine, où ils font une étude et des
comparaisons utiles de la bête sur pied, et de la bête abat-
tue et dépecée, conversant avec le vétérinaire et le pharmacien des choses de leur art, discutant, avec les ouvriers
et les autres fermiers, des travaux de culture auxquels ils
ont eux-mêmes mis la main. Ils ont appris, de bonne heure,
à conduire et diriger les équipes d'ouvriers, à réparer, entretenir et mener eux-mêmes les machines diverses et les
voitures, ce qui les met en rapports journaliers avec le
bourrelier, le charron, le maréchal, dont ils connaissent le
langage, les procédés et autres « ficelles du métier ».

Aussi, on ne saurait leur en remontrer, ni sur l'estimation des travaux, en prix et en durée, ni sur l'évaluation
du bétail sur pied, qu'ils jugent d'un coup d'œil, en qualité,
comme en poids vif ou net, fixant, en un bref calcul men-
tal, à tant la livre, d'après le cours du jour, la valeur de
l'animal.

Certes, un grand nombre d'entre eux, de mœurs et d'allures un peu rudes, manquent de distinction, mais non
d'intelligence et de finesse, leur vie active les mettant en
contact avec les personnalités les plus variées, et devant
tous les spectacles propres à enrichir leur mémoire, à éveiller leur esprit et à les faire réfléchir.

C'est ainsi qu'ils arrivent à la maturité, ayant passé,
entre temps, par le régiment, de préférence dans l'artil-
lerie ou la cavalerie ou ils ont développé leur connaissance pratique du cheval et de l'art vétérinaire.

Mariés à une femme de leur milieu, qui a reçu une éducation et une formation analogue, associés à la direction de la ferme paternelle, très attachés à la vie des champs, enfin, pourvus de capitaux suffisants, ils sont prêts à profiter de la première occasion favorable pour « entrer en ferme » à leur propre compte. Sans doute ils défendent âprement leurs intérêts et discutent les conditions du bail avec le propriétaire et le notaire, non sans compétence ; mais, ils sont, d'autre part, hardis, un peu aventureux, pleins de confiance en eux, escomptant volontiers l'avenir. Ils ne craignent donc pas d'offrir le gros prix de fermage, assurés, pensent-ils, d'y faire face, d'une manière ou d'une autre.

Car il n'y a rien de classique ni d'absolu dans leur administration. Ils ne se révèlent point agronomes, mais se montrent seulement des praticiens achevés, d'un esprit assez ouvert pour adopter, sans résistance, des nouveautés comme l'emploi des engrais chimiques, l'achat de semences et de reproducteurs d'élite, la sélection sévère des bêtes du cheptel. Ceux dont l'exploitation est importante ne reculent pas devant l'achat de tracteurs mécaniques, en même temps qu'ils adoptent l'automobile, camionnette ou torpédo, pour aller rapidement aux foires et marchés, en y conduisant eux-mêmes le menu bétail. En outre, ils ont senti s'éveiller en eux, et, loin d'y résister, ils ont développé avec ardeur, l'esprit de commerce et de spéculation. Ils y étaient d'ailleurs préparés et naturellement conduits par la pratique de « l'embauche » ou embouche, qui est courante dans la région du Centre, et qui comporte l'achat, au printemps, d'un grand nombre de têtes de bétail, jeune ou maigre de préférence, qui sont mises à l'engraissement, dans les prés dits « d'embouche », d'où on les fera

successivement sortir, avant l'hiver, en vue de la revente
au boucher ou à d'autres éleveurs, à moins qu'il ne soit
nécessaire de les entretenir encore quelque temps à l'é-
table. Cela est de l'élevage, mais c'est aussi du commerce.

Ainsi, dans le fermier, ou à côté de lui, apparaît le com-
merçant, et ce n'est pas celui-ci qui réalise les moindres
profits ; à l'affût de toutes les occasions, à la ferme, au vil-
lage, dans les foires, il commercera indifféremment sur
tout ce qui peut s'acheter et se revendre à bénéfice, sur
le bétail, sur les grains, les chevaux, les bois, les engrais...
Car il possède des notions suffisantes sur toutes choses
et sait les compléter au besoin. C'est ainsi qu'il paie aisément son fermage et s'enrichit quelquefois, plutôt par
le commerce que par l'agriculture proprement dite. Il ne
fait d'ailleurs dans la ferme, que les améliorations qu'il
sait devoir lui rapporter profit, à bref délai ; il n'entretient
le domaine, bâtiments et terres, que dans la mesure où il
y est tenu, et aussi pour réaliser un gain, satisfaire son intérêt ou son amour-propre.

Bien différents sont les agriculteurs instruits, venus aussi
des milieux agricoles et ruraux, mais anciens élèves des
écoles d'agriculture, puis stagiaires dans de grandes exploitations du Nord et du Centre. Inférieurs peut-être aux précédents comme praticiens, ils se recommandent par leur
instruction et leur éducation, comme fermiers des grandes
exploitations à caractère industriel et agricole à la fois,
comme administrateurs de terres étendues où ils peuvent
utiliser leurs connaissances et leurs ressources d'agriculteurs améliorateurs.

Quelquefois le fermier, qui peut être issu d'une famille
de métayers, fait retour au métayage, par une voie détour-
née, mais supérieure, en devenant lui-même propriétaire
ou fermier général.

On donne en effet ce nom de fermier général à un personnage rural qui n'est pas nouveau et qui est cependant
assez différent de celui qui jadis portait le même nom, parce qu'il avait pris la ferme de l'impôt, l'un comme l'autre,
d'ailleurs, remplissant un office qui repose sur la même
idée de forfait, placée à la base du fermage. Car le fermier
général, dans les milieux ruraux du Centre, n'est autre que
l'agriculteur professionnel qui prend à ferme d'un propriétaire, non pas un domaine seulement, mais une « *terre* »
comprenant un certain nombre de domaines, exploités
d'ordinaire par des métayers ; en d'autres termes, il se
substitue au propriétaire et en exerce les droits, pour percevoir la part de fruits provenant des divers domaines, à
charge par lui de payer au propriétaire un prix de fermage
régulier, fixé à tant par hectare, mais d'un chiffre réduit,
un peu inférieur au prix ordinaire des fermages. C'est
là qu'apparaît l'idée de spéculation. Ce fermier général,
solvable, actif, connaisseur et compétent en toute matière
agricole, paiera un fermage fixe, mais il fera rendre aux
diverses métairies, comprises dans sa ferme, un produit,
aléatoire sans doute, mais le plus élevé possible. Dans la
différence de ce produit et du prix de fermage, sera la
rémunération de sa compétence, de son activité, et de son
travail. C'est assez dire qu'il fera ce que le propriétaire
n'ose ou ne peut faire lui-même, qu'il sera actif, vigilant,
contrôlera tout, vite et bien, ne laissera passer aucune négligence, aucun manquement aux clauses du bail auquel il
fera rendre le maximum d'effet utile. Par suite, il sera peu
aimé, mais il n'en aura cure ; et il s'enrichira aux dépens
des métayers comme aux dépens du propriétaire.

Ce sont les fermiers généraux, exigeants et sévères, et
non les propriétaires, débonnaires et paternels, qui ont

fait mauvaise réputation au métayage en certaines régions.

Si le portrait, ainsi esquissé, du fermier est exact, on ne s'étonnera pas que tous ou presque tous les domaines soient entre les mains des fermiers ou des fermiers généraux, dans la région du Centre, en prenant cette expression dans le sens le plus général.

On doit en conclure que le métayage, considéré isolément, dans ses rapports avec le propriétaire lui-même, est appelé à disparaître, à moins qu'une nouvelle crise, agricole ou économique, venant à frapper les agriculteurs, et à ruiner des fermiers, n'oblige les propriétaires à recourir et à faire appel à cette vieille institution des temps difficiles comme à une dernière ancre de salut.

La régie directe et le faire-valoir sont également fort menacés, ne serait-ce que par la rareté et la hausse de la main-d'œuvre. Il n'y aura plus que les propriétaires fanatiques de la vie rurale, entêtés à vivre sur leur domaine, à le surveiller et à l'améliorer sans cesse, qui voudront persévérer, suivant les anciens usages, à employer ces modes d'exploitation.

A cet égard les enquêtes de 1882 et de 1892 sont assez concluantes, ainsi qu'il résulte des chiffres suivants :

	Nombre d'hectares cultivés	
	en 1882	en 1892
Fermage	19.380.089	18.324.400
Métayage	4.539.332	3.767.000
Faire valoir direct.	8.953.118	11.528.800
Totaux	32.872.539	33.120.200

Sans attacher plus de confiance qu'il ne convient à l'exactitude de ces chiffres, on peut en conclure cependant que le métayage est en effet en régression et que c'est au profit du fermage, qui s'étendrait sur près du tiers, plus du quart des terres cultivées.

C'est assez dire quelle importance présente l'examen des conditions, du caractère et du fonctionnement du fermage, et par suite du bail à ferme sur lequel il repose.

CHAPITRE PREMIER

DES BAUX EN GÉNÉRAL

§ 1. — Observation liminaire.

Les différents contrats de bail à ferme et à métayage ont pour but d'assurer l'exploitation utile et efficace des biens ruraux ; mais il faut reconnaître que ceux qui les contractent n'ont pas seulement à tenir compte, avant de se décider et de traiter, des principes juridiques et des traditions ou usages sur lesquels reposent ces contrats. D'un côté, le propriétaire est préoccupé de n'abandonner son domaine qu'aux mains d'un homme honnête et scupuleux, non moins que capable, solvable et expérimenté.

D'autre part, le fermier est désireux de réussir et de trouver même, dans son exploitation, des satisfactions d'amour-propre et les agréments de la vie, en même temps que des profits, l'emploi de son activité, de son expérience et de ses connaissances professionnelles ; il a par suite toute une étude préalable à faire de la situation du domaine envisagé comme objet du bail, de la région qui l'entoure, des conditions locales de l'agriculture et de l'élevage, en un mot, des choses et des gens, avant de fixer son choix, de consacrer sa personne et ses capitaux à une nouvelle entreprise.

Ce sont là des questions dont l'importance n'échappe à personne, mais que cet ouvrage devra laisser de côté, son objet étant déjà suffisamment vaste. Pour l'étude de ces questions, il convient de renvoyer aux ouvrages spéciaux d'agriculture et d'économie rurale, tels que l'ouvrage de M. R. Vuignier : *Comment exploiter un domaine rural* (1) ou les ouvrages plus anciens et classiques de Lecouteux et de M. de Gasparin, tous ouvrages où on trouvera des aperçus intéressants et des renseignements précieux sur le choix et l'appréciation d'un domaine ou d'une exploitation agricole.

Mais le but du présent ouvrage sera suffisamment rempli si, sans s'écarter de son objet, on parvient à dégager les principes juridiques qui gouvernent les rapports des parties contractantes, ces principes étant considérés en eux-mêmes, dans leur application et dans leur combinaison avec les usages et les nécessités de l'exploitation agricole.

§ 2.— Des baux dans le droit civil, et d'après la pratique des affaires.

Généralités. — Le Code Civil, en tant qu'il traite du louage des choses, et spécialement du bail des immeubles, s'est inspiré du droit romain, tandis que la matière des cheptels, ou des baux à cheptel, découle des traditions ou des usages ruraux et de l'ancien droit coutumier de la France.

Le Code a donné, en premier lieu, des règles communes aux baux des maisons et des biens ruraux, dans les articles 1714 à 1751, puis spécialement, les règles des baux à ferme, dans les articles 1763 à 1778.

On résumera ici cette partie du droit civil, en envi-

(1) In-18. Paris 1924. *Encyclopédie agricole*, WÉRY, J.-B. Baillière.

sageant les baux, en tant qu'ils s'appliquent au louage
d'un bien rural qui constitue, à proprement parler, *le bail
à ferme* ou *à métayage*. On tiendra compte, non seulement
des règles adoptées par le Code Civil, mais aussi des usages
qui ont leur importance en cette matière, c'est-à-dire des
usages généralement admis, ou des usages locaux qui ont
été recueillis et rédigés dans la plupart des départements.

Avant tout, le bail, à titre de contrat, suppose le consentement des parties, c'est-à-dire du propriétaire de l'immeuble ou *bailleur*, et de l'exploitant, destiné à devenir
fermier du bien rural, ou *preneur*, consentement qui
implique leur accord, non seulement sur la nature, les
limites et la contenance de l'immeuble, mais aussi sur la
durée du bail, sur le prix ou fermage, fixé d'ordinaire en
argent.

Ainsi, le bail, comme contrat consensuel, est parfait,
du moment où les parties sont d'accord, même si le bail
est purement verbal. L'écriture, sous forme de correspon-
dances, d'actes sous-seings privés, ou d'actes notariés, n'intervient que pour fixer et préciser les accords, et servir,
en tant que de besoin, de moyen de preuve.

Il est d'usage que celui qui veut louer ou affermer un
bien rural, le visite en détail et se rende compte ainsi de
son aspect, de sa nature, de ses ressources, de sa consistance et même de sa contenance, tant par la vue du terrain, une enquête sur place, que par l'examen des titres de
propriété et plans de l'immeuble, s'il l'exige. L'examen du
cadastre (plan et matrice cadastrale) est encore une source
de renseignements sur la propriété.

Cette étude préalable peut avoir pour résultat l'adoption, dans le bail, d'une formule qui ait pour but et pour
effet d'exonérer le propriétaire ou bailleur, de tout

recours en garantie, au cas où, plus tard, le preneur prétendrait s'être trompé ou avoir été trompé, sur le fonds rural, objet du bail.

C'est ainsi qu'on stipule par exemple, dans le bail, après la désignation ou description du fonds rural : « tel au surplus que l'immeuble se poursuit et comporte, avec ses aisances et dépendances, mais sans garantie de contenance, les indications ci-dessus étant fournies, à titre de simples renseignements, et les lieux ayant été vus et visités par le preneur qui déclare les bien connaître. »

Durée des baux. — En principe, la durée des baux est laissée à la volonté et à l'accord des parties. Cependant, par réaction contre les anciens usages, une loi des 18-29 décembre 1790 a limité la durée des baux à 99 ans, et décidé, par analogie, que les baux à vie, même sur plusieurs têtes, ne pourraient excéder le nombre de trois têtes, soit la durée de trois générations.

D'autre part, on a dû poser des règles, pour le cas où le bail aurait été fait sans écrit, règles qui pourraient être suivies avec raison, au cas ou le bail, rédigé par écrit, serait, contre toute vraisemblance, muet sur la durée du contrat. D'après l'art. 1774, C. Civ., le bail sans écrit d'un fonds rural est censé fait pour le temps nécesssaire afin que le preneur recueille tous les fruits de l'héritage affermé. Il faudrait donc, par voie de conséquence, s'en rapporter à la durée de l'assolement suivi, en fait, ou d'après l'usage, dans le pays où le fonds rural se trouve situé, c'est-à-dire trois ans ou quatre ans suivant qu'on y a adopté l'assolement triennal ou l'assolement quadriennal, ou un multiple de ces périodes de trois ou quatre ans.

D'ailleurs l'article 1774, fournissant des exemples d'application de la règle, décide que le bail à ferme d'un pré, d'une vigne, ou de tout autre fonds dont les fruits se recueillent dans le cours d'une année, est ainsi fait pour un an.

Mais si le fonds comprend d'une part, des prés, d'autre part, des terres de culture soumises à l'assolement quadriennal, par exemple, et portant par quart, des céréales d'hiver, des racines ou tubercules, des fourrages artificiels, et des grains de printemps, il faudra bien admettre une durée du bail de quatre ans, pour que le fermier puisse recueillir durant son bail, tous les fruits ou récoltes du domaine.

Le Code civil prévoit également que si, à l'expiration, des baux ruraux écrits, le preneur reste, et est laissé en possession, il s'opère un nouveau bail dont l'effet est réglé par l'art. 1774, (C. civ. art. 1776). D'où l'utilité d'une clause spéciale du bail pour prévoir ce cas et fixer la durée de ce nouveau bail.

Il est à remarquer d'ailleurs que, dans les cas où le Code civil a dû déterminer la durée des baux passés, à titre d'actes d'administration, par le mineur émancipé (art. 481) pour ses biens, par le tuteur, pour les biens de son pupille (art. 1718), par le mari pour les biens de la femme commune en biens (art. 1419-20), il les a précisément limités à neuf ans, ce qui n'a pas lieu de surprendre, étant donné que l'assolement triennal était le plus usité ou même le seul usité autrefois.

On peut noter ici qu'une autre règle a été admise, en matière de bail à métayage, où on se réfère à l'art. 1738 du Code civil, ainsi qu'on l'exposera plus loin (V. Chap. III, § 2), Là, en effet, en cas de silence du contrat sur la durée du bail, le bail est réputé d'une durée indéfinie, constamment renouvelé, jusqu'à l'échéance du congé donné, suivant l'usage des lieux.

Preuve du bail contesté. —On a dit que le bail était parfait par l'accord des parties, et que le bail écrit n'était qu'un élément de preuve de l'existence et des conditions du bail.

Mais, s'il n'y a pas eu de bail écrit et si les parties sont en désaccord sur les conditions du bail, ou même sur l'existence du bail, c'est-à-dire sur le principe même de leur accord, comment pourra-t-on en rapporter la preuve?

On peut avoir recours alors aux règles communes à toute espèce de conventions, sous réserve des règles spéciales au bail, résultant des articles 1715 et 1716 et visant les contestations les plus courantes. Si le bail fait sans écrit n'a encore reçu aucune exécution, on ne peut en rapporter la preuve par témoins même si la somme en litige est inférieure à 150 francs. Le serment peut seulement être déféré à celui qui nie le bail (C. civ. art. 1715).

Si, au contraire, le bail verbal a reçu un commencement d'exécution, et que la valeur n'en excède pas 150 francs, la preuve testimoniale est admise pour établir les conditions autres que la durée et le prix.

En effet, pour la condition de la durée, on se référera aux indications résultant de l'article 1774 mentionné ci-dessus (p. 36 et 37).

Quant au prix, ou il résultera des quittances précédemment délivrées, ou, à défaut de quittances, le propriétaire en sera cru sur son serment, à moins que le preneur ne préfère demander l'estimation par experts auquel cas l'estimation reste à sa charge, si l'estimation excède le prix qu'il a déclaré (C. Civ. art. 1716).

Congés. — Il faut ajouter que si le bail a été fait sans écrit et pour une durée non limitée, convenue et reconnue par les parties, le bail est censé fait pour un temps indéfini, et, dès lors, il ne prendra fin que par un congé donné un certain temps d'avance, suivant l'usage des lieux, verbalement ou de préférence par écrit, pour éviter toute contestation sur le fait et sur la date de délivrance du congé. Dans le centre, le congé doit être donné, d'après les usages, 3 mois ou 6 mois avant le terme, suivant les localités. Le terme est le jour fixé aussi par l'usage, pour les entrées et les sorties des fermiers, généralement, dans le Centre, le 1ᵉʳ mai ou le 1ᵉʳ novembre.

Prix du bail. — Le prix du bail à ferme, ou fermage, à du être aussi fixé par l'accord des parties, et, comme on vient de le voir, soit qu'il y ait eu un bail purement verbal, soit qu'il en ait été passé acte par écrit.

Fixation du prix en nature. — Le bail à ferme est ordinairement fixé en argent ; mais depuis la guerre de 1914, et, à raison du trouble existant dans la situation économique du pays, des préoccupations nouvelles ont pris naissance au sujet du paiement et par suite, au sujet de la fixation du prix des fermages en argent.

Propriétaires et fermiers peuvent bien toujours se former une opinion sur la valeur et le montant du fermage, au moment où ils vont contracter ; mais ce fermage une fois fixé, ils sont, les uns et les autres, dans l'ignorance de la valeur vraie que représentera ce prix de fermage, aux différentes époques d'échéance, dans l'avenir, pendant les six, neuf ou douze années de la durée du bail.

En d'autres termes, le fermier peut bien estimer, à l'avance, à combien de têtes de bétail et à combien de sacs de grains s'élèvera la production annuelle du domaine, et en déduire, par comparaison et par calcul, la valeur actuelle du fermage.

Mais il ne peut prévoir quel sera dans l'avenir la variation des prix, en hausse ou en baisse, des productions du domaine, pas plus que des salaires, des approvisionnements, denrées, semences, engrais ou machines, qu'il devra acheter et payer. Par suite, il ne saurait calculer à quelle somme s'élèvera son bénéfice net.

Le propriétaire ignore ces mêmes données, et, si le fermage actuel qu'il demande paraît en rapport avec la valeur actuelle du domaine et de ses productions, comme il paraît suffire à ses besoins actuels, il ne peut prévoir si, dans plusieurs années, le même fermage invariable correspondra au prix des productions du domaine, et suffira encore à ses besoins, qui, tout en restant les mêmes, par hypothèse, peuvent exiger suivant le temps et les circonstances, des dépenses dont le montant variera dans des proportions imprévues.

Le bail à métayage, ainsi qu'on le verra, peut mettre exploitants et propriétaires à l'abri de cet aléa et de ces surprises, mais il n'en est pas de même du bail à ferme tel qu'on l'a compris et pratiqué, de temps immémorial.

C'est pourquoi, dans des temps récents, on a cherché une combinaison qui permettrait de faire varier le prix de fermage, au cours des années, en même temps et dans la même mesure que les conditions de la situation économique.

Voici en effet, à titre d'exemple, ce que, dans cet ordre d'idées, on a imaginé dans deux contrées, la Normandie et le Nivernais, assez éloignées l'une de l'autre, mais toutes les deux, contrées de riche production agricole, et fort attachées au fermage.

En Normandie, dans un bail à ferme, on s'est abstenu

même de fixer un prix de fermage en argent, d'après la situation actuelle, mais, observant que le domaine affermé supportait, avant la guerre, un fermage de 3200 francs, on a calculé que cette somme représentait à cette époque;

1° la valeur de 40 quintaux de blé de première qualité.

2° la valeur de 5 quintaux de viande de premier choix de bœuf du pays poids net.

Partant de là, on a décidé que ces quantités de produits en nature serviraient dès lors à fixer chaque année, dans l'avenir, la valeur du fermage, avant chaque échéance semestrielle, en établissant ce que ces mêmes quantités représenteraient alors en argent :

Pour le blé, d'après le cours moyen de l'année précédente, selon les mercuriales de la Bourse au blé de Paris.

Pour la viande, d'après le cours de l'année précédente, selon les mercuriales du Marché de la Villette, à Paris, enregistrées par la Préfecture de police et publiées par la presse.

On verra plus loin, dans un modèle ou exemple de bail, de quelles clauses accessoires cette clause principale peut être assortie, à titre de sanctions, et comme moyens pratiques d'assurer la formation de ce compte.

Il est permis de soutenir que cette clause est parfaitement licite, comme n'étant contraire ni à l'ordre public ni aux bonnes mœurs.

Si, par hypothèse, on voulait prétendre que c'est là un moyen détourné d'obtenir le paiement du prix en francs-or et que, sous le régime du cours forcé, ce paiement est interdit, on pourrait répondre que cette fixation du prix n'a aucun rapport avec le cours du change, par rapport à la livre anglaise ou au dollar américain, et plus justement encore, que c'est là une combinaison de principes du bail à ferme où le prix est payable en argent, et du bail à métayage où le prix consiste en une part des produits du domaine, que le bail à ferme et le bail à métayage sont des contrats de droit civil parfaitement licites. On pourrait admettre aussi bien que c'est là une nouvelle forme du métayage, qu'en vertu du principe de la liberté des conventions les parties ont pu adopter à bon droit.

Cependant on a contesté la validité de la clause du paiement du fermage, facultativement en monnaie ou en denrées, en tenant pour péremptoire et décisif l'argument tiré de l'existence du cours forcé aux termes de la loi. (Voir Jean Hurel, *La location des biens ruraux*. Revue agricole et rurale du 19 septembre 1925, (n° 38, p. 191).

« Il suffit, dit-on, que le contrat fasse échec à la loi sur le cours forcé de notre monnaie, pour qu'il ne puisse être sanctionné.

On a contesté, d'autre part, le rapprochement fait avec les principes combinés du fermage et du métayage.

Cependant on a vu, en 1925, l'État lui-même, en émettant un emprunt public, garantir aux souscripteurs le paiement de leurs rentes contre les variations éventuelles des changes, c'est-à-dire, en fait, contre les fluctuations du cours de la livre anglaise et du dollar américain, ce qui donne à penser que toute alternative, dans les paiements, n'est pas interdite aux créanciers, même sous le régime du cours forcé. Il faut voir en quoi consiste cette alternative. Or, le propriétaire d'un fonds rural, en se réservant, vis-à-vis de son fermier, l'option entre des prestations en nature et la valeur de ces denrées en monnaie, n'a point l'intention de violer, et, en fait, ne viole pas les lois de l'État sur le cours forcé, car, l'équivalence à laquelle il veut prétendre, c'est précisément une équivalence en monnaie ayant cours légal, et non en d'autres valeurs, telles que la monnaie d'or, la livre sterling ou le dollar (1).

Au sujet de l'argument tiré de la loi sur le cours forcé, M. A. Mestre, professeur à la faculté de droit de Paris, a fait observer, avec raison, que la loi du 2 Août 1914 établissant le cours forcé, visait uniquement les rapports entre la Banque de France et les porteurs de ses billets qui ne pouvaient plus désormais exiger le remboursement des billets en espèces, mais que cette mesure « ne saurait avoir un effet quelconque sur les relations entre créanciers et débiteurs », par conséquent, dira-t-on, en matière de bail, entre propriétaires ou bailleurs et fermiers. (Voir *La Vie agricole et rurale*, n° 46 du 14 novembre 1925, page 308).

Mais on peut discuter de la légalité de la clause, en restant sur le terrain du droit civil.

À ce point de vue, on maintiendra comme ci-dessus que le principe non contesté de la liberté des conventions, autorise les parties à s'inspirer, quant au paiement, des règles du fermage et du métayage en même temps. Il ne s'agit point, pour cela, de combiner ensemble le fermage et le métayage quant au fonctionnement des deux régimes.

Ainsi, on objectera vainement que les règles des deux régimes ne sont pas les mêmes, que le métayage réserve au propriétaire un droit de direction que ne comporte pas le fermage. Sans doute. Mais le propriétaire pourrait, en donnant à métayage son domaine, renoncer à son droit de direction. Cela se conçoit et cela pourrait être justifié vis-à-vis de certains métayers. Le propriétaire peut, tout aussi

(1) A ce sujet, il est intéressant de noter qu'on a proposé de faire ouvertement des contrats en francs-or, et qu'un député, M. Jacquier, a déposé à la Chambre des Députés une proposition de loi tendant à reconnaître la validité de ces stipulations en francs-or. (*L'Action Française* du 15 mars 1925).

bien, en consentant un bail à ferme, emprunter au métayage, en ce qui touche le paiement de la rente du sol, le système de la redevance ou des prestations en nature, comme prix de l'abandon de jouissance qu'il concède au fermier ; nulle disposition de la loi ne s'y oppose et il n'y a rien là de contradictoire avec les principes du fermage.

Cela revient à dire que le bail à ferme n'ayant point, dans la loi civile, une forme et un fonctionnement immuables, les parties peuvent toujours le modifier, selon leurs besoins, leur manière de concevoir l'exploitation d'un fonds rural et les rapports du propriétaire avec l'exploitant. C'est ainsi qu'on a vu, en Belgique, introduire dans un bail à ferme un système de participation aux bénéfices au profit du fermier et du propriétaire à la fois, en empruntant, dans cette circonstance, non pas au métayage mais au contrat de société, quelques-unes de ses règles.

Qu'on n'objecte pas non plus la difficulté qu'il y aurait à enregistrer de tels baux, car cette difficulté n'existe pas. Les baux, en denrées, sont enregistrés en convertissant les denrées en leur valeur monnayée d'après les cours du jour, quand les parties n'en ont pas fait elles-mêmes l'évaluation dans l'acte de bail, comme en matière de métayage du reste (1).

Dans le Nivernais, les parties, après s'être mises d'accord sur le prix de fermage, ont converti ce prix, partie en grains, partie en viande de boucherie, et ont ainsi fixé le fermage, en définitive, à tant de quintaux de blé et à tant de quintaux de viande, mais sans se référer aux conditions d'un précédent bail, ni expressément à un prix déterminé en francs.

(1) V. *La vie agricole et rurale* du 14 novembre 1925, n° 46, p. 305; Compans et A. Plaisant, *A propos des baux à ferme*, et *La vie agricole et rurale* du 9 janvier 1926, n° 2, p. 32.

D'ailleurs, on spécifiait en même temps que si le bailleur l'exigeait, le fermage serait acquitté en espèces de monnaie et billets ayant cours, le montant du fermage étant alors calculé, pour le blé, d'après le cours moyen du jour de l'échéance ou du jour le plus proche, suivant la cote officielle, et, pour la viande, d'après le cours officiel du marché de La Villette, au jour de l'échéance, tout en se référant aux cours donnés par un journal déterminé.

Dans un autre cas, on a préféré fixer directement le prix de fermage à tant de quintaux de blé seulement, dans l'espèce, à 100 quintaux.

Si, dans ce cas, on ne se référait même pas aux prix en argent adopté pour le fermage, il paraît évident que, dans l'esprit des parties, il y avait une équivalence entre le prix du fermage tel que, par hypothèse, elles l'auraient fixé d'un commun accord, et le prix de 100 quintaux de blé au cours du jour, et, par exemple, entre 12.900 fr., représentant le fermage de 43 hectares à 300 francs l'hectare, et la valeur de 100 quintaux de blé à 130 francs le quintal, au cours du jour.

Ces clauses, comme celle du bail normand rappelé ci-dessus, sont pour les mêmes raisons parfaitement licites.

Cette innovation, quant au fermage, a trouvé un écho à l'académie d'agriculture (séance du 26 novembre 1924) où on a paru l'apprécier favorablement (1), ainsi que dans la presse (Pierre Caziot. *La Journée Industrielle* du 20 juin 1925).

Précédents anciens. — Dans un mémoire sur le *Fermage,*

______

(1) V. une clause nouvelle dans les *baux à ferme,* par A. PLAISANT. *La vie agricole et rurale,* du 23 mai 1925, p. 337, et, en outre, même Revue du 19 septembre 1925, la *Location* des biens ruraux, par Jean Hurel Revue du 19 septembre 1925 (n° 38, p. 191), et Revue du 14 novembre (n° 46, p. 305).

couronné par la société centrale d'agriculture, en 1828, c'est
à-dire à l'époque encore troublée qui avait suivi la Révolution et l'Empire, après beaucoup de guerres, M. le comte
de Gasparin avait déjà proposé un exemple d'acte de bail
où la clause relative au fermage était ainsi rédigée : « Le
« preneur s'engage à payer, pour le fermage du domaine, la
« quotité de 600 hectolitres de blé, beau et marchand, ou
« leur valeur, sur le prix des mercuriales des 20 années
« qui précéderont celle du paiement, le propriétaire se
« réservant le choix des denrées ou de la valeur numé-
« raire. » D'ailleurs une contre lettre devait ajouter cette
réserve : « Il est entendu, cependant, que le propriétaire
« ne pourra choisir les denrées qu'en cas d'émission d'un
« papier à cours forcé, et si le fermier voulait effectuer
« le paiement en cette monnaie au prix de l'argent ; dans
« ce cas, les parties s'engageant à réduire la moyenne va-
« leur du blé, pendant les vingt années précédentes, avec
« les valeurs du blé ainsi réduites pour les années depuis
« l'émission ; à ces conditions, le propriétaire devra rece-
« voir le paiement en papier monnaie, au cours de l'argent
« et ne pourra exiger de denrées. » (1)

Cela montre à quel point, à cette époque aussi, les préoccupations étaient grandes, d'une part quant aux variations de la valeur des monnaies, d'autre part quant au retour redouté du régime du papier-monnaie à cours forcé.

Dans le formulaire de notariat d'Édouard Clerc, (2) ouvrage fort employé dans les offices de notaire, le fermage
en denrées est aussi envisagé, car on y donne les règles
déjà anciennes, suivies dans ce cas, par l'enregistrement,

(1) Comte de GASPARIN. *Fermage*, Paris, in-18. 1865, p. 185.
(2) Paris, in-8° 1872, T. I. p. 327 (n°s 16 à 19).

en ce qui concerne la valeur sur laquelle le tarif sera appliqué.

C'est qu'en effet le fermage en denrées n'est pas, à proprement parler, même au début du dix-neuvième siècle, ni une nouveauté, ni une innovation dictée par une conception théorique. C'est plutôt la renaissance d'usages anciens qui étaient seulement effacés dans les provinces où ils avaient été suivis.

On signale en effet que cet usage avait été pratiqué autrefois, en Picardie.

Il y a eu aussi, dans l'Orléanais, un bail à redevances fixes en denrées (Pothier, Contrat de louage, n° 39).

D'après les usages locaux du *Loiret*, recueillis et publiés en 1905, ce bail n'était plus pratiqué qu'exceptionnellement dans le canton de Beaugency, où il tendait à disparaître, et dans celui de Meung, où les redevances étaient délivrées en trois termes, Noël, Pâques et la Saint-Jean (24 juin) en denrées de bonne qualité (1). Ce bail n'existait plus, dans l'arrondissement de Pithiviers. Dans l'arrondissement de Gien, il existait encore dans le canton de Briare, où un bail écrit en fixait toutes les conditions.

D'ailleurs, ce dernier renseignement, malgré l'autorité du recueil où il se trouve, peut paraître controuvé, si on se place à l'époque actuelle, car, renseignements pris auprès des notaires et des autorités de la région, on n'y connaîtrait plus que le bail à ferme ordinaire à prix d'argent, et le bail à moitié fruits, c'est-à-dire le métayage.

On sait d'autre part, qu'en Auvergne, et spécialement dans les arrondissements d'Aurillac, Mauriac et Murat, où les fermes ont d'importants pâturages en montagne, les prix de fermage sont fixés et acquittés en un certain nombre

(1) Édition Marron, in-18, Orléans, 1905, p. 72.

de quintaux de fromage du pays. Les propriétaires doivent donc, aux époques d'échéance, emmagasiner ces produits odorants, que des maisons spécialisées dans ce commerce, viennent acheter, au cours du jour, enlever et payer.

On s'est aperçu bientôt également que ce qui avait pu paraître une innovation originale, introduite en Normandie et dans le Nivernais (voir ci-dessus, p. 40 et 44), était également appliqué dans d'autres provinces françaises (1) et encore dans un pays voisin, la Belgique, victime également de la crise économique (2) où l'on a imaginé les combinaisons les plus variées pour remédier à l'instabilité de la valeur du fermage stipulé en argent ou en monnaie ayant cours. On reproduira seulement ici, à titre d'exemple, une formule de « bail à fermage mobile » :

Extrait du bail du 22 avril 1922 de la ferme de V. bonne partie du Condroz :

Art. 3. Le présent bail est consenti et accepté moyennant un fermage annuel fixé comme il va être dit :

Les parties, à raison de l'instabilité de la situation économique et des fluctuations des valeurs monétaires, adoptent le système du bail à fermage mobile, et prennent comme produit de base le froment; elles adoptent comme point de départ le prix actuel moyen de 60 fr. les 100 kg de froment, et elles conviennent :

a) que pour telle époque, le fermage annuel sera de 190 fr. l'ha.

b) que toute hausse de 10 fr. aux 100 kg. de froment au-

(1) V. *La Vie agricole et rurale* du 14 novembre 1925 et ci-après section 5, § 3, p. 12.

(2) V. *La Vie agricole et rurale* du 28 novembre 1925 (n° 48), p. 337, et janvier 1926. *La question du bail à ferme en Belgique*, par A. Delos. Annales de Gembloux, 1925, p. 342 et ss.

dessus du prix de 60 fr. ci-dessus prévu, entraînera une augmentation correspondante de x fr. (8 à 15 fr. à l'ha.)

c) que toute baisse de 10 fr. aux 100 kg. de froment au-dessous de 60 f. ci-dessus prévus entraînera une diminution de fermage de x fr. à l'ha.

Le calcul s'établira suivant le double barême suivant :

Barême de hausse

froment valant aux 100 kg. de 60 à 70 fr. exclus égal 190 l'ha.

—	—	70 à 80	—	205
—	—	80 à 90	—	220
—	—	90 à 100	—	235

et ainsi de suite vers la hausse et sans limite.

Barême de baisse.

froment valant aux 100 kg. de 50 à 60 fr. exclus égal 175 l'ha.

—	—	40 à 50	—	160
—	—	30 à 40	—	145
—	—	20 à 30	—	130

et ainsi de suite vers la hausse et sans limite.

Le froment à considérer comme produit de base sera la première qualité de froment indigène dont le prix officiel sera toutefois diminué de 0.50 aux 100 kg. Ce prix officiel sera établi par la moyenne des trois cotes officielles de la bourse de L. des premiers lundis de septembre, décembre et mars de chaque année, et pour la 1re fois, des premiers lundis de septembre et décembre 1922 et mars 1923.

En conséquence, le montant du fermage annuel ne pourra être définitivement établi qu'au 15 mars de chaque année. Malgré cette circonstance, il est convenu et accepté entre les parties que le fermage devra se payer en deux termes, le premier novembre et le premier mai de chaque année, à commencer par le 1ᵉʳ novembre 1922 (1).

On trouvera plus loin d'autres formules du bail en denrées avec les clauses accessoires. (Section 5. § 3).

Ainsi qu'on l'a vu, par les préliminaires développés ci-dessus (v. p. 35 et ss.), le louage ou le bail est un acte qui repose, en première ligne, sur l'accord des parties. C'est cet accord, le consentement réciproque des parties, qui donne à ce contrat sa portée, son caractère, et sa validité même.

Le bail est, en outre, par excellence, *un acte d'administration*. Ce n'est point un acte de disposition ou d'aliénation, comme la vente, par exemple. C'est pourquoi il peut être consenti par des personnes qui n'ont pas la capacité de disposer, en propriété, de l'objet du bail, tel le mineur émancipé pour ses biens, le tuteur, pour les biens de son pupille, le mari pour les immeubles de sa femme, commune en biens, la femme séparée de biens, pour ses immeubles propres. C'est pourquoi, ainsi qu'on l'a fait remarquer (v. p. 4) ces baux ne doivent point dépasser neuf ans.

Droit personnel du preneur. — Dans cet ordre d'idées, on doit remarquer encore que le droit conféré au preneur par le bail n'est pas un droit réel, comme le droit de propriété ou le droit d'usufruit, et, par suite opposable à tous mais un droit personnel et purement mobilier, comme un droit de créance envers le bailleur, ce qui entraîne plusieurs conséquences juridiques.

Ainsi, le propriétaire qui a donné à bail son immeuble, peut encore le vendre, mais l'acquéreur doit respecter le

---

(1) V. ALLE. DELOS, *Le bail à ferme en Belgique*, p. 346. Annales de Gembloux, 1925, p. 346. — *La Vie agricole et rurale*, nᵒ 48 du 28 novembre 1925, p. 337 à 339. A. PLAISANT, *A propos du bail à ferme.*

bail consenti par acte authentique, ou qui, avant la vente, a acquis date certaine, par l'enregistrement par exemple, à moins, bien entendu, que le contraire n'ait été stipulé dans le bail. (C. Civ. art. 1743). Il faut supposer, dans cette dernière hypothèse, que le propriétaire se serait réservé, dans le bail, le droit de vendre l'immeuble, et, dans cette prévision, la faculté pour l'acquéreur de résilier le bail et d'expulser le preneur.

Cependant les baux d'au moins dix-huit ans ne sont opposables à l'acquéreur que s'ils ont été transcrits (à la conservation des hypothèques) avant la vente.

Expulsion du fermier par l'acquéreur.—Dans le cas prévu par l'article 1743, C. Civ., où l'acquéreur aurait par exception, le droit d'expulser le fermier, ce serait toutefois à la condition de donner d'avance un congé au preneur, et, s'agissant d'un fermier de biens ruraux, de l'avertir au moins un an d'avance, (C. civ. art. 1748) et de lui payer préalablement une indemnité que la loi a pris soin de fixer au tiers du prix de bail pour le temps qui reste à courir (C. civ. art. 1746, 1749).

Toutefois si le bail n'avait pas été fait par acte authentique, et n'avait pas de date certaine, l'acquéreur ne serait pas tenu d'aucuns dommages-intérêts (C. civ. art. 1750), mais ne pourrait toujours faire cesser la jouissance du preneur qu'au moyen d'un congé donné suivant les usages locaux, et, en matière de bail à ferme, en laissant le preneur en jouissance jusqu'à l'expiration des délais ordinaires (C. civ. art. 1774).

Dans le cas où, au lieu d'une vente ordinaire, il se produirait une expropriation pour cause d'utilité publique, le bail serait opposable à l'acquéreur, même s'il n'avait point date certaine, et le fermier aurait droit à une indemnité de dépossession (C. 3 mai 1841. art. 21).

Voies de fait d'un tiers.—Bien que le preneur ne retire du bail qu'un droit personnel, (v. p. 50) il peut se défendre directement contre les tiers qui troubleraient sa jouissance, sans avoir besoin de recourir au bailleur ni de le mettre en cause (C. civ. art. 1725).

Ces notions de droit civil sur le bail peuvent servir aussi à éclairer et caractériser les situations respectives du propriétaire et du fermier qui négocient en vue de la conclusion d'un bail, comme elles éclairent et caractérisent le contrat de bail lui-même.

Si l'objet du bail est un fonds rural, le propriétaire de ce fonds, tout en conservant son droit de propriété, et réservant une affectation ultérieure, consent, mais pour un temps seulement, à ne plus jouir de ce fonds en l'exploitant lui-même. Ce sont les circonstances qui l'ont décidé ou l'ont obligé à se décharger de l'exploitation directe de ce fonds, et à préférer un fermage à la perception des fruits et récoltes de la terre. Mais plus tard, le propriétaire pourra rechercher un autre mode d'exploitation que le fermage, ou même, durant le bail, vendre ce fonds qu'il a donné à bail.

D'autre part, le fermier ne songe point à devenir propriétaire, ou n'en a point le moyen. Il a donc cherché seulement à obtenir par le bail la disposition et la jouissance temporaire d'un fonds rural qu'il exploitera et dont il recueillera les fruits et récoltes, sauf à verser au bailleur un fermage fixé d'avance.

Au cours des négociations et pourparlers en vue de la conclusion du bail, le but du propriétaire est évidemment d'obtenir le fermage le plus élevé possible, avec des garanties et une sureté suffisantes, et aussi d'abandonner le moins possible de ses droits, de se réserver tout au moins la faculté de surveiller l'exploitation de la propriété, et d'y faire, en prévision de l'avenir ou de ses projets, les travaux ou les améliorations utiles.

De son côté, le fermier, outre sa préoccupation de payer un fermage très modéré, voudra obtenir le plus de liberté possible dans l'exploitation du fonds, et même des avantages, directs ou indirects, de nature à rendre son exploitation plus agréable, plus facile et plus fructueuse.

Ce sont ces intérêts ou prétentions contraires, que l'intermédiaire choisi, notaire, expert, régisseur ou homme d'affaires, sera chargé d'arbitrer et de concilier, jusqu'à ce qu'on trouve une formule acceptable pour les deux parties et qui prendra place dans le bail qu'on désire conclure.

On verra par la suite, avec quelque précision, jusqu'où peuvent aller, soit en droit strict, soit en équité et en raison, les prétentions de l'une et l'autre des parties.

Engagement solidaire ou indivis. — Parfois le bailleur demande et exige que le preneur s'engage, dans le bail, non pas seul, mais solidairement et indivisément, avec sa femme, et, par exemple, avec un fils ainé. C'est une mesure prudente et sage ; il est bon que tous les membres de la famille du fermier se sachent intéressés à la bonne exploitation du domaine, et responsables du succès de l'entreprise. D'autre part, en cas de décès du fermier, c'est un moyen d'obtenir que les héritiers, succédant aux obligations du défunt, conservent leur union et leur entente, pour la bonne exploitation du fonds et l'exécution des conditions du bail, soit qu'ils exploitent ensemble, soit qu'ils choisissent l'un d'eux, comme successeur et continuateur du défunt, sous leur responsabilité commune.

D'ailleurs le fermier pourrait demander aussi, non sans raison, au bailleur, de prendre réciproquement, seul ou avec les siens, un engagement analogue.

Sans doute, en cas de décès du bailleur, ses héritiers sont tenus de continuer d'exécuter le bail, mais il peut être prudent de stipuler, dans le bail, que les héritiers du bailleur seront tenus indivisément à l'exécution du bail, afin que, nonobstant tous partages ou arrangements de famille, ces héritiers soient tous responsables vis-à-vis du preneur, ce qui peut les obliger à rester unis eux aussi, ou à constituer un mandataire, soit l'un d'eux, soit un régisseur, homme d'affaires ou notaire, qui les représentera vis-à-vis du fermier, lequel n'aura ainsi à traiter et à discuter, au sujet du bail en cours, qu'avec une seule personne et non avec plusieurs héritiers.

Le fermier pourrait demander aussi l'engagement solidaire du bailleur et de son épouse commune en biens, pour parer aux difficultés qui se présenteraient lors du règlement de la succession du bailleur et de la liquidation de la communauté ayant existé entre lui et son épouse.

Affectation hypothécaire. Caution. — Le bailleur peut aussi, quand le preneur est lui-même propriétaire d'immeubles, lui demander, pour plus de garantie, une affectation hypothécaire sur ces immeubles, à la sûreté du paiement des fermages et, en général de l'exécution des conditions du bail.

Cette affectation hypothécaire doit être donnée par acte authentique, devant notaire, et peut donc figurer dans le bail, si cet acte est passé devant notaire.

Le bailleur peut aussi dans le même but, exiger l'intervention au bail d'une caution, bonne et solvable, qui garantisse personnellement la bonne et stricte exécution du bail.

CHAPITRE II

DU BAIL A FERME

Section I. — *Droits et obligations du Propriétaire*

Quelle que soit la date du bail, la date choisie par les parties, ou fixée par l'usage, pour l'entrée en jouissance du fermier, le propriétaire peut jouir et disposer librement de son fonds, jusqu'à l'arrivée de cette date d'entrée en jouissance, pourvu toutefois que cela ne modifie pas l'état des lieux, tel qu'il a été défini ou décrit dans le bail, ou que cela ne compromette pas la jouissance, dans l'avenir, du fermier.

Mais, dès le commencement prévu du bail, le propriétaire ou bailleur doit remplir son obligation principale et primordiale qui est :

1° de délivrer la chose louée,

2° d'entretenir cette chose en état de servir à l'usage pour lequel elle a été louée,

3° d'en faire jouir paisiblement le preneur, pendant la durée du bail. (C. civ. art. 1719).

De la délivrance. — L'obligation de la délivrance se rapporte aux engagements pris, verbalement ou par écrit, quant à la composition, à la délimitation et à la contenance du fonds rural.

Le bailleur doit tout cela, mais ne doit rien de plus, et, le fermier, ou preneur, ne serait pas fondé à demander tel bâtiment ou telle parcelle qui n'auraient point été promis, sous le prétexte, ou par raison que c'est une dépendance naturelle du fonds rural, ou que cela est ainsi plus commode.

Contenances déclarées.—Ainsi, dans le cas où les parcelles ont été désignées ou énumérées dans le bail, avec leur contenance résultant, soit d'un arpentage, soit du cadastre, le bailleur est obligé par ces énonciations, comme le serait le vendeur, en matière de vente, à peine de souffrir une diminution proportionnelle du fermage. (C. civ. art. 1617, 1765). A l'inverse, si la contenance était plus grande que la contenance exprimée au contrat, le fermier aurait le choix de fournir le supplément de prix correspondant, ou de se désister du contrat, si l'excédent est de un vingtième au-dessus de la contenance déclarée.

A la vérité, le propriétaire se met d'ordinaire à l'abri de ces difficultés en déclarant, dans le bail, que les contenances sont indiquées sans garantie et à titre de simple renseignement, et, en faisant renoncer le fermier d'avance à se prévaloir de toute différence constatée entre les contenances figurant au bail et les contenances réelles.

Réparations. — Le bailleur est tenu également de livrer les lieux en bon état de réparations (C. civ. art. 1720) ce qui doit s'entendre non seulement de l'état des bâtiments d'habitation et d'exploitation, mais aussi des parcelles de prés ou de champs de culture, quant aux clôtures, fossés, barrières, abreuvoirs, chemins particuliers de desserte. A cet égard, il y a lieu à l'application des stipulations du bail, qui s'explique généralement à ce sujet, et aussi des usages locaux, ce qui entraîne l'application de règles particulières, ainsi qu'on le verra plus loin, à la section IV.

En ce qui concerne l'état des lieux, il va de soi qu'on

devra tenir compte des usages et des nécessités saisonnières et que si, par exemple, l'entrée est fixée au 1ᵉʳ mai, le preneur devra admettre et supporter qu'une partie des terres de culture soit déjà emblavée en céréales, appartenant au fermier sortant, mais dont les pailles resteront au domaine, et en fourrages artificiels, dont le fermier entrant est appelé d'ailleurs à profiter dans la suite ; on s'expliquera aussi plus amplement à ce sujet dans la section IV. (Voir au surplus C. civ. art. 1777 et 1778.)

L'obligation de délivrance s'exécute normalement d'ordinaire, en une fois, au début du bail, à moins que, à raison de circonstances particulières, il n'ait été prévu et stipulé au bail, que la délivrance serait successive et à des dates déterminées et différentes pour telle ou telle partie des bâtiments ou des parcelles. Il parait évident que les parties ont pu faire librement tels accords qui leur convenaient à ce sujet dans la limite des possibilités matérielles et des nécessités agricoles.

Mais, pour les autres obligations du bailleur qui se ramènent à l'obligation générale de procurer au preneur la jouissance du fonds rural, pendant la durée du bail, l'exécution sera forcément renouvelée et successive, pendant trois, six ou neuf ans, ou même davantage, si le bail a été consenti pour de telles périodes. L'obligation est d'ailleurs positive ou négative, suivant les faits envisagés, négative, en ce sens que le bailleur ne peut rien faire ou laisser faire qui diminue la faculté d'occupation, d'habitation ou d'exploitation du preneur, l'agrément même ou l'utilité des lieux loués, tels du moins que cet agrément et cette utilité ont pu être envisagés par les parties, lorsqu'elles ont traité. A cet égard, il peut y avoir matière à interprétation de la volonté réciproque des parties.

Droit de chasse. — La question pourrait se poser dans ces termes, à propos du droit de chasse et de pêche, si elle n'était tranchée en termes formels, dans le bail, comme il est d'usage, par une réserve faite au profit du propriétaire ou par un partage prévu d'avance, selon les parties du bien rural ou selon les semaines, mois ou saisons postérieurs à l'ouverture de la chasse, suivant aussi parfois, les personnes spécialement désignées de la maison du propriétaire ou de la famille du fermier qui pourront user du droit de chasse.

Dans le silence du bail, alors que la loi est également muette à ce sujet, la jurisprudence des tribunaux est fixée en ce sens que le propriétaire est réputé avoir conservé le droit de chasse. Il pourrait en être de même, en principe, du droit de pêche.

Droit de pêche. — Mais, d'après les uns, le droit de pêche appartient au fermier, lorsqu'il est plus d'utilité que d'agrément, lorsqu'il forme une branche de revenu (Troplong, *Louage*, n° 63. Dalloz, *Pêche fluv.* n° 14).

D'après les autres, le droit de pêche, dans le silence du bail, doit être réputé, sans distinction, appartenir au fermier (Duvergier n° 75) (1).

Mais, il va de soi que le propriétaire ne pourrait exercer ce droit de chasse ou de pêche, réservé expressément ou tacitement, de manière à nuire au fermier ou à endommager les récoltes, soit par abus du parcours et des battues, soit en laissant pulluler certains gibiers, tel le lapin. Car cela rentre dans l'obligation positive de procurer au preneur une jouissance paisible et lucrative du domaine. Tout abus dans l'exercice du droit de chasse pourrait ainsi se

(1) Edouard Clerc, *Formulaire du Notariat,* in 8°, Paris, 1872, T. 1, p. 288, n° 94.

traduire en une obligation au paiement de dommages-intérêts, par le bailleur au preneur.

Location de chasse. — Le droit de chasse soulève encore une question qui mérite d'être notée à cette place. De même que le propriétaire est présumé avoir réservé le droit de chasse, de même on admet que le propriétaire, qui a déjà donné le fonds rural en bail à ferme ou à métayage, peut encore consentir sur le même fonds, un bail de chasse, la chasse n'étant plus considérée aujourd'hui, que comme un droit inhérent à la propriété. Théoriquement, le propriétaire pourrait même céder successivement son droit de chasse à plusieurs personnes ; le premier locataire serait seulement préféré à tous autres, si son bail avait date certaine, par l'enregistrement par exemple. Mais les locataires, qui se trouveraient évincés, auraient un recours en dommages intérêts contre ce propriétaire trop facile ou peu scrupuleux. Le fermier ne pourrait se plaindre du droit de chasse exercé normalement par le propriétaire, ou le fermier spécial de la chasse, mais il serait fondé à protester contre les abus commis au cours de la chasse, tels les dégradations aux clôtures ou les dévastations de récoltes.

Réparations. — A titre d'obligation positive du bailleur, d'entretenir la chose louée en état de servir à l'usage pour lequel elle a été louée, il convient de noter la nécessité et l'obligation pour le bailleur d'effectuer au cours du bail des réparations, notamment aux bâtiments, ce qui sera parfois une gêne assez grave pour le preneur. Et cependant, on vient de dire que le bailleur ne doit rien faire qui diminue la faculté d'occupation et d'habitation du preneur.

On s'est trouvé là devant une opposition d'idées que le Code civil a tranché en faveur du bailleur, tout en ménageant avec une certaine équité les intérêts du preneur. En effet, l'art. 1724 décide, dans l'intérêt de la propriété sans doute, que le bailleur a le droit de faire, au cours du bail, les réparations qui ne pourraient être différées sans inconvénients jusqu'à la fin du bail, même si le preneur doit se trouver privé, durant le travail, d'une partie de la chose louée.

Ce texte n'accorde au preneur un droit à une diminution proportionnelle de fermage, que si les réparations ont duré plus de quarante jours.

On a même tendance, dans les baux, à stipuler expressément, au profit du bailleur, que le preneur devra supporter les réparations, sans indemnité ni diminution de fermage, même si elles durent plus de quarante jours.

On considère ainsi que le fermier, ou le locataire, a un intérêt personnel à ce que ces réparations soient effectuées, et que le preneur, qui doit en supporter les frais, ne fera rien de plus que le nécessaire, et dans le temps le plus court, pour ménager sa dépense.

Trouble causé par les tiers.— Si, au cours du bail, le preneur est troublé dans sa jouissance, non plus par le propriétaire ou bailleur, mais par le fait ou la prétention d'un tiers, qui, par exemple, volerait ou détruirait des récoltes, c'est à lui preneur qu'il appartient de se défendre directement contre ce trouble, par toutes les voies de droit, (C. civ. art. 1725). Cependant, si le tiers, auteur de ce trouble, prétendait avoir agi à raison d'un droit réel qui lui aurait été conféré sur l'immeuble, droit de propriété ou d'usufruit, ou encore droit de servitude, le preneur devrait dénoncer le fait au bailleur et le mettre en demeure de faire cesser ce trouble, et, au besoin, le mettre en cause et l'appeler en garantie s'il était lui-même actionné en justice. (C. civ. art. 1726, 1727).

Vices de la chose louée.—Enfin, par suite de son obligation successive de procurer au preneur la jouissance de l'immeuble donné à bail, le bailleur est responsable des vices ou défauts qui empêchent l'usage de la chose louée, quand même le bailleur ne les aurait pas connus lors du bail (C. Civ. art. 1721). Mais cette responsabilité ne s'étend pas aux vices cachés qui rendent seulement l'usage de la chose moins commode, ni aux vices que le preneur a connus ou pu connaître, lors de la conclusion du bail.

Voies d'exécution contre le fermier.— Parmi les droits du propriétaire, on peut ranger les armes que la loi lui a données pour assurer l'exécution des diverses conditions du bail.

C'est d'abord le privilège qui est conféré au propriétaire sur les meubles et récoltes du preneur, pour garantie du paiement des fermages (C. Civ., art. 2102, 1°), le preneur étant tenu d'autre part, ainsi qu'on le verra plus loin, de garnir la ferme des bestiaux et des ustensiles nécessaires à l'exploitation. Le propriétaire peut faire *saisir-gager* toutes ces valeurs, tant celles qui se trouvent dans les bâtiments que celles qui se trouvent sur les terres qui font l'objet du bail, celles enfin qui auraient été déplacées sans le consentement du bailleur et transportées dans un autre lieu (C. civ. art. 2102. C. Proc. civ. art. 826). La *saisie-gagerie* a lieu après commandement de payer, et sans permission du juge, pour fermages échus (C. Proc. civ. art. 819). Le propriétaire pourrait aussi exercer une *saisie-brandon* ou saisie des fruits pendant par racines, dans les six semaines précédant l'époque de la maturité, cette saisie étant précédée d'un commandement, avec un jour d'intervalle (C. Pr. civ. art. 626.)

Ces armes peuvent être jugées suffisantes et efficaces

pour vaincre l'inertie ou la mauvaise volonté d'un fermier peu disposé à remplir ses engagements, ou peu solvable.

Impôt sur le revenu (Cédule des bénéfices agricoles). — La loi de Finances de 1925 a imposé, à ce sujet, aux propriétaires de fonds ruraux, exploités directement en régie ou affermés, quelques obligations nouvelles qu'il convient de signaler.

Si le revenu cadastral des terrains exploités dépasse 2500 francs, l'exploitant est tenu de remettre avant le mois de février, à la mairie de la commune du siège de l'exploitation, pour être transmise au contrôleur des contributions directes, une déclaration dont il lui sera donné reçu indiquant la contenance et le revenu cadastral des parcelles composant l'exploitation classées par nature de culture.

S'il y a eu bail à ferme, le propriétaire est tenu de remettre au contrôleur des contributions directes, à chaque renouvellement de bail dans le délai de trois mois, une déclaration indiquant la désignation de l'exploitation, les nom et prénom du fermier entrant et la date de son entrée.

A défaut de déclaration dans les cas prévus, l'impôt est établi au nom du propriétaire.

Les coefficients, afférents aux diverses natures de culture seront appliqués à la valeur cadastrale, préalablement majorée de 75 % (art. 3) sur le montant du revenu de l'exploitation agricole ainsi calculé, l'exploitant n'est taxé que sur la fraction supérieure à 2.500 fr. Il a droit en outre à une déduction des trois quarts sur la portion comprise entre 2.500 et 4.000, et de moitié sur la portion comprise entre 4.000 et 8.000 (art. 1) (1).

(1) Voir, en outre, plus loin, sur l'application des règles fiscales, en matière d'impôt cédulaire sur les bénéfices agricoles, quant au propriétaire, au fermier et au métayer : Chapitre III, Section I (p. 154). Des modifications à ces règles sont proposées en 1926.

On pourrait énumérer encore plusieurs droits qu'il faudrait reconnaître au propriétaire. Ce sont tous les droits qui correspondent à chacune des obligations du fermier et qui vont être examinés dans la section suivante.

En effet, à chacune des obligations du fermier, on peut faire correspondre un droit du propriétaire, droit qui consiste pour celui-ci à profiter de l'exécution volontaire de cette obligation, ou de l'exécution forcée à laquelle le fermier pourrait être contraint.

Il suffit donc de renvoyer à la section suivante, pour l'importance et le caractère de ces droits.

SECTION II. — *Droits et obligations du fermier.*

On a pu déjà discerner plus haut (Section 1) les *droits* du fermier qui correspondent en somme, aux obligations du bailleur, comme les droits du bailleur dérivent, la plupart, des obligations ci-après du fermier.

En effet, le fermier a le droit d'exiger tout ce qui est mis comme obligation, à la charge du propriétaire, soit par la loi, soit par le bail même.

Quant aux *obligations*, elles se ramènent à deux que le Code civil qualifie à bon droit de principales et qui sont comme le principe et l'origine de toutes les autres :

1° user de la chose louée en bon père de famille et suivant la destination qui lui a été donnée par le bail, ou suivant celle présumée, d'après les circonstances, à défaut de conventions ;

2° de payer le prix aux termes convenus, (C. civ. art. 1728).

On relèvera d'autres obligations de détail ayant, si on veut, un caractère accessoire, mais qui ne sont pas cependant sans importance.

Usage et exploitation du fonds rural. — En disant que le preneur doit user de la chose louée, en bon père de famille, et suivant la destination qui lui a été donnée, le Code ne fait qu'exprimer une idée de bon sens et d'équité, simple et facile à comprendre.

C'est assez dire que le preneur doit exploiter le fonds, en homme sage et réfléchi, suivant une bonne méthode, favorable à son propre intérêt sans doute, mais de nature à conserver, sinon à améliorer le fonds.

C'était du reste la tradition de notre ancien droit coutumier, dont le Code civil s'est heureusement inspiré en cette matière. La coutume du Nivernais disait de même, à propos des héritages baillés en bordelage, sous le régime féodal, que le détenteur bordelier peut amender, et ne peut empirer ou détériorer la chose bordelière (VI° art. 15).

« User en bon père de famille » c'est, il est vrai, une formule un peu large et un peu vague, et qui peut prêter à des opinions divergentes ; mais, en définitive, cela se ramène toujours à une question d'usage et d'abus ; et, en cas de difficulté, des experts ou des magistrats se mettront toujours d'accord, d'après les circonstances, les conditions du bail, la situation respective des parties, sur ce qui est usage bon et raisonnable, ou ce qui est abus, fâcheux et insupportable.

D'ailleurs l'article 1728 se réfère avec à propos à la destination donnée par le bail, ce qui éclaire la situation.

Naturellement un domaine composé d'herbages, et donné à bail à un éleveur, ne pourra pas, sans abus, être transformé en domaine de culture ou en exploitation industrielle, ni une vigne être convertie en pré, en herbage ou en terre labourable.

User de la chose louée, suivant sa destination, c'est, en

même temps, la conserver, pour la rendre au propriétaire, à la fin du bail, ainsi qu'on l'a reçue.

A cet égard, le fermier est responsable de sa faute, de celle des membres de sa famille, de ses ouvriers ou domestiques, et même des actions des tiers, en ce sens du moins qu'il est obligé d'aviser le preneur des usurpations ou détériorations que des tiers commettraient sur le fonds (C. civ. art. 1732, 1735).

Assolements. — Dans cet ordre d'idées, on admettra souvent que le fermier, à raison de la liberté qui lui est laissée, de la responsabilité qu'il encourt, des garanties qu'il offre pour l'exécution du bail, pourra diriger sa culture et son exploitation, d'après ses idées personnelles, et, par exemple, s'il n'y a des usages locaux contraires ou une défense expresse dans le bail, changer les soles ou tournures des terres labourables, c'est-à-dire substituer à un assolement qu'il juge désuet, périmé et improductif, un assolement qu'il croit plus rationnel et avantageux, et, par exemple, remplacer le vieil assolement triennal, avec jachères, par l'assolement moderne, biennal ou quadriennal, comportant des cultures sarclées et des prairies artificielles.

Encore cela peut-il être matière à discussion parce que cela peut être une question, sinon de principe, du moins d'opportunité et d'application.

Retour à l'assolement primitif. — En tout cas, si le bail l'avait prévu et l'avait exigé, le fermier serait obligé, avant la fin du bail, de rétablir l'assolement tel qu'il l'avait trouvé à son entrée, et rendre, à sa sortie, le même contenu de terres emblavées en céréales, en prairies artificielles ou déjà labourées en prévision des cultures sarclées de l'année.

Par contre, on n'admettra pas, en principe, que de bons prés, des pièces de vignes, des vergers, puissent être mis en culture, ou des champs laissés en patures, pour le bétail.

A cet égard, il y a dans la pratique, ou les traditions de la culture, des règles ou usages qu'on ne saurait transgresser sans commettre des abus qui seraient une violation des obligations du fermier d'user de la chose louée en bon père de famille.

C'est ainsi qu'il est admis, dans des régions herbagères, que les prés doivent être tenus à faulx courante et, en conséquence, qu'ils doivent être chaque année étaupinés, les fourmilières détruites et les accrues essartées.

Ailleurs on estime qu'on ne peut sans abus faire les bons blés sur une terre qui n'a point été fumée, et qu'on ne peut prendre une récolte de blé, deux années de suite, sur la même terre.

On considère généralement comme obligatoire, que tous les fumiers soient employés dans les terres du domaine, les pailles et fourrages consommés dans la ferme et non vendus. Le Code civil le stipule d'ailleurs à plusieurs reprises (C. civ. art. 524, 1778, 1824).

Aussi bien, beaucoup de ces règles et usages sont-ils souvent rappelés à titre d'obligations formelles dans les baux écrits.

Bétail et ustensiles. — De même que le locataire d'une maison doit la garnir d'un mobilier, de même le fermier d'un fonds rural doit le garnir de bétail et d'ustensiles ou matériel agricole nécessaires à l'exploitation. C'est une garantie, pour le propriétaire, que le domaine sera bien et suffisamment cultivé et entretenu, et en outre, une garantie pour le paiement des fermages, tout ce qui garnit la ferme étant affecté au privilège du bailleur (C. civ. art. 2102. 1°)

Dans le même but, le fermier est tenu d'engranger dans les lieux à ce destinés d'après le bail (C. civ. art, 1767).

A défaut de granges, de greniers ou hangards, il y a toujours, dans une ferme, des emplacements qui, d'une manière traditionnelle, sont consacrés et destinés à édifier les meules de céréales en gerbes ou de fourrages.

Clause résolutoire. — Comme sanction à ces obligations spéciales au fermier, la loi a rappelé le principe général de la clause résolutoire sous-entendue dans les contrats (C. civ. art. 1184) mais elle s'est exprimée, à ce sujet, avec une netteté particulière dans les articles 1764 et 1766. Ainsi, le bailleur, qui se plaint que le fermier emploie la chose louée à un autre usage que celui auquel elle est destinée, ou n'a pas garni la ferme de bestiaux et de l'attirail de culture nécessaires, peut, suivant les circonstances, faire résilier le bail et réclamer des dommages intérêts. L'article 1766 prévoit aussi le cas où le fermier abandonne la culture, et donne la même sanction à ce manquement.

Responsabilité en cas d'incendie. — A la responsabilité générale du fermier se rattache la responsabilité de celui-ci en cas d'incendie des bâtiments. Le fermier, en effet, en vertu d'une présomption légale de faute, répond de l'incendie à moins qu'il ne prouve que l'incendie est arrivé par cas fortuit, ou force majeure, ou par vice de construction, ou encore que le feu a été communiqué par une maison voisine (C. civ. art. 1733).

S'il y avait plusieurs personnes occupant les bâtiments d'un même corps de ferme, — fait assez rare, à la vérité, — il en serait comme dans le cas de plusieurs locataires occupant les divers étages d'une maison à loyers, c'est-à-dire qu'ils seraient responsables de l'incendie proportionnellement à la valeur locative de la partie de l'immeuble qu'ils habitent, sauf à prouver que l'incendie n'a pu commencer chez eux, ou que l'incendie a commencé chez l'un d'eux (C. civ. art. 1734),

C'est *le risque locatif* bien connu, contre lequel les fermiers seront prudents de s'assurer à une compagnie d'assurances contre l'incendie même s'ils n'y sont point obligés par le bail. Il y a généralement intérêt à s'assurer à la même compagnie qui assure déjà le propriétaire contre le risque d'incendie (1).

Réparations locatives. — L'obligation du preneur de conserver la chose louée, comporte aussi celle de l'entretenir et par suite, pour les bâtiments d'y faire les réparations locatives, et, pour les parcelles de prés ou de terre d'entretenir les clôtures, les abreuvoirs, les fossés ou rigoles d'assainissement ou d'irrigation, l'état de la sole des prés.., etc.

On a déjà vu plus haut (section 1, p .59) que le propriétaire faisait lui-même au cours du bail les réparations urgentes. Ce sont d'habitude celles qu'on peut qualifier de grosses réparations, par exemple aux murs, à la charpente, ou à la couverture des bâtiments, par opposition aux réparations locatives qui seraient plutôt d'ordinaire des réparations d'entretien et même de menu entretien (C. civ. articles 1720, 1754).

Cette notion permet déjà de classer et de reconnaître les réparations nécessaires, pour savoir qui doit en supporter la charge et les frais.

(1) Aux termes d'une loi du 19 février 1889, en cas d'assurance du risque locatif, l'assuré ou ses ayants droit ne pourront toucher tout ou partie de l'indemnité sans que le propriétaire de la chose louée, le voisin ou le tiers subrogé à leurs droits, aient été désintéressés des conséquences du sinistre. Cela donne au propriétaire une quasi-certitude d'être payé, sur cette indemnité, avant les autres créanciers du preneur. Or, c'était parfois le contraire avant la loi de 1889.

Au surplus l'article 1754 prend soin d'énumérer ces réparations locatives, parmi lesquelles on voit figurer les réparations à faire au recrépiement du bas des murailles à hauteur d'un mètre, aux pavés et carreaux des chambres, aux menuiseries des ouvertures, ainsi qu'aux gond s, targettes et serrures, aux vitres, à moins qu'elles ne soient cassées par la grêle.

En général, les usages locaux donnent aussi une énumération de ces réparations locatives qui peuvent encore être mentionnées dans le bail, avec plus ou moins de détail, suivant l'importance que le bailleur y attache.

Le preneur ne pourrait se dérober à cette obligation, que si les réparations locatives n'avaient été occasionnées que par vétusté ou force majeure, ce qui est une appréciation assez délicate, à moins que le bail n'ait prévu le cas, en mettant d'avance à la charge du propriétaire, la réfection à neuf de certaines parties des bâtiments trop anciennes, ou qui menacent ruine.

Charrois. — Le bail prévoit souvent à cette occasion, et fort à propos, que pour toutes les réparations, même celles qui sont à la charge du bailleur, tous les roulages et charrois seront faits par les attelages et voitures du domaine, sous la surveillance, la responsabilité, et aux frais du fermier qui fera conduire, à pied d'œuvre, tous les matériaux nécessaires, et enlever les décombres.

Il sera prudent de prévoir ces roulages dans le bail et de les mettre à la charge du fermier pour le cas de la reconstruction des bâtiments rendue nécessaire par un incendie. Il ne faudrait point penser que cela va sans dire. Il est nécessaire, au contraire, pour éviter toutes difficultés et discussions, de le stipuler expressément, bien que le preneur ait un avantage évident à cette reconstruction, faite aux frais du propriétaire. Il n'est pas sans exemple en effet, que cela ait été contesté.

Impôts. — L'impôt foncier reste à la charge du bailleur, mais le preneur en est également responsable, au regard du fisc, sauf son recours contre le bailleur, par voie de compensation par exemple, lors du paiement des fermages. Cependant on pourrait citer des baux où cet impôt est par dérogation, mis à la charge des fermiers qui se trouvent de la sorte intéressés à la question des impôts.

Le plus souvent la répartition des divers impôts et leur charge est réglée par le bail, qui s'explique aussi quant à la taxe vicinale. Il est assez naturel de mettre cette dernière taxe, pour une large part, sinon pour la totalité, à la charge des fermiers qui sont plus intéréssés que tout autre au bon état des chemins et qui en profitent, et qui, d'ailleurs, ont la facilité d'acquitter les prestations en nature avec les voitures et le personnel du domaine.

Impôts cédulaires sur les bénéfices agricoles — L'impôt sur les bénéfices agricoles est dû par *l'exploitant*, et par suite, sous le régime du fermage par le fermier. L'impôt est établi au nom des exploitants dans la commune où ils ont leur habitation principale au 1er janvier de l'année de l'imposition, et, d'après la consistance de leurs exploitations à la même date. (L. 31 juillet 1917). art. 19. et Loi du 13 juillet 1925. Le propriétaire, de son côté, se trouve atteint déjà par l'impôt foncier, et d'autre part, il paye l'impôt sur le revenu sur les fermages qui constituent un des éléments de son revenu. Du reste, le propriétaire paierait lui même l'impôt cédulaire sur les bénéfices agricoles, s'il était exploitant, sous le régime de la régie, du faire-valoir direct ou même du métayage (1).

Dans la préparation de la loi de finances de 1925, un

(1) Un nouveau système de perception de cet impôt est en discussion devant le parlement en 1926.

projet proposait qu'en cas de changement d'exploitation, au cours de l'année précédant celle de l'imposition, le bénéfice imposable, d'après la valeur locative cadastrale, multipliée par un coefficient, fut partagé entre le fermier entrant et le fermier sortant, au prorata du nombre de mois pendant lesquels chacun d'eux aurait exploité. Ce n'était que justice.

Ce projet n'a point pris place en définitive, dans le texte voté de la loi de finances de 1925, de sorte qu'il faut s'en tenir à la règle ci-dessus résultant de la loi de 1917 (art. 19), et laisser la charge de l'impôt au fermier qui se trouve exploitant au 1er janvier de l'année de l'imposition, même s'il ne doit point exploiter durant toute cette année.

Cela peut sembler arbitraire et rigoureux, car, ainsi, ce sera souvent le fermier sortant au 1er mai, mais ayant occupé encore le domaine le 1er janvier, qui se trouvera taxé et obligé de payer l'impôt sur des bénéfices agricoles de son successeur, le fermier entrant ; on peut d'ailleurs remédier à cette injustice par une clause spéciale du bail réglant les rapports des deux fermiers, l'entrant et le sortant, qui les oblige à faire compte à ce sujet.

On a vu plus haut (section I. p. 62) les obligations imposées par la loi de finances de 1925, au propriétaire, pour faire connaître à l'administration des contributions la consistance du domaine affermé, le nom du fermier et la date d'entrée en jouissance. Tout ce système est combiné pour assurer plus exactement la perception de l'impôt cédulaire sur les bénéfices agricoles, on y reviendra chap. III. Section I.

Paiement du prix. — Le Code civil dit que « le preneur doit « payer le prix du bail, aux termes convenus ». C'est une règle assez claire pour se passer de commentaire.

On observera cependant qu'en l'absence de convention expresse, quant aux termes, il conviendra de se conformer à l'usage des lieux. On paie généralement en deux termes, qui sont, dans certains pays, la Saint-Jean (le 24 juin) et Noël (25 décembre). Ailleurs, les termes sont le 1er ou le 11 mai et le 1er ou 11 novembre (La Toussaint ou la Saint-Martin), deux époques où les fermiers ont pu faire, dans dans les mois précédents, des ventes suffisantes pour acquitter leur fermage ; avant mai, la vente des animaux entretenus et soignés à l'étable pendant l'hiver ; avant la Saint-Martin, la vente de la moisson et du bétail laissé dans les prés ou conduit dans les paturages pendant l'été.

Le lieu du paiement est souvent aussi réglé par l'usage à défaut d'une convention qui a pu fixer le lieu de paiement au domicile du bailleur ou chez le notaire, par dérogation au principe qui veut, en matière d'obligation, que ce paiement ait lieu au domicile du débiteur (C. civ. art. 1247).

L'usage et les convenances suffisent d'ordinaire à désigner, pour ce paiement, le domicile du bailleur.

Déjà la coutume de Nivernais (Ch. VI. art. 10) disait que « la redevance bordelière, s'il n'y a pas lieu convenu, « devait être portée en l'hôtel du seigneur bordelier, » ajoutant toutefois « pourvu que la chose bordelière ne soit « distante de l'hôtel dudit seigneur bordelier plus de quatre lieues. »

Cas de perte de récoltes. — Par une raison d'équité, le Code civil a prévu une remise de prix, si le bail est fait pour plusieurs années, et que, pendant la durée du bail, la totalité ou la moitié d'une récolte au moins, soit enlevée par cas fortuit (C. civ. art. 1769).

Ce texte dit : « le fermier peut demander une remise de

« prix » et ajoute cette réserve : à moins qu'il ne soit in-
« demnisé par les récoltes précédentes. »

S'il n'a pas été indemnisé selon ces prévisions, l'estimation ne peut avoir lieu qu'à la fin du bail, auquel cas il se
fait une compensation de toutes les années de jouissance.

Enfin — dernière règle d'équité — « Et cependant le
« juge peut provisoirement dispenser le preneur de payer
« une partie du prix, à raison de la perte soufferte.

Système assez compliqué, à la vérité, et qui ne peut recevoir d'application qu'entre parties également animées de
bonne foi, de bonne volonté, et d'esprit de justice, capables aussi d'apprécier les hypothèses délicates prévues
par la loi.

Dans la pratique, ce texte est plus souvent lettre morte,
car on y déroge formellement dans le bail en stipulant que
le preneur ne pourra demander aucune remise ou réduction de fermage, pour stérilité, grêle, gelée, sécheresse,
épizootie, ou tout autre cas, ordinaire ou extraordinaire,
prévu ou imprévu, on veut ainsi éviter discussions et contestations, qu'on juge inextricables, sur l'application de
l'art. 1769 du Code civil.

Pendant la guerre de 1914, les fermiers des régions
dévastées, dans le Nord et dans l'Est, qui n'avaient pu obtenir des propriétaires, à l'amiable, des réductions ou exo-
nérations de fermages, furent admis à se pourvoir devant
une commission arbitrale et purent aussi, sous certaines
conditions, demander la résiliation du bail, par exemple si
la guerre avait modifié leur situation personnelle, ou les
conditions de leur exploitation, dans une mesure telle
qu'il était évident que, dans la situation actuelle, ils n'auraient point contracté. La résiliation pouvait d'ailleurs
être demandée aussi par le bailleur, qui justifiait que le

preneur n'était plus en état d'assurer l'entretien et l'exploitation du domaine (L. du 25 octobre 1919, art. 11 et 12).

Restitution. — On a déjà dit plus haut (v. p. 63-64) que le preneur, obligé de conserver la chose louée, devait la restituer au bailleur à la fin du bail, dans l'état où il l'avait reçue lui-même. Cela suppose qu'un procès-verbal d'état des lieux a été dressé, au début du bail ou avant l'entrée en jouissance, par un expert, choisi d'accord par les deux parties, ou par deux experts dont chacun a été choisi par l'une des parties ; à défaut de ces constatations préliminaires, ainsi qu'en matière de bail à loyer, le preneur est présumé avoir reçu les lieux en bon état et doit les rendre de même. S'il y a eu un procès-verbal dressé, le preneur n'est pas tenu de rendre les lieux, à sa sortie, en meilleur état qu'ils n'étaient à son entrée (C. civ. art. 1730-1732).

On verra plus loin, dans la Section 4, spéciale à l'entrée et à la sortie du fermier, la combinaison qui a été imaginée, pratiquement, pour constater avec équité l'état des lieux à l'entrée d'un fermier, et à sa sortie, pour faire place à un autre fermier, au lieu de les restituer au propriétaire lui même.

Cession et *Sous-location*. — A côté des droits qui sont corrélatifs aux obligations du bailleur, le preneur possède un autre droit qui lui a été conféré formellement en ces termes : « Le preneur a le droit de sous-louer et même de « céder son bail à un autre, si cette faculté ne lui a pas été interdite. » (C. civ. art. 1717).

Mais, dans la pratique, à la faveur de cette réserve finale, ce droit se trouve ou supprimé ou fort amoindri. — Il est bien rare en effet que le bailleur n'exige pas, pour son repos, l'insertion au bail, de la clause, devenue de style, tant elle est fréquente, et d'après laquelle le preneur ne pourra ni sous-louer ni céder son droit au bail, sans le consentement exprès et par écrit du bailleur. — En effet celui-ci ne veut pas être exposé à se voir imposer un fermier qu'il n'aurait pas choisi avec connaissance.

Cependant l'article 1717 n'est pas sans application, car un bailleur peut avoir oublié d'insérer au bail la clause de dérogation, ou bien il a pu se laisser convaincre d'y renoncer, ou encore d'accepter, tolérer tout au moins soit une sous-location, soit une cession de bail.

La *sous-location* est une sorte de bail où le preneur joue lui-même le rôle de bailleur vis-à-vis du sous-locataire et d'ordinaire pour un fraction seulement, du fonds dont il est fermier. Par exemple un fermier sous-loue à un tiers une prairie séparée ou un champ distinct du domaine qu'il exploite.

Par la *cession*, le preneur, devenant cédant, transmet ou veut transmettre au cessionnaire l'ensemble des droits et obligations qui résultent, pour ou contre lui-même, du bail dont il est le bénéficiaire.

Toutefois, en droit, le sous-locataire et le cessionnaire ne prennent pas vraiment la place du preneur au regard du bailleur.

Ainsi, nonobstant la cession et la sous-location, le preneur, sous-louant ou cédant, reste tenu du prix entier du bail, au regard du bailleur primitif ou propriétaire du fonds.

La loi a seulement admis cette atténuation au principe que le propriétaire pourrait s'adresser directement au sous-locataire ou au cessionnaire pour leur demander directement ce dont ils pourraient être débiteurs eux-mêmes envers le preneur qui leur a consenti une sous-location ou une cession (C. civ. art. 1753),

Il n'en serait autrement que si la sous-location ou la cession ayant été dénoncée au bailleur, celui-ci avait déclaré l'accepter.

D'autre part, le preneur reste toujours, nonobstant la sous-location ou la cession, responsable de l'incendie, vis-à-vis du bailleur, dans les termes des articles 1733 et 1734.

Quelquefois le bailleur, pour rendre la défense plus énergique, stipule que le bail serait résolu de plein droit par le fait seul de la cession ou sous-location sans son autorisation expresse et par écrit.

Fin du Bail. — Ainsi qu'on l'a vu plus haut (V. chap. I, p. 50) le bail ne prend pas fin, en cas de vente du fonds par le propriétaire ou bailleur (C. civ., 1743). De même, il n'est pas résolu par la mort du bailleur, ni par celle du preneur (C. civ., art. 1742).

Mais, il en serait autrement si, par suite d'une action en justice ou autrement, le droit de propriété du bailleur venait à être déclaré nul ou résolu. Dans ce cas, le bail consenti serait aussi résolu, comme ayant été conféré indûment.

En dehors de ces hypothèses, le bail prendra fin, naturellement, par l'arrivée du terme pour lequel il a été conclu, et sans qu'il soit nécessaire de donner congé.

Le congé ne serait nécessaire que dans les cas, déjà examinés, où le bail aurait été fait sans durée déterminée (C. civ. art., 1774 et 1775).

La durée ne résultant plus alors que des nécessités de de la culture, ou bien, étant fixée par les usages locaux, le bail ne prendrait fin que par un congé donné par le bailleur conformément aux usages locaux, trois mois ou six mois avant la sortie, en général.

A défaut de congé donné par le bailleur, si le preneur

continue son exploitation, et reste en possession des lieux, il s'opère un nouveau bail par tacite reconduction dans les mêmes conditions qu'auparavant (C. civ., art. 1776 et 1738).

Le bail prend fin aussi par nécessité, si la chose louée vient à être détruite en totalité (C. civ., art. 1722) par suite de la guerre, par exemple, ou de tout autre cataclysme, même si la responsabilité de l'une ou de l'autre des parties était engagée à cette occasion, et sauf action en dommages-intérêts de la victime contre l'auteur responsable.

Si la destruction n'était que partielle, le preneur pourrait, suivant les circonstances, demander ou une diminution de prix ou la résiliation même du bail (C. civ., art. 1722).

L'expropriation mettrait aussi fin au bail, mais le preneur, comme le bailleur, pourrait personnellement demander et obtenir une indemnité (L. 3 mai 1841, art. 21 et 39).

En cas d'expropriation, partielle seulement, ce serait le cas de faire intervenir un nouvel arrangement avec le bailleur.

Le bail pourrait aussi être résilié, ainsi qu'on l'a vu, pour cause d'inéxécution des conditions, du fait de l'une ou de l'autre des parties (C. civ., art. 1741).

Législation de la guerre. — Il convient de noter ici que la Guerre de 1914 a donné naissance, en matière de bail, pour les baux à loyer, et pour les baux à ferme également, à des mesures législatives, d'un caractère transitoire, en ce qui concerne la résiliation ou la prorogation des baux ruraux, la remise ou la réduction des fermages. Ces dispositions sont devenues sans objet, par suite de l'expiration des délais impartis pour leur mise à exécution.

I. — Des cheptels et spécialement du cheptel de fer.

Observation liminaire. — Ainsi qu'on le verra, le cheptel peut faire l'objet de contrats particuliers et indépendants qui se rapportent à l'idée de bail (*bail à cheptel simple, à cheptel à moitié, contrat improprement appelé cheptel*).

Mais, plus souvent, le cheptel se rapporte à la formation et au fonctionnement de baux à ferme ou à métayage, dont il est l'accessoire ou même un élément essentiel, dans le cas du *cheptel de fer*.

C'est à ce double titre, qu'il est intéressant d'examiner ici la matière des cheptels, à l'occasion et à suite du *bail à ferme*.

Généralités. — On désigne d'ordinaire par cheptel, qu'on prononce ch'tel, en beaucoup de provinces, tout fonds de bétail qui garnit une exploitation agricole, petite ou grande ; on fait en effet dériver ce terme d'un mot latin vulgaire *capitale* ou *captale*, éveillant l'idée de tête de bétail, ou plus simplement, de bétail en général.

C'est ainsi qu'on a donné le nom de *bail à cheptel* au contrat par lequel une des parties, le bailleur, donne à l'autre, le preneur, des bestiaux à garder, à nourrir et à soigner, sous la condition que le preneur profitera des laitages, du fumier, et du travail des animaux, ainsi que de la moitié du croît et de la laine, et qu'il supportera, d'autre part, la moitié de la perte (C. civ. art. 1804 et 1811).

Cheptel simple. — Tel est le cheptel simple, où le prix du bail serait, par hypothèse, représenté par le bénéfice du croît, réalisé par le bailleur, et où les profits divers et le croît, réservés au preneur, seraient le salaire et la récompense des soins que celui-ci prend du cheptel et de la nourriture qu'il lui distribue. D'aucuns ne veulent voir dans ce contrat qu'une sorte de société, ce qui est discuté, mais ce qui n'est point contesté pour le bail à cheptel à moitié où chacun des parties fournit la moitié des bestiaux qui demeurent communs pour le profit et pour la perte (C. civ. art. 1818). Il sera traité plus spécialement du cheptel à moitié, dans le chapitre III, à l'occasion du métayage.

Singulier contrat, soit dit en passant, que ce contrat de cheptel qui évoque le souvenir de temps fort anciens, où propriétaires du sol, cultivateurs et éleveurs, fort peu munis de capitaux, étaient souvent incapables de se procurer, avec leurs ressources propres, le bétail nécessaire à leur exploitation et devaient faire appel à l'aide ou au concours de commerçants, d'éleveurs plus fortunés, soit même d'usuriers.

C'est pourquoi les coutumes anciennes, celles en particulier du Berry et du Nivernais, où étaient fort usités les « cheptels » ou « chaptels de bêtes », tout en donnant au bailleur ou propriétaire du fonds de bétail, des garanties, pour assurer le bon entretien, la restitution, du troupeau avec le profit du croît, s'efforçaient de protéger le cheptelier, présumé pauvre et ignorant, contre des charges trop onéreuses. Ces règles ont, pour la plupart, passé dans le droit moderme (C. civ., art. 1804 et ss.)

De là la dispense, pour le preneur, ou cheptelier, de contribuer à la perte du bétail, lorsque le cheptel a péri en entier, sans sa faute, et la charge pour le cheptelier de ne contribuer, et pour moitié seulement, qu'à la perte partielle.

La protection dont on a voulu entourer le cheptelier, a fait aussi décider que le bailleur ne pourrait se réserver une part des laitages, du fumier et du travail des animaux ni une part des laines et du croît supérieure à la moitié (C. civ., art 1819).

Le fait que le bailleur demeure propriétaire du troupeau confié au cheptelier a fait admettre que celui-ci ne peut disposer d'aucune bête du troupeau, sans le consentement du bailleur. Mais le bailleur n'a pas le droit non plus d'en disposer sans le consentement du preneur, puisque celui-ci a reçu la charge de garder, nourrir et soigner le cheptel et peut se servir des bêtes, profiter du croît, mais se trouve en partie responsable de la perte (C. civ., art. 1804, 1812).

On verra plus loin, à l'occasion de la sortie du fermier et des expertises ou estimations qu'elle entraîne, à quelle controverse a donné lieu l'augmentation de valeur du cheptel au cours du bail et spécialement lors de l'expiration du bail (Voir page 87).

L'interdiction faite au bailleur de se réserver une partie des laitages des animaux, n'est pas maintenue dans le cas où le bailleur du cheptel serait propriétaire du domaine dont le preneur ou cheptelier serait aussi fermier ou métayer.

A vrai dire, c'est dans cette hypothèse qu'on rencontre le véritable champ d'une application pratique et courante du contrat de cheptel qui dans le cas de bail à ferme, prend alors le nom de *cheptel de fer*.

Les cheptels simples ou à moitié étaient encore très pratiqués au seizième siècle, puisqu'ils ont été réglementés par les coutumes rédigées à cette époque, dans la région du Centre en particulier; mais, depuis, ils n'ont cessé de perdre du terrain, sauf dans les rapports des propriétaires de biens ruraux avec des exploitants de ces biens, donnés en fermage ou en métayage.

Très souvent les propriétaires de ces biens n'ont pu trouver des fermiers ou des métayers, en situation d'exploiter les domaines qu'à la condition de leur faire, sous cette forme, l'avance d'un fond de bétail ou cheptel suffisant. C'est ainsi que les cheptels de fer sont parfois de la valeur d'une année de fermage, ici, d'une tête de gros bétail par hectare, là de 3 têtes pour 5 hectares ; dans des pays de culture ordinaire, d'une tête pour 2 hectares. On donne aussi, par exemple, 300 kilos de poids vif de bête bovine par hectare. Chaque pays a ses usages. De cette façon le propriétaire consent un avantage au fermier à un double point de vue. C'est d'une part, comme s'il lui faisait l'avance d'un capital d'exploitation. D'autre part, le privilège du bailleur, pour la garantie du paiement des fermages, au lieu de porter sur un bétail amené ou acheté par le fermier pour garnir la ferme, ne se trouve plus porter utilement que sur une partie du croît du bétail fourni par le propriétaire lui-même et sur le croît ou le supplément de cheptel apporté par le fermier.

Ainsi pourvu d'un cheptel, le fermier ou le métayer a encore l'obligation ou la charge assez lourde de se procurer le matériel d'exploitation et le capital ou fonds de roulement nécessaire à la marche de l'entreprise.

D'ailleurs la concession d'un cheptel par le propriétaire au fermier est un moyen de justifier et d'obtenir de cet exploitant un prix de fermage plus élevé et des conditions plus favorables pour le propriétaire, quant au domaine et quant au cheptel.

On peut concevoir aussi le cas, qu'on rencontre dans la pratique, où le cheptel est donné au fermier, non par le propriétaire du domaine, mais par un tiers qui, dans la circonstance, agit comme un banquier, faisant une avance de bétail au lieu d'une avance de capitaux. Il faut, dans ce cas, notifier le fait au propriétaire du domaine, avant l'introduction du cheptel dans la ferme, si on veut éviter que ce bétail ne puisse être considéré comme la propriété du fermier, et ne devienne [aussi le gage du propriétaire (C. civ., art 1813).

Le *cheptel de fer* est considéré, en droit, comme un immeuble par destination, comme demeurant attaché au fonds dont il dépend, par l'effet de la convention (C. civ., art. 522). On a déjà observé qu'il restait la propriété du propriétaire du domaine, et cependant le fermier en a la libre disposition, au cours du bail, étant seulement tenu de le restituer, à la fin du bail, avec la même composition et la même valeur, l'excédent seul appartient au fermier. En cas de déficit, le fermier doit le payer (C. civ., art. 1826).

Tout cela entraîne des expertises et des estimations sur lesquelles on s'expliquera plus loin, et cela a constitué, ainsi qu'on le verra, une opération, grosse de conséquences, quand, par suite de circonstances graves, la valeur et les cours du bétail présentent d'importantes différences entre le commencement et la fin d'un bail qui a pu porter sur neuf, douze ou dix-huit années.

L'estimation du cheptel de fer a d'autre part pour effet, seulement, contrairement aux règles ordinaires, au lieu d'emporter vente, de mettre ce cheptel aux riques du preneur (C. civ., art. 1822).

C'est un juriste du xvie siècle, Beaumanoir, qui écrivait que « les bestes de fer, — nom ancien du cheptel de fer, — « ne peuvent mourir à leur seigneur », ce qui se rattache à cette idée qu'une bête du cheptel, venant à disparaître, elle se trouve remplacée aussitôt par une bête provenant du croît, ou une autre bête introduite dans le cheptel par le preneur, et qu'ainsi le cheptel conserve toujours son importance, sa même composition et, pour le moins, sa valeur première. Un auteur moderne a repris cette idée, en disant qu'il y a, dans les bêtes de fer, un métal caché, une monnaie qui doit se retrouver toujours, quoiqu'il arrive (Hugueney, Sirey Rep. pér. 1921, 1. p. 193).

C'est dans ces conditions que le cheptel de fer, tout en demeurant, en droit, la propriété du bailleur, est à la disposition, mais aussi aux risques du preneur, en même temps fermier du domaine auquel le cheptel est attaché.

La charge des risques, imposée au preneur, a cette conséquence que le preneur supportera la perte totale du cheptel de fer, lors même qu'elle aura été causée par cas fortuit, par exemple en cas d'épizootie soudaine ou d'incendie.

Les parties cessent également, à l'égard du cheptel de fer, d'être tenues des règles ordinaires, sur le partage, d'une part du laitage, du fumier et du travail des animaux, d'autre part des laines et du croît. Les baux écrits contiennent en effet souvent des stipulations réservant au propriétaire, en sus du fermage, une part des produits en nature du cheptel, tels que des produits du laitage, sous le nom de faisances ou menus suffrages, ou encore des prestations de charrois.

Pour terminer sur la matière des cheptels, qu'on note enfin l'existence d'un contrat mentionné dans le Code civil et désigné ainsi : *Contrat improprement appelé cheptel.* C'est, dit le Code, « le contrat qui se réalise quand une ou «plusieurs vaches sont données pour les loger ou les nour-«rir, le bailleur en conservant la propriété et se réservant les veaux qui en naissent.» (C. civ., art 1831).

Ce contrat qui n'est point en effet un vrai bail, et ne ressemble même que de loin au bail à cheptel, est aujourd'hui peu usité. Au xviiie siècle, Pothier le disait encore répandu dans le vignoble d'Orléans. Depuis, on l'a vu pratiquer dans le Nivernais vers 1871, et, encore en 1924, dans la région de Blois, sous le nom bizarre « *La vache en bon* » qui pourrait cacher une critique ou une ironie. Ce con-trat était aussi encore usité dans le Loiret en 1905, dans les cantons de la Ferté et de Cléry où il portait le nom de « placement de vaches » ou « vaches en place » ou « vaches à maison ». La durée était d'un an et soumise à la tacite reconduction. Il était toutefois d'usage de ne reprendre la vache que 6 semaines ou 2 mois après la vente du veau. — (*Usages locaux du Loiret* (édition Marron, 1905, p. 73).

Ce contrat a été en effet dénoncé comme une dernière forme de l'usure, et cependant, avec ses clauses onéreuses pour le preneur qu'il oblige à soigner, entretenir et nour-rir la vache à lui confiée, il a cependant rendu service à plus d'un petit cultivateur ou locaturier, qui eut été bien empêché de trouver, à n'importe quelles conditions, l'ar-gent nécessaire à l'acquisition d'une vache, ni d'obtenir un bail à cheptel ordinaire, et qui néanmoins a pu rem-plir ses engagements et améliorer sa situation, grâce à ce contrat.

Sans doute le propriétaire de l'animal se faisait la part belle, se réservant le premier veau, sevré et vendu à un ou deux mois, et en stipulant les veaux suivants par moitié, ainsi que la plus value de la vache, à la fin de la location. Mais ce soit disant spéculateur courait aussi le risque de l'insolvabilité du petit cultivateur, ou de l'impossibilité pour celui-ci d'exécuter le contrat, soit par sa faute, soit à raison de circonstances fortuites et imprévues.

Le crédit mutuel agricole peut aujourd'hui permettre au

cultivateur débutant de négliger cette combinaison qui, précisément, n'avait pris naissance qu'en l'absence de toute institution de crédit populaire.

Quant au caractère usuraire du contrat, il ne faut rien exagérer. Cela dépendait moins des termes mêmes du contrat que de la manière dont ce contrat était réellement pratiqué. Car, dans l'exécution, le contrat n'excluait ni la bienveillance, ni la générosité du bailleur qui pouvait avoir des raisons de ménager le preneur et qui, en effet, le ménageait, en n'exerçant pas tous ses droits dans leur rigueur littérale.

Caractère et utilisation du cheptel. — De ces premières notions relatives au cheptel, on peut tirer les conséquences suivantes touchant le caractère du cheptel, son utilité, ou son fonctionnement, qu'on le considère isolément, ou en connexion avec le bail du fonds rural auquel il se trouve rattaché.

Le cheptel ainsi considéré est essentiellement un instrument d'exploitation et de mise en valeur des fonds ruraux.

Il en est ainsi, même si le cheptel est confié, comme cheptel simple par un tiers, à un laboureur qui cultive sa terre, ou exploite un fonds rural qu'il a pris à bail à ferme ou à métayage. La prospérité du cheptel, comme celle du fonds rural, sont indivisibles et solidaires, se complétant et se servant mutuellement d'appui et de soutien.

Celui qui a fourni le cheptel n'a pas sans doute à s'immiscer dans l'exploitation du fonds rural, mais, étant resté propriétaire de cheptel, il lui appartiendra de s'assurer que le cheptelier remplit ses obligations. Quand le croît sera suffisant pour permettre la vente d'une ou de plusieurs têtes du troupeau, le bailleur interviendra pour autoriser et surveiller cette vente, qui ne peut être faite sans sa permission mais qu'il ne pourrait non plus faire seul, sans le consentement du preneur.

La vente du croît ainsi opérée, les parties pourront s'en partager le montant, mais si, d'un commun accord, les prix de vente restaient aux mains du bailleur, il pourrait arriver que celui-ci eut reçu au total, en quelques années, une somme égale à l'estimation de la valeur du cheptel faite au début du bail, sans que le preneur ait rien reçu. Alors la situation serait la même que si le preneur avait remboursé au bailleur le montant de l'estimation primitive du cheptel, et ce cheptel se trouverait « *affranchi* », selon l'expression ancienne. En fait, le cheptel qui ne serait plus représenté que par le croît, serait commun entre le bailleur et le preneur, pour le profit et pour la perte, et il resterait tel jusqu'au partage, sans qu'il y ait lieu à la restitution, prévue pour la fin du bail, de la souche de cheptel confiée au début.

Mais si le bétail a été confié par le propriétaire même du fonds rural au fermier ou au métayer qui a pris à bail et exploite ce fonds, il doit dans la pensée des deux parties, sauf prélèvement, partage, ou vente du croît, dans l'intérêt commun, se retrouver, à la fin du bail du fonds rural, augmenté ou diminué dans sa valeur, suivant les circonstances, l'habileté ou la vigilance et le soin du fermier, mais avec une importance et une composition peu différentes de celles qu'il avait à l'origine, afin de devenir, aux mains d'un nouveau fermier ou du propriétaire lui-même, un instrument d'exploitation toujours suffisant pour la bonne marche de l'entreprise agricole.

C'est dans cette pensée qu'on a donné à ce cheptel d'origine le nom de « *souche de cheptel* », ou ailleurs, dans le midi, celui de « *pied de capital* ». On suppose que cette

souche variera peu ; ce qui sera changeant et mobile, ce sera
le croît et le profit du cheptel, résultant, d'une part, de la
génération, d'autre part, de l'augmentation de valeur qui
advient par l'âge, les veaux devenants bœufs, génisses ou
vaches mères, ou par l'amendement, à la suite de l'engraissement de certains sujets.

Voilà ce qui est ordinaire et normal, on va voir comment des circonstances exceptionnelles ont pu, dans cette
matière, dépasser et dérouter les prévisions habituelles.

Mais auparavant, il convient de noter que dans la pratique, la notion de cheptel a été fort étendue et ne s'applique pas toujours au bétail seulement. Conformément à
l'ancienne signification du mot qui s'appliquait à toutes
sortes de biens meubles, on range parfois sous cette déno-
mination, différents objets, tels que matériel et instruments agricoles, fumiers, pailles, foins, etc,.. laissés par le
bailleur au fermier ou métayer pour faciliter l'exploitation
du domaine, et que dans certains pays on désigne aussi sous
le nom d'*effets morts* ou *fonds de lieux*, dont on examine-
ra, à la Section 4, les règles de transmission, de fermier sortant à fermier entrant.

D'ailleurs les règles rappelées ci-dessus et résultant des
articles 1804 à 1826 du Code civil ne s'appliquent pas nécessairement aux effets morts, mais concernent plutôt seulement et spécialement les cheptels vifs composés de bétail.

II. — Hausse anormale de la valeur du cheptel, au cours
et à l'expiration du bail.

Pendant des siècles on a pratiqué le bail à cheptel, du
seizième au dix-neuvième siècle, tout au moins pourrait-on

dire, on a vécu sur cette idée, confirmée par les faits, qu'il ne pouvait y avoir qu'une différence peu importante entre la valeur du cheptel, au début et à la fin du bail. C'est pourquoi l'application des usages, suivis en cette matière, tels qu'ils résultent des coutumes et de leurs commentateurs, en dernier lieu de Pothier, n'avait souffert aucune difficulté s'agissant du cheptel de fer, en cas de bail à ferme ou de bail à métayage.

S'il y avait, à la fin du bail, une différence de quelques cents francs ou livres, entre l'estimation de l'entrée et celle de la sortie, le bailleur reprenait le cheptel des mains du fermier sortant, et tenait compte à celui-ci, en argent, de la différence, en plus des estimations ; à l'inverse, si l'estimation de sortie était inférieure à l'estimation d'entrée, bien que, comme dans le cas précédent, le cheptel présentât, à la sortie, à peu près la même apparence, comme nombre de têtes et comme composition, qu'au début du bail, le bailleur acceptait aussi ce cheptel et se bornait à réclamer au fermier sortant la différence des deux estimations, en représentation de l'insuffisance de cheptel, et le fermier ne songeait point à contester.

Il a fallu le trouble considérable apporté à la situation économique par la guerre de 1914, pour appeler l'attention des propriétaires et des fermiers, sur les conséquences souvent anormales de ces usages.

En effet, s'agissant de baux contractés et commencés dans la période de 1908 à 1914 par exemple, et venant à expiration, pour des baux de huit à douze ans, dans la période de 1916 à 1920, on constatait, non sans surprise, que les cheptels qui s'étaient d'ailleurs augmentés, le plus souvent, comme importance et comme composition, avaient bénéficié d'une hausse qui, dans bien des cas, s'élevait jusqu'à augmenter de quatre à cinq fois la valeur du bétail huit à dix ans auparavant. Il en résultait par suite, qu'entre les expertises d'entrée en 1908 ou 1910 et de sortie en 1918 ou 1920, on relevait, par exemple, une augmentation de cinq, dix à vingt mille francs, dans des domaines affermés pour une somme infiniment moindre.

Le fermier entendait s'en tenir à l'application des usages ou des termes même du bail qui stipulait que c'était d'après la valeur du cheptel au jour de l'entrée qu'il devait rendre compte du cheptel à sa sortie ; et, par suite, tout en se montrant disposé à abandonner le cheptel au propriétaire, ou au nouveau fermier, ce fermier sortant réclamait le remboursement de la différence des deux estimations.

C'est ce que n'avait point prévu le propriétaire, et c'est la prétention contre laquelle il s'éleva vivement, jusqu'à porter le différend devant les tribunaux. Il observait en effet que ce résultat anormal n'avait été prévu ni par la loi ni par le bail et qu'il devait s'attendre comme d'ordinaire à ce que le cheptel jugé nécessaire par le fermier sortant lui-même à l'exploitation du domaine, restât dans ce domaine auquel il était attaché, comme cheptel de fer, sans qu'on eut à payer au fermier sortant une somme hors de toute proportion avec l'importance primitive du cheptel, et avec le revenu du domaine.

Le fermier objectait de son côté que la loi et l'usage ne l'obligeaient à rendre que des bestiaux d'une valeur égale au prix de l'estimation de ceux qu'il avait reçus. Souvent aussi, il pouvait ajouter que le bail stipulait dans les mêmes termes et que la loi lui reconnaissait formellement la propriété de l'excédent.

On peut déjà observer que, de part et d'autre, on semblait avoir manqué de réflexion et s'être laissé surprendre par l'échéance de la fin du bail.

Car on n'ignorait pas que neuf ou dix ans auparavant, une vache de bonne qualité valait de 1.500 à 2.000 francs, tandis que la hausse survenue avait porté ce prix, de 2.500 à 4.000 francs, suivant l'âge, l'espèce et la qualité de la bête.

D'autre part, le propriétaire eut pu d'avance observer au fermier qu'il lui avait donné en cheptel, par exemple, une seule paire de bœufs et trois vaches alors qu'on en entretenait plus du double dans le domaine, sans compter le bétail d'autres espèces.

Le fermier lui-même, sans rien dire, eut pu prendre les devants, et vendre progressivement une partie du cheptel pour le ramener soit à la composition qu'il avait à l'entrée, soit à un petit nombre d'animaux ne représentant malgré la hausse, que la valeur du cheptel, lors de l'estimation d'entrée.

A vrai dire, des propriétaires eussent encore protesté contre cette manière d'agir. Il ne leur déplaisait pas que le fermier eut augmenté le nombre et l'importance des bêtes de cheptel, car cela parlait en faveur de l'importance et de la fertilité du domaine, qui pouvait nourrir et entretenir un cheptel aussi nombreux. Mais ils n'en étaient que plus obstinés à soutenir que le cheptel, tel qu'il se trouvait alors, étant jugé utile pour garnir et exploiter le domaine, c'était bien la preuve qu'il devait y être laissé, comme instrument d'exploitation du domaine, ce qui était le caractère même du cheptel de fer, considéré par la loi comme étant resté la propriété du maître du domaine, et formant un immeuble par destination, inséparable du domaine lui-même.

On ajoutait aussi que, s'il était possible qu'une partie de la hausse de la valeur du cheptel résultât de l'augmentation du nombre des têtes de bétail et fut due, par hypothèse, à l'industrie et aux soins du fermier, la majeure partie de cette plus-value résultait assurément du trouble et des souffrances causés par la guerre, de la rareté du bétail, et qu'il était injuste que le propriétaire souffrit des conséquences de ces événements dans ses rapports avec son fermier, et fut exposé à faire des dépenses sans proportion avec ses ressources et les revenus du domaine, pour rentrer en possession d'un cheptel qui, en droit, n'avait jamais cessé d'être sa propriété.

Ces arguments, et d'autres encore, tirés de l'histoire, du droit, de l'économie politique furent développés et firent couler des flots d'encre dans les journaux et les revues dans la période de 1917 à 1923 ; ils furent discutés aussi devant les juridictions qui eurent à juger les nombreux procès auxquels donnèrent lieu les expertises de sortie des domaines changeant de fermier dans la même période (1).

Un certain nombre de tribunaux, dans le centre, dans l'Auvergne et dans le midi, donnèrent raison aux fermiers et aux métayers. Des cours d'appel, celle de Riom, de Toulouse accueillirent la thèse soutenue au nom des propriétaires, croyant, semble-t-il, servir la cause de l'agriculture en empêchant les domaines d'être appauvris de la totalité de leur cheptel. Devant la cour de Toulouse, on alla même jusqu'à admettre, en l'absence de stipulations précises et de prévisions du bail, qu'il était conforme à l'intention commune et présumée des parties, d'après les circonstances de la cause, que la valeur de l'excédent de cheptel fut équitablement partagée entre les deux parties.

Toutes ces discussions et oppositions d'intérêt finirent par aboutir à des pourvois devant la Cour de Cassation qui,

(1) Voir VERLOGEUX, *Les plus-values de cheptel en Bourbonnais*, in-8°, 1921 Thèse Paris 1921.

par un premier arrêt du 6 juin 1921, se prononça de la façon la plus ferme et la plus formelle en faveur de la thèse
soutenue au nom des fermiers.

Les motifs de cet arrêt qui semble avoir tranché la question pour un long temps peuvent se résumer ainsi qu'il
suit.

Dans cette matière des cheptels, et spécialement du
cheptel de fer, qui ne touche pas à l'ordre public, les parties sont libres de prendre telle disposition qu'il leur convient pour leur intérêt propre, et dans l'intérêt de l'exploitation agricole, et de fixer de nouvelles règles non
prévues ni par l'ancien droit et les usages, ni par le Code
civil ; mais, dans le silence du bail, sur la restitution du
cheptel de fer à la fin du bail, il convient de s'en tenir
étroitement aux dispositions du code civil, dans les articles 1921 à 1926, où il n'est fait aucune distinction entre
la plus-value apportée au cheptel par les soins et améliorations du fermier, et celle qui provient de circonstances
accidentelles ou imprévues.

D'autre part, la loi n'envisage que la valeur vénale du
cheptel, et non sa puissance comme instrument d'exploitation.

L'article 1821 ne dit-il pas, en effet, que s'il y a cheptel
de fer, le fermier, à l'expiration du bail, laissera des bestiaux d'une valeur égale au prix de l'estimation de ceux
qu'il aura reçus ?

L'art. 1826 dit encore que le fermier devra laisser un
cheptel de valeur pareille à celui qu'il a reçu.

« Valeur », « prix d'estimation », cela est exclusif, pour
la Cour, de la valeur d'exploitation dont on a voulu tirer
argument.

Pour la Cour de Cassation, le propriétaire bailleur n'a

pu ignorer qu'il s'exposait, en contractant, à supporter les risques d'une élévation future du cours des bestiaux, que ces risques avaient d'ailleurs une contre partie dans les risques pouvant résulter pour le fermier, soit de l'abaissment des mêmes cours, soit de la perte fortuite des animaux, mise à la charge du fermier.

La Cour n'admet pas que le bailleur puisse s'affranchir de ses risques, en alléguant que ses prévisions avaient été trompées, (arrêt de Cassation du 6 juin 1921, rapporté dans le répertoire périodique de *Sirey* 1921, 1ʳᵉ partie, page 193, et dans celui de *Dalloz*, 1921. 1.73).

Cet arrêt de 1921, rendu sur un pourvoi contre l'arrêt de la Cour de Toulouse, a fait l'objet de la part de personnalités et de collectivités fort autorisées, de critiques nombreuses et fort étudiées.

Néanmoins, par un autre arrêt du 30 mai 1922 rendu sur un pourvoi contre un arrêt de Riom du 29 juillet 1920, la Cour de Cassation a maintenu fermement sa jurisprudence qui sera sans doute dorénavant respectée et suivie.

En 1919, on avait déposé à la Chambre des députés, une proposition de loi, inspirée par les circonstances, pour décider que l'estimation, en fin de bail, devrait se faire, en prenant pour base les cours de la première estimation, pour le fonds ou souche de cheptel, et les cours en vigueur à la fin du bail, pour le croît ; cette proposition n'a pas abouti, mais il n'est pas certain qu'on doive le regretter, car si elle paraissait inspirée par un louable souci d'équité, elle était autrement compliquée et d'une application plus difficile que le système du Code, sans qu'elle assurât plus sûrement ni l'équité ni la protection de l'intérêt bien entendu des parties.

Au surplus, c'est aux parties elles-mêmes qu'il appartient

pour l'avenir de prendre dans le contrât de bail toutes les précautions nécessaires.

Ainsi il paraît certain que le propriétaire peut se mettre à l'abri des conséquences d'une hausse extraordinaire et imprévue, en faisant dresser, à l'entrée en jouissance du fermier, un état qui ne soit pas seulement estimatif, mais qui soit surtout énumératif et descriptif, mentionnant par exemple la présence dans le cheptel, sans estimation même.

1° de tant de vaches suitées,

2° de tant de vaches pleines,

ces animaux appartenant à telle race, ou inscrites à tel *Herd-Book*,

3° tant de veaux de l'année ou de tel âge,

4° tant de génisses de deux ans,

5° — bouvillons,

6° — bœufs de travail,

7° — de juments, de tel âge et de telle race,

8° — de poulains ou élèves de tel âge.

Si on ajoute encore que la remise ou restitution devra s'opérer, tête pour tête, à la sortie ou à l'expiration du bail, le bailleur pourra, de cette façon, exiger la restitution du même cheptel, de même composition qu'à l'entrée, quel que soit le cours du bétail à l'expiration du bail.

Cette stipulation peut être assortie facultativement, d'une estimation qui sert surtout à éclairer sur la qualité des animaux et à faciliter le réglement, mais qui ne saurait empêcher, à la sortie, le propriétaire de profiter de la plus-value acquise par la souche de cheptel, par suite de la hausse des cours. Les parties feraient toujours bien d'ailleurs de le stipuler expressément dans le bail.

On donnerait ainsi satisfaction au souci de conserver

dans le domaine un cheptel possédant toujours la même valeur d'exploitation agricole.

D'autre part, les fermiers peuvent se garantir également en prévision d'une baisse des cours qui les obligerait, à la sortie, à fournir un plus grand nombre d'animaux qu'ils n'en ont reçu, à l'entrée, pour le prix d'estimation. Cette crainte de baisse est aussi bien une menace réelle car elle dépend d'une saison de sécheresse prolongée ou de l'invasion de maladies contagieuses ; ainsi les fermiers peuvent exiger, comme ils l'ont fait déjà dans le Nivernais et le Bourbonnais, la stipulation, dans le bail et dans l'expertise d'entrée, qu'ils reçoivent, comme cheptel de fer, x kilos ou quintaux de viande sur pied pour tant de bêtes de race bovine, ou de race ovine, et qu'ils rendront à la sortie, le même nombre de bêtes et le même poids, ou seulement le même poids. Les stipulations des parties à cet égard sont libres, il suffit seulement que les parties contractantes se mettent d'accord.

SECTION IV. — *De l'entrée en jouissance et de la sortie du fermier.*

§ 1. — Entrée en jouissance et sortie du Fermier.

Dates d'entrée et de sortie du fermier. — Les parties, en fixant librement, ainsi qu'on l'a vu, la durée du bail, ont ainsi déterminé la date de l'entrée en jouissance du fermier, puisqu'elles ont dû fixer le commencement et la fin du bail.

Cependant leur liberté à cet égard, n'est pas aussi complète qu'elle le parait, car elle se trouve limitée et conditionnée par les traditions et les usages résultant des habitudes prises, et parfois même de certaines nécessités agricoles. Le bail nouvellement conclu, ou restant à conclure, ne peut non plus commencer avant que le bail en cours n'ait pris fin, et de plus, le nouveau fermier voudra sans doute faire coïncider son entrée avec sa sortie déjà prévue du domaine qu'il exploite encore.

Aussi ces dates d'entrée en jouissance sont-elles assez variables selon les contrées. Ici, on la voit fixée, pour les domaines de petite et de moyenne importance, au 23 avril (à la Saint-Georges) ou au 29 septembre (à la Saint-Michel). Là, au contraire, l'usage est d'entrer, dans les domaines d'une certaine importance, soit au 1er mai, soit au 1er ou au 11 novembre (à la Saint-Martin).

Cet usage s'explique aisément. En effet, dans la région du Centre où il est assez répandu, le 1er mai, en particulier, est pour beaucoup d'agriculteurs, le véritable commencement de l'année agricole, par opposition à l'année civile ou à l'année religieuse ; au premier mai, l'hiver est terminé, un certain régime intérieur de la ferme, résultant de la réunion de toutes les bêtes dans les étables, prend fin et un autre régime va s'instaurer, caractérisé par la fenaison, la moisson et d'autres grands travaux de récolte et de culture, la vie en plein air, dans les prairies encloses, de la majeure partie du cheptel.

Cette tradition est ancienne ; car le vieux commentateur de la coutume de Nivernois, Guy Coquille, l'expliquait déjà en ces termes : « Au Morvan, le terme le plus usité « de l'échéance des baux est au premier mai, parce que le « bénéfice du fermier est sur les bestiaux plus que sur les « grains ; et il a tout l'hiver pour soigner son bétail, et lui « faire consommer les fourrages. »

Au premier mai, les greniers et la grange sont généralement vides, et le bétail a pu être préparé et mis en bon état à l'étable, ce qui facilite et simplifie les expertises et les estimations, ou les rendra favorables en sortant.

La Saint-Martin (11 novembre) est aussi favorable, si on veut envisager l'état des emblavures d'automne qui sont terminées, ou vont l'être, ou les grands travaux de préparation des terres qui vont commencer pour durer tout l'hiver. Par contre, granges et hangars sont encore remplis par les récoltes de l'année, ce qui peut rendre les expertises plus longues et plus délicates.

Dans l'Ile de France, la Brie, et en Normandie, l'entrée est aussi, bien souvent, fixée par l'usage au 1ᵉʳ mai, et même au 1ᵉʳ ou 15 avril (V. R. Vuignier, Paris 1924. *Comment exploiter un domaine agricole*, p. 55 à 60).

Dans le Loiret (arrondissement d'Orléans) et dans la Sologne, l'entrée est au 1ᵉʳ novembre, en général, et dans quelques cantons au 1ᵉʳ mai. Dans la Beauce, (région de Patay, Voves, Chateaudun) l'usage le plus suivi est la prise de bail à compter du 1ᵉʳ mai, appelée « la levée des guérets » c'est-à-dire la préparation des labours pour les ensemencements d'automne, blé, seigle, escourgeon). Cependant on adopte assez souvent une autre [entrée appelée « par la mise des mars » fixée au 1ᵉʳ novembre, pour permettre au nouveau fermier de faire les labours nécessaires aux ensemencements de printemps (avoines ou orges).

I. *Entrée en jouisssance et sortie du fermier.* — Ainsi qu'on l'a vu plus haut, l'obligation pour le fermier de conserver et d'entretenir la chose louée, comme aussi l'obligation du bailleur de délivrer la chose en bon état de réparations, supposent qu'il a été dressé lors de l'entrée du fermier, ou même avant, un procès-verbal de l'état des lieux, et que cette formalité est renouvelée à la sortie du fermier. Mais dans la pratique, il est assez rare qu'il en soit ainsi car cela suppose que le propriétaire quitte le fonds rural ou renonce à son exploitation et qu'à la sortie du fermier il rentrera dans ce fonds pour en reprendre l'exploitation.

Le plus souvent, au contraire, il s'agit d'un fonds rural exploité depuis un plus ou moins long temps, parfois de temps immémorial, par des fermiers successifs et qui est livré à un nouveau fermier lequel, à l'expiration de son bail, le remettra à son tour à un autre fermier.

Expertise et estimation. — Pour la convenance et la commodité des uns et des autres, on a trouvé plus simple et aussi efficace, au lieu de faire une double opération de remise ou « rendue de lieux » par le fermier sortant au propriétaire, et de livraison, ou remise des lieux par le propriétaire au fermier entrant, de confondre ces deux opérations ou expertises en une seule, intervenant entre le fermier sortant et le fermier entrant. Le propriétaire a pu d'ailleurs, dans ses baux avec l'un et avec l'autre se réserver le droit d'assister, en témoin ou en observateur, ou même comme partie intéressée, à cette opération, soit par lui-même, soit par son représentant.

Telle est du moins la pratique dans le centre de la France, mais sauf quelques variantes, elle ne saurait être très différente, dans les autres contrées, tant elle est dans la nature des choses, et conforme aux nécessités de la situation. Il serait facile d'autre part, d'introduire et de suivre cet usage avec quelques modifications au besoin, dans les régions et les milieux où il n'existerait pas encore mais où il pourrait être utile.

En fait, bien que les usages locaux aient fixé la procédure de ces expertises, les baux écrits ont eu soin très souvent de la régler d'avance et d'en rappeler les termes.

Ainsi les parties pour définir la situation, même au point de vue juridique, auront stipulé comme il suit : « Soit lors « de l'entrée en jouissance, soit dans la quinzaine qui pré-«cédera ou suivra cette entrée, le fermier entrant procé-« dera, d'accord avec le fermier sortant, à l'expertise fixant « l'état des lieux qui sera réputé conforme à l'état existant « au jour de l'entrée. A cet effet, le bailleur subroge le « le preneur dans tous ses droits et actions, contre le fer-« mier sortant, pour se faire rendre par celui-ci les lieux « en bon état d'entretien et déterminer les indemnités qui « seraient dues dans le cas où on constaterait des des-« tructions, détériorations, ou un défaut d'entretien. »

L'expertise faite, d'après cette clause, permettra au fermier entrant d'obtenir du fermier sortant l'indemnité nécessaire pour mettre les lieux en bon état.

Moyennant cet arrangement et ce règlement, le fermier entrant sera donc réputé avoir reçu du propriétaire ou bailleur, les lieux en bon état ; et, à sa sortie, à la fin du bail, où il deviendra à son sour fermier sortant, il sera tenu aussi de rendre les lieux en bon état d'après une expertise et un règlement semblable.

Cela suppose en effet, qu'à l'aide de l'indemnité reçue du sortant, le fermier entrant à fait mettre les lieux en bon état par des ouvriers, commandés et payés par lui-même, et qu'ainsi sera réalisée pratiquement, l'obligation du bailleur de délivrer les lieux en bon état de réparations, afin que le preneur soit tenu de les rendre lui-même, en bon état à sa sortie.

Cette procédure de règlement s'adapte d'ailleurs aussi à l'estimation des cheptels, attachés au domaine, et qui passent de l'un à l'autre fermier, du fermier sortant au fermier entrant.

Si le bailleur s'est réservé le droit d'assiter à cette expertise, il pourra faire toutes observations utiles, tant sur l'état des lieux que sur les estimations.

Des experts.— D'habitude, chacune des parties se fait représenter par un expert choisi, le plus souvent, parmi des fermiers, ou d'anciens fermiers, ou des propriétaires, expérimentés, doués de jugement, possédant la connaissance des usages, des prix et de tout ce qui se rapporte au « ménage des champs », suivant l'expression ancienne. Ces experts sont départagés s'il en est besoin, par un tiers expert, nommé à défaut d'accord des parties, par le juge de paix ; chaque partie paie son expert et la moitié des frais du tiers expert.

On voit par là quel est le caractère et le jeu de cette remise ou « rendue de lieux », accompagnée d'une expertise.

Le propriétaire ne reçoit pas comme il pourrait l'exiger les indemnités dues par le fermier sortant pour déterioration ou défaut d'entretien.

Mais son nouveau fermier, mis en ses lieu et place, peut faire valoir les droits du propriétaire ou bailleur, intérêts qu'il a besoin lui-même de faire respecter, dans le but de recevoir les lieux en bon état.

Les deux fermiers, appartenant au même monde, familiers avec ces sortes d'affaires, règlent ensemble et avec les experts toutes les questions soulevées au cours de l'expertise, beaucoup plus aisément que ne le ferait chacun d'eux séparément, avec le propriétaire.

D'ailleurs, les mêmes experts peuvent servir pour le règlement d'autres questions qui se présentent lors de la sortie d'un fermier et de l'entrée d'un autre fermier.

Estimations des cheptels. — Il s'agit en effet de procéder à l'estimation des cheptels dont il a été question à la section précédente (V, section 3).

En premier lieu, il convient d'estimer le cheptel de bestiaux ou cheptel vif, surtout si, donné antérieurement par le propriétaire, il se trouve attaché au domaine, comme cheptel de fer, et par suite, doit être restitué, par hypothèse, au bailleur, pour être remis ensuite au nouveau fermier.

La même expertise peut facilement réaliser ces deux opérations. Les parties intéressées peuvent s'en servir pour régler leurs comptes, et cependant les cheptels restent au domaine tout en changeant de mains, c'est-à-dire cessant d'être à la garde et sous la responsabilité du fermier sortant pour être placés à la garde et sous la responsabilité du nouveau fermier. Mais, grâce à l'expertise, le propriétaire a pu vérifier si le fermier sortant a rendu tout le cheptel vif qu'il avait reçu à l'entrée; il peut faire des réclamations et obliger le fermier sortant à des règlements de compte. D'autre part, le bailleur et le fermier sortant sont fixés sur l'importance, la composition et la valeur du cheptel que le nouveau fermier reçoit et prend en charge à son entrée.

Comme pour l'état de lieux, cette expertise, avec estimation des cheptels, aboutit également à un règlement en argent entre les deux fermiers, l'entrant et le sortant. On s'en rendra mieux compte par l'exemple suivant.

Si le fermier sortant a reçu du propriétaire, à son entrée, un cheptel de 10.000 francs, et rend un cheptel de même nature estimé 10800 francs, il sera fondé, en transmettant tout ce cheptel, à réclamer au fermier entrant et à recevoir de celui-ci les 800 francs d'excédent de cheptel, moyennant quoi, le fermier entrant sera réputé avoir reçu du propriétaire, les 10.000 francs de cheptel qui sont attachés au domaine et que le propriétaire s'est engagé dans le bail qui les lie tous les deux, à lui livrer. Et quand ce nouveau fermier livrera, à son tour, le cheptel de fer à son successeur, si ce cheptel vaut alors, d'après l'estimation, 11,500 francs, il aura aussi le droit de réclamer à ce nouveau fermier entrant, cet autre excédent de cheptel de 700 francs, bien que, dans les rapports du fermier sortant avec le propriétaire, le cheptel ne compte toujours que pour une valeur de 10.000 francs. Au contraire, si le cheptel ne valait plus que 9.500 francs au lieu de 10.000 francs, montant de la primitive estimation, ce serait lui, devenu fermier sortant, qui devrait verser au nouveau fermier entrant le montant du déficit, ou 500 francs.

On voit donc que, par ces opérations, les fermiers, entrant et sortant, se passent ainsi, dans la suite des temps, de main en main, toujours un même cheptel, — de 10.000 francs nominalement, qu'ils sont réputés recevoir du propriétaire auquel il n'a jamais cessé, en droit, d'appartenir, et auquel il devra revenir, en définitive, le jour où, à l'expiration du dernier bail, le domaine, avec son cheptel de fer, au lieu de passer à un nouveau fermier, rentrera dans la possession du propriétaire lui-même, de ses héritiers ou ayants droit.

Toutes ces opérations sont faites, en vertu, ou comme conséquence du bail, à titre d'opérations amiables. Les procès-verbaux d'expertise ont, quant à la preuve, une force qu'ils tirent du bail même. (1).

Effets morts et fonds de lieux. — Enfin, il y aurait encore lieu à expertise et estimation pour les effets morts et fonds

(1) On signale que dans la Beauce, les expertises servent aussi à régler les dissentiments qui s'élèvent entre l'entrant et le sortant au sujet des « empaillements » et parfois des « surcharges » de culture par le fermier sortant, pendant ses dernières années de jouissance.

de lieux, si les baux des deux fermiers, entrant et sortant, avaient stipulé que ces autres cheptels ou matières seraient pris et rendus sur estimation.

Même si les effets morts étaient pris sans estimation, il serait encore utile qu'un procès verbal en fit l'énumération, la description ou la désignation par quantités. On fait rentrer en effet, sous cette expression d'*effets morts*, les fumiers de l'année, les foins, fourrages en général, restant de la dernière récolte, et, même, dans certaines régions, les instruments aratoires, rateliers et échaffaudages.

Or, on conçoit que ces effets morts puissent varier beaucoup de valeur, d'importance et de quantité, suivant l'administration et la direction, plus ou moins habile et vigilante, des fermiers.

On estime même, d'ordinaire, les *prairies artificielles* en végétation dans les champs, dans l'état où elles se trouvent au 24 juin, si l'entrée a eu lieu au 1ᵉʳ mai, ou au 1ᵉʳ novembre, si l'entrée a eu lieu à cette époque. Les regains appartiennent à l'entrant, si le bail commence le 1ᵉʳ septembre. Au 24 juin, l'estimation ne porte que sur la première coupe. Au 1ᵉʳ novembre, pour les prairies semées depuis moins d'un an, on ne fait état que de la valeur des graines, et des frais de la mise en terre.

Le nombre et la complexité de ces opérations justifient assez la présence des experts, dont l'appréciation doit s'inspirer des usages locaux et des nécessisés de la culture.

Dans cette matière des expertises d'entrée et de sortie, le principe qu'il faut suivre et qui sert de guide, est que « *l'entrée règle la sortie* ». Les cheptels reçus sur estimation à l'entrée sont également rendus sur estimation et en même quantité et valeur à la sortie ; au contraire, tout ce qui a été reçu sans estimation doit être aussi laissé sans estimation, mais de bonne foi et sans abus.

Par là, le fermier entrant, mis aux lieu et place du propriétaire, défend les intérêts de celui-ci, tout en sauvegardant son propre intérêt ; il assure la conservation des cheptels de toute nature, tels qu'ils ont été reçus par le premier fermier auquel un bail du domaine a été antérieurement consenti. Il obtient les dédommagements auxquels il a droit, en cas de négligence ou de mauvaise administration du fermier sortant ; il demeure, de son côté, responsable de son administration, pour le jour ou lui-même devra transmettre les cheptels à son successeur, tout en se ménageant une recette, au cas où ces cheptels auraient acquis une plus-value entre ses mains.

Suppression des cheptels. — Des notaires de la région de Paris rapportent qu'aujourd'hui, c'est-à-dire dans la première moitié du vingtième siècle, dans l'Ile de France, la Beauce, la Brie, et, en général, dans tous les pays au nord de la Loire, le bail à cheptel n'existe plus ; que, dans les baux à ferme, on loue les bâtiments et la terre, le cheptel mort ou vif étant la propriété du fermier ; que la question d'évaluation à l'entrée et à la sortie ne se pose donc plus. D'aucuns prétendent qu'il en serait de même dans beaucoup d'autres régions et, dans le Centre même, au moins dans les domaines donnés en fermage. (1).

Ce renseignement est bien fait pour surprendre ; on hésite à croire qu'il soit exact, et surtout généralisé sur une portion aussi vaste du territoire ; car les circonstances sont nombreuses, où le fermier sortant peut renoncer à conserver les cheptels, à la sortie, en particulier s'il ne devient

----

(1) En effet il arrive assez souvent aujourd'hui, dans les fermes de Beauce, au jour de la sortie, ou dans un temps voisin, que le fermier mette en vente aux enchères ses bêtes à corne et chevaux ainsi que son attirail de culture et ne conserve que les bêtes et voitures strictement nécessaires à l'enlèvement de la récolte.

pas fermier d'un autre domaine très rapproché, et où, d'autre part, le fermier entrant peut avoir intérêt à acquérir tout ou partie du cheptel de son prédécesseur, cheptel qui a l'avantage de se trouver déjà dans les bâtiments ou les dépendances du domaine.

Il est vrai que la voie des conventions ou accords particuliers entre les deux fermiers est toujours ouverte, et qu'elle peut suffire pour liquider la situation au mieux de leurs intérêts, suivant leurs convenances et leurs besoins respectifs (1).

La suppression des cheptels, du cheptel vif en particulier, à titre de cheptel de fer, peut résulter de la formation d'une classe de fermiers riches ou pourvus d'un important capital d'exploitation, qui leur permet de constituer de suite un cheptel suffisant, pour garnir et pour exploiter le domaine qu'ils viennent occuper.

Mais la nécessité des expertises n'en subsistera pas moins pour la vérification et l'examen, sinon pour l'estimation des effets morts, qui, par la force des choses, seront laissés dans le domaine, par le fermier sortant, et aussi des prairies artificielles, dont les baux, même les plus récents, prévoient la création, et imposent au fermier sortant la conservation, et l'abandon, au profit du fermier entrant.

Récoltes pendantes par racines du fermier sortant. — La

(1) Le fermier sortant peut aussi, à sa sortie, ainsi qu'on l'a noté ci-dessus, faire dans la ferme même une vente publique aux enchères, de tout ce qui lui appartient, en cheptel vif et mort, et qu'il ne veut point conserver.

Le fermier entrant peut alors se porter enchérisseur, à cette vente, pour tout ce qui lui convient et qu'il désire conserver, pour son propre compte, dans le domaine — C'est également un usage assez répandu et qui a sa raison d'être là où il n'y a pas de cheptels attachés à la ferme, comme cheptels de fer, ou assimilés aux cheptels de fer.— ce qui devient fréquent à la vérité.

transmission des biens ruraux par le fermier sortant au fermier entrant, a donné naissance à d'autres usages fort anciens, mais dont l'application n'est pas sans soulever des difficultés, à l'époque contemporaine, où les mœurs ont évolué, et où les conditions de la culture et de l'exploitation agricole, ont subi de notables modifications.

Qu'on se place en présence d'un changement de fermier à l'époque traditionnelle du 1ᵉʳ mai, dont on a signalé plus haut les avantages, mais dont on va juger maintenant, à un autre point de vue, les inconvénients.

Le fermier qui va se retirer au 1ᵉʳ mai a fait à l'automne précédent des emblavures de blé et d'avoine d'hiver qu'il a surveillées et entretenues pendant tout l'hiver. L'usage, comme l'équité, veulent que ce fermier, malgré la fin de son bail au 1ᵉʳ mai, conserve son droit sur ces emblavures, et profite du moins pour les grains, sinon pour les pailles qui resteront au domaine, de la moisson de ces céréales qui se fera aux mois de juillet et août suivants. Il en est de même pour les emblavures en grains de printemps, faites, de février à fin avril, par ce fermier, sur les terres qu'il a labourées et cultivées pendant l'hiver.

Tout cela se comprend, puisque ce fermier, d'une part, était toujours en jouissance du domaine, et, d'autre part, devait être débiteur du prix de fermage pour tout le temps à courir jusqu'à cette échéance du 1ᵉʳ mai.

Cet usage règne, non seulement dans la région du Centre, mais aussi dans l'Ile-de-France, et spécialement en Seine-et-Marne, où le fermier sortant, devant récolter ses céréales d'automne et de printemps, quittera effectivement l'exploitation non pas en avril, où le bail venait à expiration, mais au 1ᵉʳ juillet suivant. Cependant le fermier entrant, qui ne dispose en fait que du tiers des terres, exécute les travaux d'été, sur le sol de jachères, avec ses attelages qu'il amène de la ferme voisine, plus ou moins éloignée, où il est lui-même fermier sortant.

Dans les usages de Beauce, quant à l'époque de l'entrée, qui ont été notées ci-dessus (v. p. 97) le fermier entrant au 1er mai a droit à l'habitation de la ferme et à tous les bâtiments d'exploitation, mais concurremment avec le fermier sortant. Ce dernier conserve le droit à une partie des locaux, tant pour son habitation que pour ses chevaux, afin d'exploiter la récolte en terre. Si l'entrée a eu lieu le 1er novembre « par la mise de mars » la cohabitation des deux fermiers est plus longue que dans le bail de « la levée des guérets » ; elle est, par suite, une source de conflits puisque l'année suivante le sortant récolte les blés, et le successeur les avoines et orges. Ce bail oblige à scinder le fermage en deux parties ; en pratique, un tiers pour la première année où il récolte seulement les « mars », et deux tiers pour la dernière année où il récolte les « blés ».

Cette cohabitation ou occupation commune et simultanée des deux fermiers (entrant et sortant) permet de dire que ces fermiers sont, l'un et l'autre, à cheval sur deux exploitations, car le sortant est sans doute lui-même entrant dans un autre domaine de la contrée. Cela ne va pas sans faire naitre des froissements, des pertes de temps et de main-d'œuvre et d'autres ennuis (R. Vuignier, p. 60).

Dans l'hypothèse de la sortie le 1er mai, à laquelle il faut revenir, comment le fermier, qui est déjà sorti le 1er mai, fera-t-il aux mois de juillet et d'août cette moisson qui lui appartient alors que, s'il n'habite plus réellement la ferme, où il a perdu les facilités que lui donnait pour ce travail l'occupation des bâtiments du domaine, avec son personnel et ses attelages ?

Sans doute les usages locaux ont prévu, et peut-être même le bail a stipulé que le fermier entrant devrait fournir au sortant, gratuitement les voitures, pour le charroi des récoltes, le charretier aidant même au chargement et au déchargement des voitures. C'est beaucoup et ce n'est pas assez. Il faut en effet tout d'abord abattre la récolte, la lier en gerbes, la mettre en moyettes avant de la rentrer, ce qui se fait aujourd'hui, en grande partie mécaniquement, avec la moisonneuse-lieuse attelée de trois ou quatre chevaux, et conduite parfois, dans des récoltes difficiles par deux hommes.

Autrefois sans doute le fermier sortant pouvait s'entendre avec des journaliers ou moissonneurs, et leur entreprendre, à forfait, cette récolte qu'ils coupaient à bras, à la faulx, liaient et mettaient à moyettes prête à enlever sur les charriots.

Il sera beaucoup plus difficile aujourd'hui, sinon impossible, à ce fermier sortant, de s'entendre, à des conditions raisonnables, avec son successeur, pour faire exécuter ce travail mécaniquement, et pour veiller à ce que ce travail soit accompli et terminé avec un soin suffisant au moment le plus favorable.

Les occasions de désaccord et de froissements ne manqueront pas non plus, lorsqu'il faudra engranger la récolte puis ensuite faire et surveiller le battage, procéder à l'enlèvement et à la livraison des grains vendus. L'obligation pour l'entrant de supporter les allées et venues du sortant, de loger les attelages et le personnel de ce fermier sortant sera une source permanente de difficultés.

Aussi faut-il souhaiter que les usages ruraux se modifient sur ce point, et convient-il d'aller au-devant des modifications, en spécifiant dans le bail, et en obtenant que

le fermier entrant prendra sur estimation, à une date à déterminer, 1er juin ou 1er juillet par exemple, les récoltes
en terre appartenant au fermier sortant, et lui en rembour-
sera la valeur. Au besoin, et comme garantie de paiement,
on pourrait stipuler aussi que le fermier entrant donne
d'avance ou s'engage à donner au fermier sortant une délé-
gation sur le meunier ou le marchand auquel les grains
seront vendus, afin que celui-ci paye le prix convenu, non
au fermier occupant le domaine mais à celui qui en est déjà
sorti au 1er mai. Sans doute, ce sera là une charge nouvelle pour le fermier entrant, mais, pour la liberté que
cela laissera à celui-ci, pour la moisson et pour la disposition des grains, cette chose ne sera pas sans présenter une
contre partie avantageuse.

D'ailleurs l'idée qui vient d'être mise en avant n'est
point tout à fait nouvelle.

Il y aurait en effet en Flandre belge, dans le Tournaisis,
un certain « *droit de chapeau* » ou *pachtersrceht* qui consiste dans la reprise, par le fermier entrant, des engrais,
arrière-engrais et récoltes en terre, au moment de la cession du bail (1). Qu'il y ait eu nouveau bail ou cession
d'un bail en cours, la situation n'est pas différente au point
de vue de l'avenir des récoltes en terre et cet usage mérite-
rait d'être suivi ou imité, bien qu'il soit compliqué et se
rattache à des mœurs tout à fait locales où la jouissance du
fermier est considérée comme dérivant d'une véritable co-
propriété de l'immeuble loué. Pratiquement en effet, ce
curieux *droit de chapeau* s'exerce de la façon suivante.

Lorsqu'un fermier quitte son exploitation, il cherche
un successeur qui lui paie le chapeau le plus élevé (ce droit

---

(1) V. P. Campans *L'indemnité de plus-value au fermier sortant. La Vie
agricole et rurale,* du 11 juillet 1925, p. 22.

ayant été payé par lui-même à l'entrée) et présente son candidat au propriétaire qui peut accepter ou refuser ; ce refus peut se présenter par exemple si le bailleur connaît un fermier qui lui offre ou auquel il peut demander un fermage plus élevé.

Dans ce cas, le chapeau serait perdu par le sortant, le nouvel occupant ne payant pas d'indemnité d'entrée.

En réalité, cette éventualité ne se produit pas à cause du « *mauvais gré* », coutume bizarre, consistant en une série de moyens d'intimidation, de « boycottage » à l'encontre du propriétaire et du nouveau fermier, et qui est autorisée ou tolérée par les mœurs de ce pays (1).

Il serait assurément difficile et même peu souhaitable d'introduire en leur entier de pareilles coutumes, et il serait préférable pour le prix des récoltes en terre de s'en tenir aux habituelles expertises de l'entrée au début du bail.

§ 2. — Indemnité de plus value au fermier sortant.

Ce serait rester incomplet sur la matière touchant la situation du fermier sortant, que de ne point signaler et examiner la controverse qui s'est élevée dans la seconde moitié du dix-neuvième siècle, sur les améliorations qui ont été réalisées par le fermier au cours du bail, et pour lesquelles on a voulu faire reconnaître, au profit du fermier sortant, le droit à une juste indemnité, et cela, au nom de l'équité, et dans l'intérêt du progrès agricole ; au nom de l'équité parce que le fermier ayant dû faire des frais, s'il n'en était pas remboursé, le propriétaire s'enrichirait in-

(1) V. *La question du bail à ferme en Belgique* par ALBERT DELOS, *Annales de Gembloux*, 1925, p. 329.

justement à ses dépens, — dans l'intérêt du progrès agricole, parce que la certitude d'être indemnisé serait un stimulant pour le fermier, le conduirait à toujours améliorer ses cultures et son élevage, et ainsi à développer la production agricole et la richesse du pays.

On a fait valoir dans l'intérêt du propriétaire, au nom de l'équité également, qu'il ne pouvait être inquiété, exposé à des paiements imprévus, à raison d'améliorations qu'il n'avait pas demandées, que peut être même il désapprouvait, que le fermier avait faites de son plein gré, dans son propre intérêt, dont sans doute il avait tiré profit, qu'au surplus le fermier n'avait fait que remplir son obligation de jouir du domaine à lui loué, en bon père de famille.

La discussion a continué néanmoins mais sans qu'on ait pu aboutir, ainsi qu'on le désirait, à une réforme législative.

La question n'est point prévue en effet par le Code civil et on ne pouvait espérer la faire trancher par la jurisprudence ; cependant, bien que soulevée longtemps après la promulgation du Code, elle n'est en réalité ni neuve ni originale.

Droit ancien. — Dans le droit romain déjà, les jurisconsultes l'avaient examinée et discutée, en particulier à l'occasion des constructions et des plantations faites sur le fonds, pendant la durée du bail, par le fermier.

Mais, déjà aussi, dans l'Antiquité, les opinions étaient divergentes, d'une part, sur le droit du fermier à obtenir le remboursement de ses dépenses pour des travaux jugés, soit nécessaires, soit seulement utiles, d'autre part, sur les conditions dans lesquelles le propriétaire avait l'option entre le remboursement des dépenses du fermier, avec conservation des améliorations, ou l'enlèvement, la destruction des constructions et plantations faites par le fermier, sans indemnité au profit de celui-ci.

La controverse a continué dans l'ancien droit français. Si le droit du fermier à une indemnité a eu ses partisans et ses défenseurs, d'autres juristes repoussaient cette prétention du fermier en considérant que celui-ci était tenu expressément ou tacitement, à l'amélioration qu'il avait réalisée, étant obligé de cultiver et entretenir le fonds en bon père de famille et de le laisser en bon état. C'est ce qu'exprimait Guy Coquille, sur la coutume de Nivernois, en ce qui concernait « le preneur emphyteute », dans ce bail à long terme qui constituait l'emphytéose, et aussi le détenteur bordelier dont la situation, en droit féodal, était analogue à celle du fermier, dans le droit moderne. De notre temps, à défaut de textes du Code Civil, spécialement au titre du contrat de Louage, visant directement et formellement le droit du fermier à une indemnité, on a cherché une solution dans les principes généraux posés par le Code sur le droit de propriété.

Ces principes ont paru, en général, favorables au droit absolu du propriétaire de refuser toute indemnité, plutôt qu'à une revendication possible du fermier, « toutes cons- « tructions, plantations ou ouvrages sur un terrain étant « présumés faits par le propriétaire et à ses frais et lui « appartenir, si le contraire n'est prouvé » (C. Civ., art. 551, 553).

Si on veut considérer le fermier, comme un possesseur de bonne foi, ce dont il ne saurait se plaindre, on dira bien que le propriétaire ne pourra demander la suppression des ouvrages, plantations et constructions faites par le fermier, mais qu'il aura le choix, ou de débourser la valeur des matériaux et du prix de la main-d'œuvre, ou de rembourser une somme égale à celle dont le fonds aura augmenté de valeur (C. Civ., art. 555).

Il en serait ainsi, surtout si le bailleur, sans attendre la fin du bail avait manifesté l'intention d'user du droit d'option que lui confère dans ce cas général, l'article 555 C. Civ., car alors le preneur ne serait plus fondé à prétendre, en détruisant ou enlevant les ouvrages, pour remettre les lieux dans le même état qu'auparavant, avoir agi dans la limite de ses droits et sous la protection des articles 1728 et 1730 du Code Civil.

A vrai dire, sur ce sujet, il conviendrait de distinguer quant au caractère des travaux effectués par le fermier.

A supposer que le fermier eut été conduit à faire des travaux nécessaires, comme une réfection urgente de couverture que le propriétaire avait, volontairement ou non, négligée, il serait difficile de repousser la demande de remboursement de ses dépenses que voudrait faire le fermier.

Mais tout autre serait le cas des travaux d'embellissement ou d'amélioration que le fermier aurait faits, sans nécessité, pour son agrément ou sa commodité, et qui, par suite, n'ajouteraient rien à la valeur du fonds. On pourrait admettre que le fermier serait libre de les enlever, au cours du bail, de les enlever ou de les détruire, sans faire de détériorations sur le fonds et sans modifier l'état de lieux primitif. Mais s'il les laissait à sa sortie, le propriétaire aurait le droit, rigoureusement, ou de les retenir, par droit d'accession, sans indemnité, ou même d'obliger le fermier à les enlever à ses frais, et de rétablir les lieux dans leur état primitif. On pourrait soutenir en effet, que, dans la circonstance, le fermier avait agi comme un tiers, possesseur de mauvaise foi, puisqu'il ne pouvait ignorer qu'il n'avait point le droit, de son autorité, de changer l'état et la distination de la chose louée.

Le seul cas vraiment délicat et qui paraisse légitimer la polémique soulevée par l'indemnité de plus-value due au fermier sortant, c'est celui d'améliorations utiles, d'un effet durable et même prolongé, d'améliorations incorporées au sol et non susceptibles d'enlèvement.

On trouve le type de ces améliorations dans les améliorations obtenues par des procédés ou systèmes de culture, par des fumures abondantes et riches, judicieusement employées, des amendements tels que la chaux et la marne, par des travaux de drainage, d'assainissement de terrains humides ou marécageux, toutes améliorations qui ont transformé la valeur et parfois même la nature du sol et, par suite, augmenté notablement sa production.

Cependant, à cet égard même, le propriétaire a de bonnes raisons à opposer à la prétention du fermier.

Sans méconnaître l'importance, la valeur et l'utilité des améliorations réalisées, le propriétaire peut observer que le fermier, en prenant le domaine à bail, n'a pas manqué de les envisager d'avance, que dès lors il lui appartenait d'en signaler l'utilité ou la nécessité au bailleur, et d'exiger, comme une des conditions du bail, que le propriétaire les accomplît lui-même à ses frais, ou en fît l'avance, qu'il y contribuât dans une mesure à déterminer, ou enfin qu'il voulût bien accepter et consentir au fermier d'autres conditions favorables, par exemple un prix de fermage réduit ou diminué avec un long bail, en compensation des dépenses que le fermier aurait à faire dans son exploitation. Le propriétaire aurait accepté ou refusé. Il était le seul et vrai juge de ce qu'il convenait de faire. Mais il ne pouvait être exposé à des dépenses pour améliorations, n'ayant point été prévenu de ces projets. Si la question s'était posée, non point avant le bail, mais seulement au cours du bail, il devait encore être mis à même de s'associer à ces projets, de les accepter, ou d'y apporter les modifications jugées par lui opportunes ; mais il ne pouvait être exposé, en fin de bail, à se trouver contraint d'accepter, les yeux fermés, une situation devenue définitive, à payer ce qui lui serait demandé, ou à courir les risques d'expertises et d'estimations longues, incertaines et délicates. Il pouvait même se trouver hors d'état d'acquitter, sur ses revenus, une indemnité considérable, dont il ne serait pas certain qu'un nouveau fermier tiendrait un compte suffisant, pour accepter une élévation nouvelle du prix de fermage.

Au surplus le fermier, en opérant des améliorations, avait prévu et sans doute obtenu des plus-values dans les rendements et productions du domaine, et se trouvait déjà récompensé de ses avances.

On a demandé aussi, s'il fallait admettre le principe de l'indemnité, où serait la limite des améliorations à reconnaître, et à rembourser, et même, s'il y aurait une limite : à partir de quel moment, de quelle quantité, de quelle dépense il faudrait admettre le caractère exceptionnel de l'amélioration, vraiment digne de légitimer et justifier l'indemnité.

Enfin, et c'était toujours la conclusion dernière, on observait qu'en se conduisant en agriculteur améliorateur le fermier n'avait fait, en somme, que remplir son obligation légale d'exploiter en bon père de famille, que ce fait ne pouvait être générateur d'aucun droit à faire valoir à l'encontre du bailleur.

On peut déjà se rendre compte que le terrain de la discussion est plus solide pour les partisans d'une réforme, si on se place au point de vue des intérêts généraux, plutôt qu'en face des droits et obligations réciproques du propriétaire et du fermier.

En effet, s'il est vrai que l'étendue des terres soumises au régime du fermage s'élève à près du quart de l'étendue des terres cultivées en France, et que les baux de courte durée sont les plus nombreux, il y a un intérêt évident à améliorer ce régime du fermage auquel on peut reprocher actuellement d'entretenir un certain antagonisme des parties contractantes, au lieu d'établir leur solidarité et leur entente, en vue d'un meilleur rendement du régime.

Or il ne paraît guère contestable qu'avec des baux de longue durée et l'assurance donnée au fermier que les améliorations par lui réalisées, et dont il ne pourra profiter pour la totalité, lui seront un titre à une indemnité proportionnelle, les améliorations culturales seront plus fréquentes et plus étendues, qu'en définitive on aura favorisé le progrès agricole et développé la prospérité générale, par l'augmentation de la production, que l'intérêt même du propriétaire y trouvera son compte par l'augmentation de valeur des immeubles ruraux (1).

Ces considérations et ces arguments ont été exposés, développés et débattus dans la presse, dans les académies et sociétés d'agriculture, voire dans les universités, sans qu'on ait pu parvenir à se mettre d'accord sur le principe même du droit à une indemnité, ni sur un projet logique et cohérent, pour définir et organiser l'attribution de cette indemnité de plus-value. Il en fut ainsi, en particulier, dans

____

(1) Voir en outre, DELOFFRE, in-8°. Paris, 1899, thèse, Paris. *Indemnité de plus-value du fermier sortant.* p. 109 et ss.

les nombreuses propositions de loi qui ont été déposées sur ce sujet devant le Parlement, et qui ont été soit écartées soit abandonnées.

D'autre part, des enquêtes ont donné à penser que la question n'était pas l'objet de préoccupations vives et généralement répandues dans les milieux ruraux, que tout au contraire, beaucoup d'agriculteurs paraissaient se désintéresser de cette question, et même l'ignorer.

Si ce mouvement a pu produire des éclaircissements utiles, c'est plutôt dans l'examen des pratiques suivies au dehors, et des législations spéciales, sur cette matière, introduites dans les nations étrangères. Il est toujours intéressant de s'y reporter et de chercher de ce côté les éléments d'une décision possible et d'une orientation désirable.

Législations étrangères. — Des pays, comme l'Espagne et l'Allemagne, ont appliqué autrefois le principe de l'indemnité de plus-value et y ont renoncé.

Du moins, l'Allemagne, d'après sa législation civile de 1890, n'accorde-t-elle une indemnité de plus-value au fermier sortant, qu'en tant qu'elle peut résulter et être fondée sur le principe de la gestion d'affaires.

D'autres pays, comme la Belgique, ou plutôt certaines provinces de cet Etat, possèdent, sinon des lois, du moins des coutumes ou usages qui consacrent l'indemnité de plus-value. C'est ainsi que, dans la province de Gand, le fermier a droit à une indemnité pour les fumures des terres, lors de la dernière année de fermage, fumures que le propriétaire est d'ailleurs appelé à constater au moment où elles sont faites.

A Alost et à Leuze-Ath, grâce à l'institution du *pachters-*

recht, ou droit de chapeau, il y a une indemnité payée par celui qui continue la culture, par le propriétaire, si c'est lui qui reprend l'exploitation, ou par le nouveau fermier entrant (1). De Laveleye a cité ces usages avec faveur, trouvant qu'ils ont développé la culture intensive, et généralisé les fortes fumures.

C'est l'Angleterre surtout qui est citée comme exemple par les partisans de l'indemnité. Et cependant l'emploi fréquent des longs baux, ou des baux assez courts, mais avec des cas nombreux de tacite reconduction, y rendrait cette pratique moins utile qu'ailleurs.

Du reste, il n'y a pas eu de système uniforme, d'après les coutumes, jusqu'au vote de la loi du 12 mars 1875, qui fournit un système complet et raisonné d'application.

Ce texte comprend et prévoit en effet trois classes différentes d'améliorations.

La première comprend 13 articles, et, en particulier, le drainage, les constructions, les défrichements, créations de prés, jardins, oseraies, vergers, houblonnières. Ces améliorations sont présumées devoir durer vingt années.

Là, le fermier doit être remboursé de ce qu'il a payé lui-même avec déduction proportionnelle pour le temps pendant lequel il en a usé et profité. Pour ces améliorations, le consentement du propriétaire est exigé.

Les améliorations de deuxième classe (6 articles) dont les fumures d'os, le chaulage et le marnage, sont présumées durer sept années.

Là, le propriétaire doit seulement compte de la somme judicieusement dépensée, et le fermier a dû, six semaines d'avance, prévenir le propriétaire des travaux qu'il voudrait

(1) V. ci-dessus p. 109. Des économistes ont observé, en Belgique même, que l'effet utile ou nuisible du droit en question dépend de la compétence et de la probité des évaluateurs, (A. DELOS, déjà cité p. 328).

exécuter. Le propriétaire de son côté peut répondre par un congé.

Enfin les améliorations de troisième classe (engrais artificiels, denrées d'alimentation achetées et non produites par la ferme) sont présumées durer deux ans. Là, le propriétaire ne doit que la somme judicieusement dépensée, d'après expertise. Il n'y a pas lieu à consentement du propriétaire, ni à avis préalable.

Cette loi n'avait pas de caractère obligatoire, et laissait aux parties la liberté des conventions. Le délai de congé était porté à un an. La demande d'indemnité devait être formée un mois avant l'expiration du bail. Il y avait expertise par deux arbitres et un tiers arbitre, avec appel possible (au-dessus de 1250 fr.) devant les cours de comté.

Il ne semble pas que cette loi répondit à un besoin pressant et au vœu de l'opinion, car, en fait, elle n'a pas été universellement approuvée, adoptée et appliquée par les intéressés, les propriétaires, l'Etat lui-même, pour les domaines de la couronne, ayant souvent imposé dans les baux une clause de dérogation à la loi.

C'est pourquoi, sur des demandes tendant à ce que la loi eut un caractère obligatoire, la loi fut mise de nouveau à l'étude, et on adopta une nouvelle loi du 25 août 1883.

Désormais, il y avait nullité de toute clause contraire à la loi, on modifiait le classement des travaux et on augmentait le pouvoir d'appréciation des experts.

Mais, malgré le caractère obligatoire du nouveau texte, les parties pouvaient encore se réclamer des coutumes locales, ou modifier par convention les bases d'évaluation.

Cette nouvelle loi aurait rencontré plus de succès parmi les intéressés, et reçu l'approbation de la plupart des économistes et agronomes anglais, dont l'un, Caird, écrivait :

« Tout ce qui est utile au fermier et favorable à l'agricul-
« ture, ne saurait être nuisible au propriétaire (1). »

La Suisse a également adopté le principe de l'indemnité
de plus-value, quand la plus-value provient des déboursés
et du travail du fermier, mais non quand la plus-value ne
provient que de l'exécution de l'obligation de jouir en bon
père de famille.

Conclusions.— Cet aperçu des législations étrangères,
après des notions et considérations diverses, permet de
mieux se rendre compte de ce que devrait ou pourrait être
une législation française sur la même matière.

On peut admettre, comme on l'admet généralement,
que l'indemnité doit être payée par le propriétaire, à la
condition qu'elle soit maintenue dans certaines limites, et
que cette application indirecte du bail qui a pour but de
procurer au propriétaire un revenu ou une rente de sa
terre, ne soit point, pour son propriétaire, une cause d'ap-
pauvrissement ou même de ruine. Cependant, le paiement
par le nouveau fermier n'est pas exclu, ainsi qu'y encou-
rage la pratique et l'exemple des provinces belges.

On a proposé, comme exemple de modération, que la
plus-value fut payée, jusqu'à concurrence des deux tiers
ou de moitié seulement, ou que ce paiement fut remplacé
par une prorogation de bail, sans augmentation de prix,
de 3 à 6 ou de 6 à 9 ans, ce qui est de nature à satisfaire le
fermier, en lui permettant de profiter, pour le tout, de ses
améliorations, et aussi que, d'une manière générale, on
allongeât, le plus possible, la durée des baux (2).

La classification des améliorations, d'après la loi an-

(1) Deloffre. *Indemnité de plus-value au fermier sortant.* in-8°., thèse,
Paris, 1899. p. 241.
(2) Voir P. Campans. *L'indemnité de plus-value au fermier sortant,* dans
La Vie agricole et rurale du 11 juillet 1925, p. 21 et 22.

glaise, est aussi à retenir. Autre chose est de réaliser des améliorations foncières d'une durée prolongée, comme un drainage, des rigoles et canaux d'asssainissement, de planter une vigne, et, autre chose de fumer même copieusement une terre en vue de récoltes dont on a pu profiter déjà.

Pour les travaux importants et coûteux, il semble qu'il soit nécessaire d'exiger l'autorisation préalable du propriétaire qui a le droit, avant tout autre, d'avoir des plans ou des pensées d'avenir sur l'exploitation et l'amélioration de son fonds.

Enfin, le caractère facultatif de la loi a aussi son importance et il serait à réserver. C'est d'ailleurs une manière de faire accepter la loi et de la faire entrer dans les mœurs. Les parties elles-mêmes savent, mieux que quiconque, prendre des dispositions appropriées, suivant les temps et les lieux, mieux que le législateur, qui n'a pu envisager que des cas généraux, dans un domaine théorique.

Ce serait donc à tort qu'une loi semblable s'imposerait à tous et dans toutes les situations, étant déclarée d'ordre public, et ne pouvant être modifiée par les parties, dans ses effets et dans les détails de son application.

Quoiqu'il en soit, la question continue à préoccuper les esprits, parmi les économistes et les agriculteurs et jusque dans le monde politique. On en discutait encore, en mai 1925, dans un congrès de l'agriculture française réuni à Rouen, et à la même époque elle était encore agitée devant la Société des Agriculteurs de France. Il faut prévoir qu'elle fera l'objet de nouvelles propositions de loi devant le Parlement.

Section V. — *De l'Acte de Bail.*

§ 1. — **Préparation et rédaction du bail écrit.**

Généralités.— On sait déjà que tout bail d'un fonds rural peut, indifféremment, résulter d'un accord purement verbal ou d'une convention écrite.

D'autre part, on a pu se rendre compte que le bail dispose, pour l'avenir, de la jouissance du fonds rural qui cesse d'être à |la disposition complète du propriétaire et va rentrer, pour un certain nombre d'années, entre les mains du fermier.

En conséquence, les deux parties, qui abordent les négociations et les discussions qui doivent les conduire à la conclusion du bail, ne sauraient prendre trop de précautions, pour dégager les idées sur lesquelles leur accord doit se former, et pour arrêter les termes mêmes de cet accord.

Ce serait donc faire preuve d'une insouciance regrettable et d'une légèreté périlleuse que de croire qu'un bref échange d'idées, des conversations rapides sur le sujet du bail, suffiront à élaborer, avec des garanties convenables, une convention purement verbale, qui fixera les droits et obligations réciproques des parties.

Importance du bail.— Il convient d'être conscient des responsabilités qui vont être engagées dans la conclusion du bail qui peut favoriser sensiblement, ou compromettre gravement les intérêts de l'une et de l'autre des parties.

Il n'est pas jusqu'aux conditions de vie du propriétaire et du fermier qui ne puissent être modifiées dans un sens favorable ou d'une manière fâcheuse par les clauses du bail, soit que la richesse des parties en soit accrue, et leur tranquillité assurée, soit que les parties soient exposées à des pertes ou seulement à des difficultés et à des ennuis.

Enquête préparatoire. — Il convient donc que le bail soit préparé avec soin, en s'entourant tout d'abord des renseignements nécessaires sur la nature des productions et la fertilité des terres, les exigences de la culture et de l'élevage, les facilités de vente des produits, les conditions de la main-d'œuvre locale.

Assistance de conseils. — Il sera bon, à cet égard, de s'entourer des conseils et de l'appui de personnalités expérimentées de la région, d'entamer et de suivre les pourparlers, de préférence en présence et avec le concours d'un régisseur, d'un expert, ou d'un notaire, habitués à ces sortes d'affaires et qui sont les gardiens des traditions et des usages en matière d'exploitation de biens ruraux.

Dans ces conditions, on pourra examiner méthodiquement les différents points du bail, en fixer les termes par écrit, dès qu'on se trouvera d'accord. Les notes recueillies, au cours de ces conférences serviront à la rédaction du bail qui sera soumis ensuite en entier à l'approbation des intéressés.

Ou bien, un projet ayant été rédigé d'avance par une des parties ou par le notaire, choisi d'un commun accord, le bail sera soumis à l'examen des intéressés réunis pour le discuter, l'approuver ou le modifier. Il n'y aura plus ensuite qu'à faire un travail de mise au net avant l'approbation et la signature définitive.

Pour ce travail préparatoire, les parties et leurs conseils pourront utiliser leurs propres connaissances et leur expérience personnelle, en s'aidant et s'inspirant des baux déjà conclus pour des domaines de consistance, et de nature et d'étendue analogues. Néanmoins, il y aura toujours un travail d'adaptation à opérer pour que le bail s'applique réellement au fonds rural envisagé, lequel présentera toujours quelques particularités, résultant de l'exploitation antérieure par le propriétaire, par un autre fermier ou par un métayer, des vues d'avenir du propriétaire, des idées personnelles du fermier lui-même. Car jamais un modèle unique de bail, si complet et si prévoyant soit-il, ne saurait convenir à tous les domaines et fonds ruraux, à toutes les exploitations agricoles.

C'est ainsi qu'on réalisera, par l'application et quelques efforts, une bonne volonté et une bonne foi soutenue, un bail qui soit vraiment la règle des personnes et la règle du domaine, la charte commune, où les parties trouveront toujours les bases et les principes de leur accord primitif, avec les règles de détail auxquelles elles ont entendu se soumettre, en vue d'éviter tous conflits ou toutes difficultés et contestations à l'avenir.

On devra s'efforcer, évidemment, d'obtenir le plus de netteté et de clarté possible. Il suffira de dire ce qui est nécessaire pour préciser, et compléter au besoin, ce qui résulte déjà de la loi, ou pour y déroger ; mais on s'appliquera à mettre, dans le bail, tout ce qui est nécessaire, même si cela devait exiger des développements jugés inutiles par quelques-uns. Il faut se rappeler en effet cette observation judicieuse que « ce qui va sans dire » va tout aussi bien, et, mieux encore, « en le disant », qu'on ne sera jamais trop précis ni trop prévoyant.

Enfin la question se posera de savoir si ce bail sera rédigé sous la forme d'acte sous-seings privés ou d'un acte notarié.

Forme de l'acte. — Si on ne se place qu'au point de vue de la preuve, l'acte sous-seings privés, plus simple, moins coûteux, suffira, surtout s'il intervient entre personnes suffisamment instruites, connaissant la valeur des mots et capables d'apprécier la portée des clauses adoptées. Il conviendra, dans ce cas, de rédiger l'acte en autant d'exemplaires qu'il y aura de parties ou de groupes de parties en présence.

Le fermier en particulier estimera que cela suffit, les frais étant mis à sa charge et les honoraires du notaire se trouvant compris dans ces frais.

Mais, pour peu que le domaine ait de l'importance, il ne semble pas qu'il y ait lieu, dans l'intérêt des deux parties, de s'arrêter à cette question d'économie de frais d'acte.

D'ailleurs si on a eu la prudence de faire intervenir un notaire dans les négociations préliminaires et dans la préparation du bail, c'est sans doute qu'on est décidé à réaliser l'acte de bail devant ce même notaire qui aura joué, dans ces circontances, le rôle d'informateur, de conseil, de conciliateur et d'arbitre, avant de remplir son rôle d'officier public. Appelé par ses fonctions à traiter des affaires touchant la propriété, en matière de ventes, de liquidations, de contrats de toute sorte, le notaire, désigné d'avance pour passer l'acte de bail, sera le meilleur conseil des parties, pour les mettre au courant des usages et des traditions propres à sauvegarder leurs intérêts.

Il y a aussi une question de prestige en jeu. Vis à vis des fermiers peu instruits, le bail, préparé sous les auspices et avec le concours du notaire, paraîtra présenter plus de garanties d'impartialité et de valeur juridique. Aussi bien il peut se présenter telles circonstances où les intérêts de l'une des parties vis à vis de l'autre partie seront mieux défendus par le notaire que par la partie elle-même.

Enfin, le propriétaire a un intérêt à posséder non un

exemplaire de l'acte sous-seings privés, mais une grosse ou expédition de l'acte notarié, revêtue de la formule exécutoire, pour le cas où, dans l'avenir, des difficultés surviendraient qui obligeraient le bailleur à opérer des saisies ou à exercer toute autre mesure de poursuite ou d'exécution forcée.

C'est en tenant compte de ces considérations qu'on donnera plus loin un exemple d'acte de bail, non point pour servir de modèle, à suivre servilement, mais seulement à titre d'indication, et de renseignements, pour fournir un plan de travail et quelques idées déjà formulées, qu'on pourra toujours modifier, dans le fond et dans la forme, suivant la situation locale envisagée, suivant aussi les conceptions et les vues des intéressés.

Ci-après un paragraphe complémentaire éclairera les parties, d'une part, sur les conséquences fiscales de l'enregistrement des baux, les formalités et obligations qui en découlent, et, d'autre part, sur les frais et honoraires des actes notariés.

Divisions et *matières du Bail*. — L'ordre et la nature des matières, dans l'acte de bail, se conçoivent aisément.

Mentions essentielles. — Après la désignation des parties par leur état civil et leur domicile, doit venir la désignation de l'objet du contrat, c'est-à-dire du domaine donné à bail.

S'il doit être dressé un état des lieux détaillé, une désignation, succincte et d'ensemble, du corps de ferme suffira. Dans le cas contraire, il conviendra de faire une énumération plus détaillée et une description des divers bâtiments qui composent la ferme, d'après leur destination, leur emplacement et leur orientation. On fera ensuite l'énumération des parcelles composant le domaine, distinguées, par exemple, d'une part, en terres labourables, d'autre part, en prairies, en bois et en vignes, s'il en existe, chaque parcelle avec sa contenance dont il est fait une addition, d'abord par catégories, ensuite au total. On mentionnera les chemins ou routes qui appartiennent au domaine, ou les chemins ruraux de la commune, desservant la propriété, et dont le domaine assurerait en partie l'entretien, pour l'utilité de l'exploitation agricole.

Viendra ensuite l'engagement réciproque du bailleur, de donner, et du preneur, de prendre à ferme le domaine désigné, pour une durée déterminée, avec dates d'entrée et de sortie. On précisera, au besoin, que l'engagement du fermier et de sa femme est conjoint et solidaire, Enfin on fixera le fermage et la date des paiements.

Telles sont les mentions essentielles dont, à la rigueur, on pourrait se contenter, si on estimait de part et d'autre que le Code civil définit et précise suffisamnent les droits et les obligations réciproques du bailleur et du preneur.

Clauses diverses. — Mais dans la pratique, on voudra, sans doute, dans une suite d'articles ou clauses, préciser encore certaines des obligations légales, pour les aggraver ou augmenter, les diminuer si on l'exige, les modifier enfin, ou simplement attirer l'attention sur ces obligations, et montrer l'intérêt qu'on y attache.

On pourra aussi vouloir rattacher aux obligations légales celles qui résultent des usages locaux, ou concernent l'exploitation même du domaine, telle du moins que les parties l'envisagent, celles qui résultent des droits que le propriétaire entend se réserver, des améliorations ou changements qui sont prévus, pour la durée du bail ou pour l'avenir.

Pour terminer, en fixant le prix de fermage, soit en denrées, soit en argent, on spécifiera s'il est *portable* ou quérable, c'est-à-dire, si le preneur devra le porter et remettre au bailleur, au domicile de celui-ci, ou au mandataire du bailleur, ou si le bailleur viendra chez le preneur en recevoir le paiement ou le faire percevoir par un mandataire. On précisera aussi les dates d'échéance des fermages, et, au besoin, la première et la dernière de toutes, afin d'éviter toute ambiguité.

S'il y a une caution on en mentionnera l'intervention à l'acte avec son engagement formel de garantie. On pourra faire aussi élection de domicile en l'étude du notaire, ou d'un avoué, soit pour les paiements, soit pour les significations directes de procédure, en prévision de difficultés dans l'exécution du bail.

§ 2. — Enregistrement et Honoraires.

Enregistrement et honoraires. — Si le bail a été passé devant notaire, il est, comme tout acte notarié soumis à la formalité de l'enregistrement par les soins et sous la responsabilité du notaire.

Si le bail a été dressé sous signatures privées, il doit être enregistré dans les trois mois de la date du bail, à la diligence en principe, et sous la responsabilité du bailleur qui paiera les droits, sauf son recours contre le preneur. Les exemplaires du bail, rédigés sur papier timbré, doivent être déposés au bureau du receveur, avec un exemplaire supplémentaire, destiné à l'administration.

Enfin, quand les baux ne résultent que de conventions verbales, ils doivent faire l'objet d'une déclaration détaillée et estimative, sur des imprimés spéciaux, à l'enregistrement ; dans les trois mois de l'entrée en jouissance du preneur, à la charge du bailleur, à moins que la durée du bail ne dépasse pas trois ans, et que le prix n'excède pas mille francs, en dehors de Paris, (L. du 25 juin 1920, articles 26, 27). Il y aurait lieu d'ailleurs à déclaration, même dans ce cas, si le total de plusieurs locations verbales, faites par un même propriétaire excédait mille francs. On doit déclarer les locations verbales, consenties pour plus de trois ans, quel qu'en soit le prix.

Tarif. — Quelle que soit la forme du bail, le tarif de l'enregistrement, fixé à 0,25 par cent francs par la loi du 22 frimaire an VII (art. 1 et 69) a été élevé à 0,60 pour cent francs, par la loi du 25 juin 1920, sans addition de décimes, dit cette loi, et se trouve augmenté du double décime voté en 1924, et maintenu, implicitement, en 1925.

Ce tarif est appliqué sur le prix cumulé de toutes les années du bail, en y ajoutant la valeur des charges imposées au preneur ; mais, si le bail est consenti pour trois ans ou davantage, on peut demander à ne faire enregistrer le bail et à payer les droits, tout d'abord, que pour une première période de trois ans, sauf à renouveler la formalité au commencement de chaque nouvelle période de trois ans. Le fractionnement est même fait d'office par le receveur, si le bail est fait pour une suite de périodes triennales, au gré des deux parties.

Il convient d'observer que les charges qui s'ajoutent au prix, au point de vue de l'enregistrement, sont celles qui constituent des avantages indirects au profit du bailleur. Il faut y comprendre, non pas les obligations du preneur, résultant de la loi, ou inhérentes à la qualité même du fermier, mais d'autres obligations sortant des prévisions ordinaires. Si, dans un bail à ferme, on obligeait le fermier à répandre une quantité déterminée et importante d'engrais chimiques, il faudrait voir là des charges s'ajoutant au prix si elles excédaient les besoins de la culture, et se trouvaient en dehors des usages, car cela constituerait alors, non pas seulement l'entretien, mais une amélioration de la chose louée, et une amélioration faite au profit du bailleur.

Les charges de cette nature qu'on rencontre le plus souvent dans les baux à ferme, sont l'obligation pour le fermier de payer l'impôt foncier, alors que cet impôt est régulièrement dû par le propriétaire, ou l'obligation de servir au bailleur, chaque année, des faisances en volailles, œufs et beurre, de fournir du grain, de la paille et du foin, des journées de roulages, etc....

Les parties doivent alors évaluer elles-mêmes ces charges en argent dans le bail, sauf contrôle de l'administration.

Si le bail comportait un fermage payable en denrées ou en somme d'argent au choix du bailleur, on devrait évaluer ces denrées d'après les mercuriales, le droit d'enregistrement devant être perçu sur cette valeur, si elle est supérieure au prix stipulé en argent, ou sur ce prix, si elle est inférieure (1).

La concession du cheptel de fer, dans le bail à ferme, est considérée comme faisant partie du bail, et ne donne lieu à aucun droit particulier.

A défaut d'enregistrement dans les délais prescrits, le bailleur et le preneur sont tenus, personnellement, à titre de pénalité, d'un droit en plus qui ne peut être inférieur à 50 francs, avec les décimes en plus (L. 23 août 1871, article 14).

Honoraires des notaires. — Comme pour l'enregistrement, le tarif des honoraires des notaires est appliqué sur

____

(1) Ed. CLERC. *Formulaire du notariat*, Paris, in-8°, 1872, t. I, p. 327, n° 16 et s.s.

le prix cumulé des fermages de toutes les années de bail, augmenté des charges ; il est variable suivant les ressorts des Cours d'appel.

Il est fixé, en général, à 0,50 pour cent. Dans le ressort de Bourges, il n'est de 0,50 que de 1 à 5.000 francs, et de 0,25 seulement au-dessus. Dans le ressort de Lyon, il n'est que de 0,40 pour cent de 1 à 10.000 francs et de 0,25 au-dessus ; dans les ressorts de Besançon et Dijon, de 0.30 pour cent (1).

Les expéditions et grosses de la minute de l'acte sont, en outre, tarifées à 4 francs par rôle.

Section VI. — *Type de Bail à Ferme, Exemples et Formules.*

Bail à ferme d'un domaine de culture et d'élevage dans la région herbagère du *Cher* (bail de 1868, remanié en 1924) :

Par devant M^c et son collègue notaires a   (ou en présence des témoins ci-après nommés) soussignés,

ont comparu :

M. Jules Durand, propriétaire, et Mme Rose Foucard, son épouse commune en biens, qu'il autorise, demeurant ensemble à lesquels ont, par les présentes, donné à bail à ferme pour trois, six, neuf ou douze années, entières et consécutives, qui commenceront le 1er mai 1925 pour faire la première récolte en céréales en 1926, et la dernière en 1937, avec faculté pour les bailleurs et les preneurs de faire cesser le bail à la fin de chacune des périodes triennales en 1928, 1931, 1934, au 1er mai, à la charge de prévenir l'autre partie, par écrit et au moins six mois d'avance,

(1) Amiand et Voland, *Commentaire du tarif*, Paris, 1901, p. 221.

à M Louis Dubois, cultivateur, et à Marie Ségaut, sa femme qu'il autorise, demeurant ensemble au domaine de la Grand'Vallée, commune de   , ici présents et acceptant ledit bail (1). .... preneurs solidaires.

Objet du bail. — Le domaine de Bellefeuille, situé commune de   , canton de   , consistant en bâtiments d'habitation et d'exploitation, cour, jardin, terres labourables et prés, le tout ci-après sommairement désigné.

Désignation :

I. *Terres labourables*

1° Les Papottes, de 1 hectare, 25 ares 50 centiares ci   1 h. 25, 50
2° . . . . —
3° . . . . —
4° . . . . —
5° . . . . —
6° . . . . —
7° . . . . —
8° . . . . —
9° . . . . —
10° . . . . , ... —
11° . . . . —
Total 35 hectares 50 ares 20 centiares ci   35 h. 50, 20

II. *Bâtiments*

Les bâtiments du domaine consistant en trois corps :

1° Une maison d'habitation à l'est de la cour de ferme, avec puits d'eau potable en arrière ;

2° un bâtiment au midi comprenant bergeries, écuries et une chambre d'habitation à la suite ;

(1) Si le bail était rédigé sous la forme d'un acte sous signatures privées, le préambule de l'acte notarié serait remplacé par la formule :
    entre les soussignés :
1° M. Jules Durand, etc.
2° M. Louis Dubois, etc...
il a été exposé et convenu ce qui suit :
M. Mme Durand donnent à bail à ferme à M. et Mme Dubois qui acceptent et qui s'engagent solidairement, etc, (le reste comme ci-dessus et ci-après).

3° un bâtiment comprenant deux bouveries, grange et porcheries. Cour au milieu de ces bâtiments avec mare empierrée, entourée de murs en pierres sèches, servant d'abreuvoir, et recevant l'égout des toits par des tuyaux souterrains en ciment, porte charretière à deux ventaux sur la rue, barrière en bois, à deux vantaux sur le *pré des Bellesfeuilles*, autre barrière en bois sur le *pré de la Rondelle*, et petite porte à claire-voie sur le jardin.

Un jardin attenant aux bâtiments, au sud-est, d'une contenance de cinquante ares, dix centiares ci   o 50 10

III. *Prés*

1° La Grande embouche, de 15 hectares, 50 ares, ci   15 h. 50, o
2° . . . . , ...   —
3° . , ... : . . . .   —
4° . . . .   —
5° . . . .   —
6° . . . .   —
7° . . . .   —
8° . . . .   —
9° . . . .   —
10° . . . .   —
11° . . . .   —

Total des prés, jardin et verger 40 h. 25 a. 10 c.   40 h. 25, 10
soit, au total général, pour la contenance des diverses parcelles, non compris la superficie occupée par la cour et les bâtiments, soixante seize hectares, vingt-cinq ares, quarante centiares ci . . . .   76 h. 25, 50
Lesdites parcelles du domaine de Bellefeuille, ainsi énumérées, d'après les titres de propriété, un arpentage ancien et des documents du cadastre, mais affermées sans garantie de contenances par les bailleurs, les indications ci-dessus étant fournies seulement à titre de renseignements, et le domaine étant bien connu, dans toutes ses parties, des preneurs qui l'ont vu et visité et ont reçu les éclaircisse-

ments nécessaires ainsi qu'ils le reconnaissent ; en conséquence, toute erreur sur la conténance, en plus ou en moins et excédat-elle un vingtième, ne pourra faire l'objet d'une réclamation ou diminution de prix.

Tel au surplus que ledit domaine de Bellefeuille s'étend et comporte, avec toutes ses aisances et dépendances, sans autres réserves que celles qui seront ci-après stipulées au profit des bailleurs.

Réserves des bailleurs. — M. et Mme Durand se réservent expressément.

1° Le droit de visiter et de faire visiter par qui, et quand bon leur semblera, les biens affermés pendant la durée du bail.

Lors de la visite, le cheval du bailleur ou de son représentant sera reçu à l'écurie du domaine, où il sera surveillé, et recevra de la paille et du foin ; sa voiture ou son automobile sera abritée sous les hangars ou dans les dépendances du domaine.

2° Le droit de faire extraire sans indemnité, dans les héritages affermés, la pierre ou le sable nécessaires aux réparations, constructions ou reconstructions des bâtiments, tant sur le domaine que dans toutes autres propriétés des bailleurs dans l'arrondissement, à la confection et à l'entretien de tous chemins déjà établis ou à établir dans la propriété ou au profit de la propriété.

Le preneur ne pourra prétendre à aucune indemnité ni aucune diminution du fermage, à raison de la privation de jouissance qu'il éprouverait, par suite de l'établissement, pendant le cours du bail, de chemins vicinaux ou autres, traversant les héritages affermés, dans le cas où les propriétaires ne recevraient eux-mêmes aucune indemnité pour prise de possession de l'emplacement de ces chemins, dont réserve est faite dès à présent par les bailleurs.

Dans le cas au contraire où la valeur des terrains occupés par ces chemins seraient payés au bailleur, le prix de fermage, ci-après stipulé, serait diminué de cinq pour cent de l'indemnité allouée dans les termes ci-après.

3° Le droit d'acquérir des héritages contigus à ceux affermés, pour les annexer au domaine et les comprendre au présent bail, à la charge par le preneur, de payer chaque année à partir de son entrée en jouissance des annexes, un supplément de fermage de six pour cent du prix des acquisitions, ainsi que des frais et droits auxquels elles auraient donné lieu.

4° Le droit de faire toutes plantations de bornes, et redressements de limites, et de faire également tous échanges parcellaires, auquel cas les immeubles reçus en échange prendront la place de ceux cédés par les bailleurs. En cas de soulte à recevoir ou à payer, le prix du fermage ci-après stipulé sera augmenté ou diminué selon qu'il y aura lieu, de cinq pour cent de la soulte.

5° Le droit d'extraire ou de concéder l'extraction du minerai de fer calcaire ou de tous autres minerais ou produits minéraux pouvant exister dans le domaine, à la charge seulement, par les bailleurs, de tenir compte aux preneurs d'une diminution de son fermage, de deux cents francs par chaque hectare de terrain occupé par l'extraction, et par chaque année, à partir du jour où les preneurs seront privés de la jouissance des terrains nécessaires à l'exploitation des minerais, et de tenir compte, à l'amiable, ou à dire d'experts, aux dits preneurs, de la valeur des récoltes, dont les terrains se trouveraient couverts, au moment de l'exploitation.

Les preneurs jouiront néanmoins, mais à leurs risques

et périls, des parties dudit héritage qui ne seraient point occupées par les travaux d'extraction, et, en respectant les droits du concessionnaire, de manière que les bailleurs ne puissent être inquiétés par ce dernier, à raison des obstacles que les preneurs pourraient apporter à son exploitation.

6° Le droit de chasse sur les héritages affermés, même non encore dépouillés de leurs récoltes, mais sans abus.

Les bailleurs font également réserve de tous les arbres-futaie de quelque essence que ce soit, et du tronc des arbres morts, fruitiers ou forestiers, épars sur le domaine, dont ils disposeront à leur convenance, à la condition de les exploiter et enlever, après l'enlèvement des récoltes de l'héritage où ils se trouvent, sans avoir à tenir compte d'aucune indemnité aux preneurs.

Charges. Clauses et Conditions. — Le présent bail est fait aux charges, clauses et conditions suivantes que le preneur s'oblige à exécuter fidèlement à peine de tous dépens et dommages-intérêts envers les bailleurs ou même de résolution, s'il convient à ces derniers.

Art. 1. — Prise de possession. Occupation et entretien. Les preneurs seront tenus :

1° De prendre possession du domaine affermé et de ses dépendances, dans l'état où les époux Bouchon doivent les laisser au 1ᵉʳ mai 1925, en vertu du bail dont lesdits preneurs ont pris connaissance, consenti par les époux Durand auxdits époux Bouchon devant Mᵉ   notaire à

le 1ᵉʳ Juin 1919, sauf à recevoir d'eux telle indemnité qu'il y aura lieu, les bailleurs mettant et subrogeant les époux Dubois dans tous leurs droits, résultant du bail sus énoncé pour les faire valoir, à leurs risques et périls, sans recours contre eux, pour défaut d'entretien.

Nota. Les bailleurs font observer que les époux Bouchon ont reçu d'eux, à leur entrée en jouissance, la valeur des réparations à faire pour mettre les lieux en bon état (1).

2° De conserver les lieux dans l'état où ils se trouveront au moment de son entrée en jouissance et conformes à l'état qui sera dressé contradictoirement entre les preneurs et les bailleurs, tant des bâtiments que de la nature de chaque héritage et des abreuvoirs des prés, sans pouvoir y faire aucun changement au cours du bail sans le consentement exprès et par écrit des bailleurs.

3° D'habiter le corps de ferme, de le garnir et tenir garni de meubles meublants, effets mobiliers, fourrages et instruments de culture.

Les preneurs entretiendront, pendant toute la durée du bail les prés en bonne nature, à faulx courante, nets d'accrues, ronces et mauvaises herbes, ils les étaupineront et

(1) *autres formules sur le même objet :*

A/ à leur entrée, les preneurs recevront des fermiers sortants le domaine dans l'état où ceux-ci devront le laisser, ce qui sera constaté par un état de lieux contradictoire ; et, lors de leur sortie ils laisseront le domaine dans le même état de bon entretien, ce qui sera constaté de la même manière qu'à l'entrée (Bail de 1917).

B/ à la suite de la guerre de 1914, par suite de la « vie chère » et de la hausse des salaires, le montant des sommes évaluées dans les expertises de restitution ou « rendue » de domaines affermés depuis plusieurs années, s'est élevé à des chiffres importants ; aussi l'usage s'est introduit, au lieu de prescrire au fermier sortant, suivant l'usage ancien, de verser au fermier entrant le montant de l'indemnité fixée par les experts, pour remettre les lieux en état, d'ordonner le versement de cette indemnité aux mains du notaire, où elle se trouve consignée afin d'être remise, par fractions, au fermier entrant, à mesure que celui-ci fait réellement les réparations et travaux nécessaires pour la mise en état du domaine ; cela, pour avoir plus de certitude que les travaux seront accomplis, le fermier entrant pouvant être porté, après avoir reçu le montant de l'indemnité, à remettre toujours les réparations et les travaux nécessaires à la saison prochaine ou à l'année suivante. De là la clause nouvelle ainsi conçue :

feront curer chaque année les rigoles servant à l'irrigation ou à l'assainissement, et quand ils en auront besoin, les abreuvoirs, fosses et mares, existant dans lesdits prés, et servant d'abreuvoirs, le tout, de manière à laisser, à leur sortie, ces prés en bon état et prêts à être fauchés, tels qu'il devra les exiger et recevoir du fermier sortant.

Ils ne pourront labourer ni mettre en culture les prés et pacages, sans le consentement exprès et par écrit des bailleurs.

Article 3. — Mode de culture des terres labourables. Assolements.

Les preneurs prendront les terres labourables dans l'état où le fermier actuel est tenu de les laisser.

Il cultivera ces terres, en temps et saisons convenables, sans pouvoir les surcharger. Il suivra d'ailleurs le mode de culture que bon lui semblera, pourvu qu'il ne soit pas nuisible à la propriété, à la condition de fumer convenablement les terres qu'il ensemencera en bons blés, mais à sa sortie, toutes les terres labourables dudit domaine devront être disposées pour l'assolement quadriennal, c'est-à-dire qu'il devra laisser au maximum un quart des

Il sera dressé, à l'entrée des preneurs contradictoirement entre les parties, un état de lieux des bâtiments et héritages du domaine.

L'indemnité qui sera alors fixée pour la mise en état, s'il y a lieu, sera déposée chez le notaire, pour être touchée par les preneurs, au fur et à mesure de l'exécution des réparations prévues ; ce règlement pourra être fait chaque mois, et devra être terminé en un an.

Les preneurs demeureront chargés de toutes les réparations à leur sortie. (d'un bail de 1924).

C/ à son entrée dans la ferme, le preneur nommera un expert pour assister contradictoirement avec celui nommé par l'ancien fermier, à la visite des lieux, et il s'engage à reconnaître les lieux en bon état, moyennant le paiement de l'indemnité à laquelle le jugement des experts condamnera l'ancien fermier. En cas de discord, les deux experts nommeront un tiers expert. Le fermier renonce à l'appel de leur décision, de même qu'à sa sortie il consent à payer sans appel l'indemnité terres ensemencées en céréales d'hiver, un quart en céréales de printemps, un quart en prairies temporaires ou fourrages artificiels, et le dernier quart, en terre libre ou déjà labourée pour les betteraves, pommes de terre et autres cultures sarclées du fermier entrant, avec lequel il pourra prendre des accords pour la préparation de ladite terre.

Il ne pourra couper ni arracher aucun des arbres existants sur le domaine affermé, lors même qu'ils ne seraient plus en rapport, ou déjà secs, lesdits arbres étant réservés aux bailleurs.

Article 4. — Prairies artificielles. Semailles et Hersages.

Les preneurs souffriront que le fermier qui leur succédera, ou à défaut, le propriétaire fasse semer selon l'usage, en temps et saison convenables, des graines de prairies artificielles, sur le quart des terres de culture. Ce quart étant pris dans les emblavures en céréales d'hiver et de printemps, sans pouvoir prétendre à une indemnité. Ils feront le hersage de ces graines sans rétribution.

Les preneurs exerceront le même droit, dans les six mois qui précèderont leur entrée, dans les emblavures du fermier sortant sans être tenus d'aucune indemnité, ni rétribution.

Art. 5.— Transport de la récolte du fermier sortant. Prise de possession des pailles.

A défaut d'avoir pris par estimation la récolte pendant pour dégradation de l'état des lieux, à laquelle il sera condamné par jugement des experts nommés de la même manière, conjointement avec le fermier qui le remplacera et le propriétaire (extrait d'un bail à ferme cité par le comte de Gasparin dans son ouvrage *Fermage*. p. 187. 28°).

Nota. Ce dernier exemple montre que l'usage est ancien, l'ouvrage du comte de Gasparin ayant été composé en 1827-1828, et qu'il est général. cet ouvrage ne 's'appliquant pas à une région déterminée ou s'appliquant plutôt au Midi qu'au Centre de la France.

par racines au 1er mai et appartenant au fermier sortant, ou d'avoir pris tout autre accord avec ledit fermier sortant, si celui-ci entend faire lui-même cette récolte à son profit, les preneurs seront tenus de charroyer, sans rétribution, selon l'usage, avec leurs chevaux, bêtes de trait, voitures et charretiers ladite récolte de céréales, pendante par racines lors de leur entrée, des champs aux granges, bâtiments et emplacements destinés à recevoir les gerbes. Le charretier devra aider au chargement et au déchargements des voitures. Il devront laisser aux sortants la disposition des granges, d'un grenier et, pendant la durée des travaux de la moisson et du battage, d'une chambre, pour eux et leurs ouvriers, ou en cas d'impossibité, leur faire place au feu et à la table.

Enfin les animaux des sortants seront reçus dans les écuries du domaine quand ils viendront chercher les grains.

Il en sera usé de même à l'égard des preneurs, lors de leur sortie.

Les preneurs recevront, sans estimation, les pailles, balles et vantins à provenir de la récolte pendante par racines, à leur entrée en jouissance, sur les terres et dépendances du domaine, ils laisseront également, sans estimation, les pailles, balles et vantins à provenir de la récolte qui sera en terre à leur sortie.

Art. 6.— Grosses réparations. Reconstructions. Transport des matériaux.

Ils souffriront toutes les réparations, grosses et menues, et les reconstructions qui, durant le bail, deviendraient nécessaires aux bâtiments affermés, sans pouvoir prétendre à aucune indemnité, quelle que soit la durée des travaux.

Ils devront de plus, mettre à la disposition des bailleurs,

et leur fournir sans rétribution, leurs voitures, attelages
et charretiers, pour le transport, à pied d'œuvre, des matériaux nécessaires à ces réparations et reconstructions, même en cas d'incendie total ou partiel.

Entretien des chemins.— Ils seront tenus d'entretenir en bon état, pour les besoins de l'exploitation, les chemins ruraux qui desservent la propriété et spécialement, pour tous usages, la partie de route qui va du chemin vicinal jusqu'à l'entrée de la cour du domaine.

La cour de ferme. — Les abords de l'abreuvroir et des pelotes de fumier, les rigoles d'écoulement des eaux pluviales et des purins, les puisards et caniveaux devront être entretenus en bon état d'usage permanent, été comme hiver, la cour sans trous ni fondrières, les accès des bâtiments libres de pailles, litières, instruments et voitures.

Article 7. — Contributions. Prestations, Assurances.

Les preneurs acquitteront, pendant la durée du bail, les contributions des portes et fenêtres, les prestations ou impôts des chemins vicinaux, soit en nature, soit en argent, ainsi que toutes autres prestations ou charges qui sont, ou seraient dues, à raison du domaine affermé, à l'exception toutefois de la contribution foncière.

Les prestations des chemins vicinaux pour l'année 1925, seront dues par les preneurs, qui seront libérés par suite des prestations de l'année de leur sortie.

Les bailleurs se réservent le droit de faire assurer eux-mêmes les bâtiments du domaine, contre les risques d'incendie à une compagnie d'assurances de leur choix. Les primes ou cotisations annuelles seront acquittées par les preneurs, en sus du fermage stipulé ci-après, et les quittances en seront représentées par eux à toute réquisition.

Les preneurs seront tenus de s'assurer à leurs frais, pour

toute la durée du bail, à la même compagnie, contre les risques locatifs ou recours du propriétaire contre le fermier en cas d'incendie des bâtiments du domaine, et ils seront tenus de représenter également, à toute réquisition, les quittances des primes ou cotisations de cette assurance.

Article 8.— Cas fortuits.

Les preneurs ne pourront prétendre à aucune indemnité, ni diminution de fermage ou des charges du présent bail, pour cause de grêle, gelée, coulure, inondation, stérilité, épizootie, ou pour tout autre événement prévu ou imprévu, ordinaire ou extraordinaire, renonçant dès à présent à se prévaloir de toute disposition dictée en leur faveur, légale ou administrative.

Article 9.— Cession de bail ou sous-location.

Les preneurs ne pourront céder ou transporter tout ou partie de leurs droits au présent bail, ni sous-affermer, même par parcelles séparées, sans le consentement exprès et par écrit des bailleurs.

Article 10.— Cheptel de bestiaux et fonds de lieux, (dans le cas d'existence dans le domaine d'un cheptel de fer).

Les preneurs recevront des fermiers sortants, par estimation contradictoire avec ces derniers, ou avec leurs experts, des bestiaux, bœufs, vaches, chevaux et moutons, pour une somme de douze mille francs. A cet effet, ils demeurent subrogés dans tous les droits et actions des époux Durand, résultant du bail du 1er juin 1922, sus énoncé entre les époux Bouchon, fermiers sortants ; et, par le seul fait de leur entrée en jouissance dans le domaine, ils seront tenus de rendre aux bailleurs ledit cheptel, à l'expiration du bail, suivant expertise et estimation.

Le procès-verbal d'expertise devra énumérer et mentionner les animaux par leur sexe, âge, race et poids de viande net.

Les bailleurs auront le droit d'assister ou se faire représenter à cette expertise, dont ils seront prévenus d'avance pour y faire toutes constatations et observations utiles.

Les preneurs devront rendre, à leur sortie, un cheptel de même importance, nature, composition, poids et qualité, d'après une expertise soumise aux mêmes règles qu'à l'entrée.

S'il y avait alors déficit sur le cheptel de fer, les preneurs devraient en payer immédiatement le montant aux bailleurs, ou au fermier entrant subrogé dans leurs droits, faute de quoi, ceux-ci pourraient conserver, à titre de gage, tout ce qui garnirait le domaine et en faire opérer la vente, pour se couvrir de leur créance.

S'il y avait excédent, cet excédent appartiendrait aux preneurs. Néanmoins le propriétaire, ou le nouveau fermier entrant, avec l'autorisation du propriétaire, aurait la faculté de choisir, parmi les bêtes comprises dans cet excédent, celles qu'il voudrait acquérir, aux prix de l'estimation faite, et conserver avec le cheptel de fer du domaine, pour l'augmentation dudit cheptel, et ce, jusqu'à concurrence d'une somme de huit mille francs, ce qui ne pourra lui être refusé.

Les preneurs recevront en outre, à leur entrée, d'après estimation contradictoire qui en sera faite avec les fermiers sortants, tous les foins et fourrages, naturels et artificiels, qui pourront se trouver encore dans les bâtiments, et les fumiers que les époux Bouchon devront laisser, bien empelottés, dans les cours du domaine.

A leur sortie, les preneurs laisseront également, par estimation, les foins et fourrages et les fumiers qui se trouveront alors dans le domaine.

Et si, de la comparaison à faire entre l'estimation de sortie, et l'estimation d'entrée, il résulte une plus-value ou un déficit, les parties s'en tiendront respectivement compte, selon qu'il y aura lieu.

Article 11. — Fermage. A) en cas de fermage en argent.

Outre les réserves, les charges, clauses et conditions qui précèdent, le présent bail est consenti et accepté, moyennant un fermage annuel de vingt-quatre mille francs que les époux Dubois s'obligent solidairement à payer à M. et Mme Durand en leur domicile, à , en bonnes espèces de monnaie ayant cours, en deux termes et paiements égaux, les premier Mai et premier novembre de chaque année, pour le premier terme de la première année de jouissance être effectué le premier novembre mil neuf cent vingt-cinq, le second, le 1er mai mil neuf cent vingt-six, et les autres termes se poursuivre ainsi, d'année en année, le dernier terme de la dernière année de jouissance devant être payé, au plus tard, le jour même de la sortie des preneurs, qui seront ainsi entièrement libérés à ce moment.

B) *en cas de fermage en denrées,*

En outre, les preneurs s'engagent solidairement à payer aux bailleurs, à titre de fermage pour chaque année complète de jouissance, la quotité des denrées ci-après, ou leur valeur selon ce qui sera exprimé ci-dessous, savoir :

1° cent six quintaux de blé de bonne qualité marchande,

2° quatorze quintaux de viande de bœuf de première qualité poids net, lesdites denrées livrables :

a) *pour le blé*, après les battages, et dans la quinzaine qui suivra, chez le marchand de grain ou au moulin que les bailleurs désigneront, le chargement, la conduite et le déchargement aux frais du preneur, dans les sacs de l'acheteur — dans un rayon de douze kilomètres, la dernière livraison de blé annuelle devant avoir lieu l'année de la sortie, et au plus tard, le premier octobre de cette année.

b) *pour la viande*, au onze novembre de chaque année, la dernière livraison annuelle devant avoir lieu le 11 novembre qui précédera l'année de la sortie (1).

En outre, l'année de la sortie, les preneurs devront aux bailleurs, à l'échéance du premier mai, date de la sortie, la moitié des quotités ci-dessus stipulées, ou leur valeur en monnaie ayant cours, aux choix des bailleurs.

Les bailleurs auront la faculté de recevoir le paiement des denrées en nature, ou la valeur correspondante d'après les cours, en monnaie ayant cours aux dites échéances. Les bailleurs feront connaître leur option deux mois d'avance.

Si le paiement a lieu en monnaie ayant cours le montant en sera déterminé,

a/ *pour le blé*, par le cours moyen de la halle au blé de Paris, d'après les mercuriales officielles du trimestre précédent (2).

b/*pour la viande*, d'après le cours moyen de la viande au marché de la Villette, à Paris, pendant le semestre précédent.

En cas de désaccord sur la détermination de cette valeur, les parties nommeront chacune un expert agricole ou commercial, les experts se réuniront et fixeront cette va-

(1) On pourrait admettre que la dernière livraison de viande n'eut lieu que dans le trimestre qui précédera la sortie, par exemple le 1ᵉʳ mars. La viande peut être stipulée également livrable en poids correspondant de bétail vif, soit en foire, soit au marché de La Villette, à Paris, sauf à faire compte.

(2) On pourrait aussi diminuer ce prix de un ou deux francs, ou plus, par quintal, à raison de la différence existant entre les cours de Paris et ceux de la province, selon la situation du domaine exploité, différence résultant en particulier des frais de transport.

leur et, s'ils sont eux-mêmes en désaccord, nommeront un tiers-expert qui les départagera, ce tiers-expert devant être nommé, à défaut d'entente, par le juge de paix du canton, chaque partie paiera son expert et la moitié des frais du tiers-expert.

Nonobstant cette expertise, et sans attendre le résultat, les preneurs paieront de suite aux bailleurs la moitié de la somme évaluée et calculée par les bailleurs. Les preneurs seront tenus, à titre de clause pénale, au paiement d'une somme de cent francs par quinzaine de retard.

L'expertise terminée et la valeur fixée, les parties déclarent d'avance l'accepter et s'y soumettre, sans recours possible. En conséquence, le montant du terme sera arrêté, en tenant compte du versement ou des versements déjà effectués par les preneurs, ou en portant au crédit de ceux-ci, pour le terme suivant, ce qu'ils auraient payé en excédent. Mais s'il y a eu insuffisance dans les paiements, le solde sera immédiatement exigible et payé par les preneurs à peine d'une sanction pénale de cent francs par quinzaine de retard.

En cas de difficulté sur le paiement d'une échéance ultétérieure, la somme immédiatement exigible sera celle qui aura été fixée par expertise pour le terme précédent, sauf compte à faire après nouvelle expertise.

La clause pénale pour retard stipulé ci-dessus sèra de nouveau appliquée, en cas de retard dans le paiement, de quinzaine en quinzaine (1).

Pour l'enregistrement, le fermage stipulé ci-dessus en

____

(1) Dans un acte notarié, de Paris (juin 1925), contenant prorogation, pour neuf ans, de 1927 à 1936, du bail à ferme d'un domaine de 172 hectares en « *Eure-et-Loir* » c'est-à-dire en Beauce, on trouve la clause suivante qui s'inspire également de l'idée de variation du prix des productions du domaine, spécialement du blé : « Le fermage des années 1925, 1926, et 1927 est fixé invariablement, pour chacune d'elles, à raison de 200 francs l'hectare, soit à la somme de 34478,40 , ces chiffres ayant été

denrées, est évalué, au cours du jour, à douze mille soixante quinze francs pour le blé, et à onze mille neuf cent vingt cinq francs pour la viande (2).

calculés en prenant pour base le cours accepté de 105 francs 50 le quintal de blé à l'époque où les pourparlers pour le renouvellement du présent bail se sont engagés.

« Le fermage des années subséquentes sera fixé, pour chaque année, à une somme qui sera déterminée, en augmentant ou en diminuant proportionnellement le chiffre de 200 francs l'hectare qui a pour base le cours de 105 fr. 50, d'après la moyenne des cours du quintal de blé, au marché de Chartres, pratiqués du premier novembre au premier mars, qui auront suivi la récolte afférente au fermage dont le chiffre sera ainsi déterminé.

« Jusqu'au jour où ce fermage aura été fixé, le preneur paiera au taux de l'année précédente, sauf compte ultérieur » (1).

(2) Le bail est supposé avoir été fait en octobre 1924, le blé étant au prix de 115 francs le quintal, et la viande de bœuf 1re qualité, de 851 francs le quintal à cette époque.

(1) On signale que les baux avec prix fixé, au quintal de blé, sont couramment employés depuis 1924, en Normandie, dans la région du Tréport (Seine-Inférieure).

— Dans le Cher, en 1925, on faisait des baux notariés pour six ans, de prairies naturelles, où le fermage était fixé, pour la première année, à une somme déterminée en monnaie, et, pour les années suivantes, en une quotité de quintaux de viande de bœuf, première qualité poids net, représentant au jour du bail, ladite somme, et devant être à l'avenir, converti en monnaie, d'après les calculs du notaire rédacteur de l'acte mandaté à cet effet, sur le cours moyen de cette qualité de viande au marché de la Villette, dans l'année écoulée, en se rapportant aux cours mentionnés chaque semaine, dans un journal local, d'après les dépêches de Paris.

— Enfin, dès 1883, dans le région de Roanne et de Montbrison, la clause de huit baux à ferme fixant le prix était rédigée de la manière suivante :

« Le prix de fermage variera chaque année de manière à suivre les prix de la vie et des principales denrées agricoles notamment. Il sera égal à 1° la valeur de « n » kilogrammes de viande de bœuf de première qualité, 2° plus la valeur de « n » kilogrammes de viande de porc de première qualité, 3° plus la valeur de « n » kilogrammes d'avoine noire. (En fait, c'était le prix de fermage adopté qui était ainsi partagé par tiers en denrées d'un cours variable).

« Le bœuf et le porc seront estimés, d'après la moyenne des prix cotés officiellement, au marché de Lyon-Vaise, pendant les mois de juin et d'octobre de l'année précédente. L'avoine noire sera estimée d'après la moyenne des prix cotés officiellement à la bourse des grains de Paris, pour le courant, aux mêmes époques. Les quantités de marchandises portées sur le présent bail ont été calculées, d'après les cours de juin et d'octobre 1923, relevés dans le journal *Le Nouvelliste de Lyon*. Pour les estimations ultérieures, les parties se référeront au même journal. Que si le mode de cotation venait à changer, ou bien si les cours n'étaient plus cotés, les estimations continueraient à être faites à l'amiable, par les parties elles-mêmes, par analogie avec le mode d'estimation qui a servi pour l'estimation du présent bail, à moins qu'à la requête d'une des parties, l'estimation soit faite par des experts nommés par les parties, et départagés au besoin par un tiers expert. » (voir la communication du vicomte de Meaux dans *La Revue agricole et rurale*, n. 46 du 14 nov. 1925, p. 306 ».

CHAPITRE III

LE BAIL A MÉTAYAGE

Généralités. — Le législateur de 1804 n'a consacré aucun titre du Code civil au contrat de métayage, soit que les usages locaux lui aient paru suffire en cette matière, soit qu'il ait renvoyé l'adoption de règles particulières à la rédaction d'un Code rural. Il n'a pas non plus défini le métayage, évitant ainsi de faire connaître quelle nature ou quel caractère il lui reconnaissait. Ce n'est que dans la section du titre du *Louage*, relative aux baux à ferme, qu'il a relevé quelques règles spéciales au bail à métayage, comme si ces règles n'étaient dignes de remarque que par leur différence avec celles du bail à ferme (C. civ., art. 1763 à 1775).

Nature du métayage. — C'est seulement dans une loi bien postérieure du 18 juillet 1889 faisant partie du Code rural, qu'on a défini le *bail à colonat partiaire*, pris comme synonyme de métayage : « le contrat par lequel le pos-« sesseur d'un héritage rural le remet, pour un certain « temps, à un preneur qui s'engage à le cultiver, sous la « condition d'en partager les produits avec le bailleur ». (art. 1).

Ainsi, on a évité encore, dans cette définition, de trancher une question de principe, souvent agitée, dans la doc-

trine et la jurisprudence, touchant l'assimilation du métayage à un bail, à une société, ou à un louage de services,
alors que le projet de loi qualifiait de bail le colonat partiaire.

Cette loi de 1889 a, par contre, tranché les difficultés de
détail, qui s'étaient élevées, en jurisprudence, sur le métayage, déterminé les règles qui sont spéciales à ce contrat
et celles qui lui sont communes avec les baux.

C'est ainsi que la loi renvoie à un certain nombre d'articles du *Louage*, en modifie d'autres, adopte quelques dispositions, comme la dissolution du contrat par la mort du
preneur, l'établissement d'un compte annuel, qui s'inspi-
rent de l'idée de société, consacre le droit de direction du
propriétaire, ce qu'on pourrait rattacher à l'idée de louage
d'ouvrage. Les auteurs de la loi de 1889, ont été surtout
bien inspirés, en donnant, dans certains cas, une autorité
décisive aux usages locaux, lesquels dérivent du droit coutumier et d'une très ancienne tradition, fondée sur la pratique, sur les mœurs et les habitudes rurales.

On va pouvoir en dégager ci-après ce qui concerne les
droits et obligations, d'une part du propriétaire, d'autre
part du métayer.

Quant à la *nature et au caractère du métayage*, on se tiendra à l'opinion exprimée ci-dessus (v. Introduction p. 19)
et, d'après laquelle, il n'y a pas un contrat de métayage
théorique, qui s'impose à tous et partout ; mais qu'il
y a au contraire autant de métayages qu'il y a de contrées où ce contrat est adopté et fonctionne au gré des intéressés, qu'il revêt, par conséquent, suivant les lieux, les
mœurs, la situation agricole, enfin, d'après les conventions des parties, le caractère du bail ou de la société, ou
encore du louage de services, ainsi que l'expérience et
l'observation l'ont maintes fois révélé.

Preuve du contrat. — S'il s'élevait un doute ou une difficulté, sur l'existence du contrat ou sur les conditions du bail, entre propriétaire et métayer, on peut douter qu'il y ait lieu à application des articles 1715 et 1716 du Code civil qui ont été notés ci-dessus, au sujet du bail à ferme (chapitre I, p. 38), ces articles n'ayant pas été visés par la loi de 1889. Il faudrait alors recourir au droit commun en matière de preuves, c'est-à-dire à la preuve par écrit, ou à la preuve par témoins et par présomptions venant à l'appui d'un commencement de preuve par écrit ! (C. civ., art. 1315 à 1349).

§ 1. — Droits et obligations du Propriétaire.

Comme dans le bail à ferme, le propriétaire a, vis-à-vis du métayer, l'obligation :

1° de délivrer la chose louée.

2° d'entretenir cette chose en état de servir à l'usage pour lequel elle a été louée.

3° de faire jouir paisiblement le preneur pendant la durée du bail.

On a vu plus haut (ch. II. Section I, pp. 55 et 56) ce que comporte l'obligation de délivrance.

L'obligation d'entretenir les lieux loués met à la charge du propriétaire, comme dans le fermage, les réparations devenues nécessaires. Il doit tenir le preneur clos et couvert selon l'expression consacrée. Ces réparations sont, en général, de grosses réparations, car, pour les réparations locatives d'entretien, elles sont à la charge du métayer, comme à la charge du fermier. Il sera opportun de stipuler dans le bail, que le métayer fera, à ses frais, les charrois nécessaires aux divers travaux de réparations.

L'obligation d'entretien rendra donc utile, sinon nécessaire, de dresser un état des lieux, lors de l'entrée en jouissance du métayer, à défaut de quoi, le métayer serait réputé avoir reçu les lieux en bon état, et tenu de les rendre de même.

Le preneur devra aussi supporter les incommodités qui résulteront des travaux de réparations (C. civ., art. 1724, L. de 1889, art. 3.) et, d'autre part, se plier aux nécessités entraînées par le droit, pour son prédécesseur, le propriétaire, le fermier ou le métayer sortant, de faire les récoltes, pendantes par racines, au moment de l'entrée en jouissance.

Le bailleur devra enfin faire jouir le preneur, surtout en s'abstenant de troubler le 'métayer dans l'habitation et la paisible exploitation du fonds, sous réserve de ce qui sera dit plus loin, quand au droit de direction.

Droit de chasse et de pêche. — Ici la loi a formellement réservé au propriétaire le droit de chasse et de pêche (L. 8 juillet 1889, art. 9). Mais l'usage n'est pas l'abus ; les métayers de Sologne ne manquent pas de protester et de se défendre quand le propriétaire laisse pulluler le lapin sur les terres, ou veut faire cultiver du blé noir, dans le but principal, disent-ils, d'assurer la nourriture des faisans. Les parties peuvent d'ailleurs faire, dans le bail, des conventions expresses et appropriées à ce sujet.

Location de chasse. — Le propriétaire pourrait encore consentir à un tiers une location de chasse sur les terres qu'il a données à métayage (v. Ch. II, Sect 1, p. 59), mais toujours pourvu qu'il n'y ait pas abus.

Le métayer, comme le fermier, peut d'ailleurs se défendre directement contre quiconque viendrait à le troubler dans sa jouissance, (C. civ., art. 1725). Le propriétaire ne

serait tenu d'intervenir dans ce différend, et de garantir le
preneur que si le tiers, auteur du trouble, prétendait avoir
agi en vertu d'un droit réel qui lui aurait été conféré sur
l'immeuble (C. civ., art. 1726, 1727).

Droit de Direction. — On a vu plus haut (Introduction,
p. 17) que le propriétaire a la surveillance des travaux et
la direction générale de l'exploitation ainsi que la loi de
1889 (art. 5) le stipule formellement. Mais on a vu aussi
comment, dans la pratique, le droit [est exercé, comme il
doit l'être, avec intelligence et modération, dans l'intérêt
du maître lui-même. C'est là une des caractéristiques de
l'institution si intéressante et si originale que constitue le
métayage. La différence est grande avec le fermage, où le
propriétaire a abdiqué, aux mains du fermier, tout droit de
direction ou d'immixtion dans l'œuvre de l'exploitation
du fonds rural, pourvu que ce fermier exécute les conditions du bail, ne change pas la destination du fonds. Dans
le métayage au contraire, le propriétaire, bailleur ou maître comme on voudra l'appeler, ne saurait se désintéresser
de l'exploitation. Il n'a plus, en effet, à attendre une rente
de sa terre ou prix de fermage en argent fixé à forfait, mais
comme on l'a vu et comme on le rappellera, il doit partager les produits du fonds ; c'est pourquoi sa situation d'associé aux profits comme aux pertes, la situation prééminen-
te que lui confère son droit de propriété qu'il exerce ici
réellement, exigent qu'il ait la haute main, droit de regard
et de commandement même, dans l'organisation, la marche et le développement de l'exploitation agricole, pour
la culture, la récolte, comme pour l'entretien, la conduite
de l'élevage, l'achat et la vente du bétail.

S'il ne participe pas lui-même aux travaux, qui sont réservés au métayer et à sa famille, aux auxiliaires que celui-

ci recrute, dirige et paye lui-même, il fait profiter son associé de son instruction supérieure, de ses relations et des ressources qui lui permettent de concevoir et de préparer des opérations favorables aux intérêts communs des deux associés.

Garanties des vices de la chose. — Comme dans le fermage, le bailleur est garant vis-à-vis du preneur, de tous les vices ou défauts de la chose louée, qui en empêchent l'usage, quand même le bailleur ne les aurait pas connus lors du bail (C. civ., art. 1721).

Comptes d'exploitation. — Si, par suite de son droit de direction, le propriétaire a été conduit à faire des recettes, pour des ventes de produits de la métairie, ou a pu faire des avances à l'occasion de dépenses ou d'achats dans l'intérêt commun, il en résultera un compte d'exploitation dont le métayer pourra demander le règlement annuel. Le propriétaire aura d'ailleurs le même droit vis-à-vis du métayer qui aura encaissé des prix de vente.

En cas de difficultés, l'affaire est portée devant le juge de paix, qui peut statuer, non seulement d'après des témoignages, mais aussi sur le vu des registres des parties, et qui est compétent, à quelque somme que la contestation puisse s'élever, mais à la charge d'appel devant le Tribunal civil si cela excède le taux de sa compétence générale (Loi de 1889, art. 11). On verra plus loin comment, pratiquement, peuvent être tenus ces comptes de métayage (v. ch. III, section 5).

Impôt sur le revenu. Cédules des bénéfices agricoles.

Ainsi qu'on l'a signalé plus haut (Ch. II, sect. I, p. 6), la loi de finances du 13 juillet 1925 (1) dans son titre I (art. 1 à 5) a modifié les prescriptions relatives à l'établissement de

____

(1) *Journal Officiel* du 14 juillet 1925, p. 6566.

l'impôt sur les bénéfices agricoles, qu'il s'agisse soit d'un domaine exploité par le propriétaire lui-même, soit d'un domaine soumis au régime du fermage ou du métayage.

Jusqu'alors, suivant la loi du 25 juin 1920 (art. 2) modifiant la loi de base du 31 juillet 1917 (art. 17) le bénéfice agricole était considéré, à titre forfaitaire, comme égal à la valeur locative des terres exploitées, et, pour déterminer cette valeur locative, on adoptait la valeur locative portée à la matrice cadastrale en regard de chaque parcelle mais en majorant cette valeur du quart. En d'autres termes pour l'administration des contributions, la valeur locative servant de base à l'impôt, était égale aux cinq quarts $\left(\frac{5}{4}\right)$ de la valeur locative cadastrale. Le produit ainsi obtenu était ensuite multiplié par le coefficient approprié et fixé annuellement par région et par nature de culture, par une commission administrative.

La loi de 1925 décide (art. 3) que « le premier alinéa de « de la loi du 31 juillet 1917, modifié par l'art. 2 de la loi «du 25 juin 1920, est complété comme suit :

« Toutefois, jusqu'à l'application de la révision de la «propriété non bâtie, les coefficients seront appliqués à la « valeur locative cadastrale préalablement majorée de 75 « pour cent.

L'art. 4 de la loi spécifie, en outre :

«Le premier alinéa de l'art. 18 de la loi du 31 juillet 1917, «modifié par l'art. 1 de la loi du 25 juin 1920 est remplacé, « par les dispositions suivantes :

« Sur le montant du revenu de l'exploitation agricole, « calculé comme il est dit à l'article précédent, l'exploitant «n'est taxé que sur la fraction supérieure à 2.500 fr. Il a « droit, en outre, à une déduction des trois quarts sur la

« fraction comprise entre 2.500 et 4.000 fr. et de moitié,
« sur la fraction comprise entre 4.000 et 8.000 fr. » (1).

Si, par exemple, on suppose une valeur locative des parcelles du domaine exploité, fixée à la suite des calculs prescrits, à la somme de 16.725 fr. considérée comme bénéfice agricole forfaitaire, le revenu imposable s'établira donc, en définitive, de la façon suivante :

Une fraction de 2.500, non imposable, doit d'abord être retranchée du total.

La fraction comprise entre 2.500 et 4.000,
ou 1.500, est comptée pour un quart, ci . . .   375

La fraction entre 4.000 et 8.000 est compté
pour moitié, ci 2 000

Enfin, la fraction supérieure à 8.000 est
comptée pour le tout, ci 8 275
ce qui donne un total imposable de 10 650

Ce sera, en conséquence, un revenu forfaitaire de 10.650 fr. qui sera frappé de l'impôt cédulaire sur les bénéfices agricoles de tant pour cent, soit, en 1925, de 6 pour cent, en principal, ou, avec le double décime supplémentaire, 7,20 pour cent c'est-à-dire 766 fr. 80.

Sous l'empire de la législation antérieure, l'impôt se serait élevé seulement à 471 fr. 60, soit 295 fr. 20 en moins (2).

Le revenu forfaitaire agricole doit en outre figurer dans le revenu général du contribuable et entraîner ainsi indirectement une nouvelle taxation.

Le contribuable conserve d'ailleurs le droit de faire réduire, comme précédemment, son imposition, en prouvant que son bénéfice réel n'a pas atteint pendant l'année antérieure, la somme ainsi prise pour base de l'imposition

(1) Des modifications à ce régime sont proposées, dans la discussion de la loi de finances, devant le Parlement, en 1926, pour faire déterminer le revenu des terres par des commissions locales.

(2) V. Journal, *L'agriculture du Centre*, du 20 septembre 1925.

et même de se faire exonérer complètement, si l'exploitation est déficitaire.

D'autre part, la loi de 1925, dans le but, sans nul doute, de soumettre, d'une façon plus certaine, tous les exploitants agricoles à l'impôt cédulaire, a formulé les prescriptions suivantes (art. 3) :

« Si le revenu cadastral des terrains exploités excède « 2.500 fr. l'exploitant est tenu de remettre, avant le 1er fé-« vrier, à la mairie de la commune du siège de chaque ex-« ploitation, pour être transmise au contrôleur des contri-« butions directes, une déclaration dont il lui sera donné « reçu, indiquant la contenance et le revenu cadastral des « parcelles composant l'exploitation, classées par nature « de culture. La déclaration n'est pas renouvelée tant « qu'il n'intervient pas de changement dans la consistance « de l'exploitation, ou de modification sensible dans les « natures de culture. *Dans le cas de métayage*, la déclara-« tion est faite par le propriétaire ou le fermier général. »

On peut observer ici que cette déclaration est une obligation grave et difficile à remplir, si on tient compte, d'une part, de ce que les propriétaires ne possèdent pas en général une copie du plan cadastral et de la matrice cadastrale, et que, dans ce cas, ils devront aller consulter et étudier longuement ces documents à la mairie ou à la direction des contributions directes ou s'en faire délivrer, à leurs frais, une copie, d'autre part, de ce que, depuis la confection du cadastre, les parcelles ont très souvent changé en tout ou en partie, de nom, de configuration, de contenance, de nature même, et que, par suite, il est fort délicat de les retrouver et de les mettre à leur place sur le plan cadastral, sans commettre d'erreur. N'y a t-il même pas des propriétaires qui ignorent l'existence du plan et du registre du cadastre, et le lieu où sont déposés ces documents ?

L'article 3 ci-dessus poursuit en ces termes :

« En l'absence de déclaration le contribuable est invité à
« souscrire celle-ci dans un délai de vingt jours, « à dater de
«la réception de la lettre d'avis. Passé ce délai, le bénéfice
« imposable sera déterminé, en appliquant à la valeur lo-
« cative totale des terrains exploités, le plus élevé des
« coefficients fixés pour les principales natures de culture
« de la région. La lettre d'avis rappellera ces dispositions.»

L'article 19, complété par l'art. 13 de la loi du 30 juin
1923 et modifié par l'art. 5 de la loi du 22 mars 1924 est
modifié comme suit :

« L'impôt est établi au nom des exploitants dans la
« commune où ils ont leur habitation principale au 1er jan-
« vier de l'année de l'imposition et d'après la consistance
« de leurs exploitations au 1er janvier de l'année précé-
« dente.

« Dans le cas de bail à portion de fruits, le bailleur et
« le métayer sont personnellement imposés pour la part
« de revenu imposable revenant à chacun d'eux, propor-
« tionnellement à leur participation dans les produits. »

Dans l'exemple donné ci-dessus (p. 7) le propriétaire et
le métayer, sous le régime du bail à moitié fruits, se trouveraient imposés, chacun sur la moitié du revenu taxable,
de 10.650 fr. c'est-à-dire sur 5325 fr. et supporteraient par
suite chacun 383 fr. 40 d'impôt cédulaire sur les bénéfices
agricoles.

« A chaque renouvellement ou modification de bail, le
« bailleur est tenu de faire connaître au contrôleur des
«contributions directes du siège de l'exploitation, dans le
« délai de trois mois, la part proportionnelle de chacun.

« L'abattement ne joue pour le bailleur que sur l'ensemble
« de ses propriétés.

« En tout état de cause, qu'il s'agisse de bail à ferme ou
« de colonat partiaire, le propriétaire est tenu de remettre
« au contrôleur des contributions directes, à chaque re-
« nouvellement de bail, dans le délai de trois mois, une
« déclaration indiquant la désignation de l'exploitation,
« les noms et prénoms du fermier ou du métayer entrant et
« la date de son entrée. S'il s'agit de marchés de terre, la
« déclaration doit contenir, en outre du nom de l'amodia-
« taire, la désignation et le revenu cadastral des parcelles
« louées à défaut de déclaration dans les cas prévus aux ali-
« néas précédents, l'impôt est établi au nom du propriétaire. »

Section II.

§ 2. — Droits et obligations du Métayer.

Comme le fermier, le métayer a des droits corrélatifs
aux obligations du propriétaire.

Comme le fermier, le métayer doit aussi, naturellement :

User de la chose louée en bon père de famille, et suivant la destination qui lui a été donnée par le bail, ou suivant celle présumée d'après les circonstances, ajoute la loi
(C. civ., art. 1728). On pourrait même ajouter encore,
suivant ce qui a été dit ci-dessus (§ 1, p. 153) que le métayer doit se conformer aux instructions données par le
bailleur pour l'exploitation et l'administration du domaine.
On peut noter, à ce propos, qu'il dépend du propriétaire
ou bailleur, grâce à son droit de direction et de surveillance, de tenir la main à l'exécution des obligations du pre-

neur ou métayer, c'est une question d'attention, d'autorité et de fermeté.

Mais le métayer n'a pas à payer un prix de fermage.

Partage des produits. — Par contre, le métayer est tenu de partager les fruits et produits de l'exploitation, avec le propriétaire, par moitié, s'il n'y a stipulation ou usages contraires (Loi de 1889, art. 2), ce qui est conforme à l'étymologie du mot métayage (*medietas*, moitié, ou *mediatarius*) et au sens plus générique de colonat partiaire.

C'est qu'en effet, en cette matière, où les usages et la tradition ont une importance prédominante, des règles assez différentes les unes des autres ont été établies, au cours du temps, suivant les régions, et d'après les mœurs, la condition des métayers, la situation économique, l'état de l'agriculture, la fertilité des terres du domaine, etc., etc...

Partage par moitié. — Le partage par moitié semble être un usage général, la conséquence de cette idée empirique, d'après laquelle le labeur de l'homme et la force productive de la terre, dans une même métairie, représentent des valeurs égales.

Ce sont tous les produits qui se partagent ainsi par moitié, c'est-à-dire les récoltes de la terre, la toison des moutons, le croît du cheptel. On ne fait d'exception, en général, que pour ceux du jardin, de la basse-cour, de la laiterie et pour quelques fruits de peu de valeur.

Les baux écrits tendent souvent à réduire ces exceptions le plus possible, afin d'éviter, sans nul doute, que le métayer n'ait intérêt à donner des soins particuliers à tout ce qui ne fait point partie du fonds commun à partager au détriment de ce fonds. C'est ainsi, par exemple, qu'on vu déterminer un mode spécial de partage des volailles pour les dindes quelquefois, en certaines régions.

Mais le partage par moitié n'est pas une règle absolue.

Dans les contrées mêmes où il est usité, on trouve des localités où le propriétaire n'a que le tiers et, parfois, le quart seulement des grains. On peut penser que ces localités ne sont pas les plus fertiles.

Plus rarement encore, la part du propriétaire se trouve augmentée, par exemple, de la treizième gerbe, dans le champ ou du treizième décalitre au battage. Dans des vignobles, on attribue au propriétaire les deux tiers de la vendange des vignes, pour la culture desquelles il a fourni les échalas et le fumier.

Prestation colonique. — On arrive d'ailleurs au même résultat, grâce à la prestation colonique appelée aussi, suivant les endroits, « *impôt* », « droit de cour » ou « menues faisances ». Nulle, ou se réduisant à la remise de quelques volailles ou livres de beurre, dans certains endroits, simple représentation de la part du métayer dans l'impôt foncier, de l'indemnité qu'on veut ainsi lui faire payer pour son logement, sa jouissance exclusive de certains produits, la prestation colonique s'élève ailleurs à une somme importante en argent. Au reste, on concevrait fort bien, en matière de métayage, que cette prestation fut fixée à une certaine quantité de denrées, telles que la viande ou le blé, ainsi qu'il a été exposé ci-dessus, au sujet du prix de fermage (v. chap. I, p. 39) par exemple, à tant de quintaux de blé par hectare, soit en nature, à prendre avant tout partage, ou sur la part du métayer, ou à une somme d'argent équivalente, d'après le cours moyen du trimestre précédent, à remettre au bailleur, si celui-ci le préfère, à une époque déterminée comme la Saint-Martin ou Noël.

Rien de plus variable que le chiffre de cette prestation, et rien de moins défini que la règle propre à en fixer le montant.

On voit payer, par exemple, à ce titre, une somme globale de cent à trois cents francs, ailleurs, le dixième ou le vingtième de la valeur des produits ; ici, cinq à dix francs par hectare, là, le quart de la valeur locative des terres, mais dans des cantons fertiles où les métairies ont un cheptel nombreux et varié, avec une proportion élevée, ou même une prédominance des prés, par rapport aux terres labourables.

On a vu plus haut (Introduction, p. 23) par quels arguments cette prestation colonique pouvait être justifiée.

En fait l'expérience a prouvé que les métayers, qui acquittent cette prestation supplémentaire, ne sont pas les plus malheureux, et que les métairies où elle est exigée par les propriétaires sont encore les plus recherchées par les métayers.

Par ce côté, et, dans ces pays, le métayage se rapproche beaucoup du fermage, d'autant plus que les métayers y jouissent d'une certaine considération et d'une grande indépendance.

Partage des dépenses. — Si le métayage se fait généralement à moitié fruits, le propriétaire et le métayer se partagent aussi, non pas toutes, mais certaines dépenses. C'est ainsi que chacun d'eux fournit la moitié des semences ou la moitié des produits achetés pour l'engraissement des animaux. Mais le métayer accomplit lui-même ou fait exécuter lui-même entièrement à ses frais, en principe, tous les travaux de culture et de récolte ; on a vu plus haut (Introduction, p. 18) que, sur ce dernier point, il en est parfois autrement dans la pratique. Des métayers ont réclamé et obtenu la participation du propriétaire aux dépenses, pour certains travaux particulièrement coûteux comme les travaux de binage et d'arrachage des betteraves fourragères ou ceux d'autres cultures sarclées, et cela suivant diverses combinaisons (Voir aussi plus loin p. 186).

C'est ainsi qu'on a vu des propriétaires consentir à payer les ouvriers engagés pour les façons à donner à ces racines, le métayer les nourrissant, ou à remettre au métayer, à forfait, cinquante à cent francs par hectare, ou encore, soit le tiers ou le quart, la moitié même de la somme représentant le prix auquel on entreprendrait à forfait à l'hectare, dans le pays, ces cultures sarclées ; on accorde aussi parfois pour l'abattage et le ramassage des noix, de cinquante centimes à un franc par double décalitre récolté.

Tout cela dépend de la situation locale, et des dispositions réciproques des parties, et par suite, est essentiellement variable.

Partage du croît. — Le croît du bétail se partage non en nature mais en argent, à la suite des ventes faites en foire ou au marché, ou encore, au domaine même, directement au boucher. — Le maître peut décider la vente et fixer le prix : généralement, il encaisse et conserve ce prix, sauf à le porter au compte de métayage qu'il tient lui-même et dont il partage l'excédent avec le métayer, lors du règlement des comptes.

Partage des grains. — A supposer, comme il en est coutume, que la récolte des céréales ait été rentrée au même local, sans distinction de parts, le partage des grains et des graines fourragères se fait à l'hectolitre, et de préférence au poids, au moment du battage à la machine qui est devenu général ; on emplit alternativement, à la sortie du grain de la machine, un sac pour le maître et un sac pour le métayer. Les sacs sont réglés sur place, pour le blé, à 81 kilos, ce qui, dans les bonnes cultures, correspond à l'hectolitre.

Le battage à la machine se fait à frais communs, en totalisant les frais, et en les partageant par moitié, ou bien, à forfait, le propriétaire paie la location des machines avec les deux mécaniciens, et le charbon, ainsi que le salaire des journaliers qui servent et alimentent la machine à battre ; le métayer nourrit tout ce personnel et se charge d'aller chercher et au besoin, de reconduire la machine. C'est aux parties à examiner d'avance, lors du bail, ce qui convient le mieux comme étant le plus commode et le plus juste, d'après les conditions locales.

Après le battage, le métayer transporte, à ses frais, la part du propriétaire jusque chez l'acheteur, à moins que la distance ne soit excessive.

Partage du jardin et de la laiterie.— Le métayer profite seul du jardin, et du laitage après le sevrage des veaux.

Dans les pays d'élevage ou, en principe, tous les veaux et tous les poulains sont conservés et élevés, il faut parfois beaucoup de fermeté et de surveillance pour empêcher que les veaux ne soient privés d'une partie du lait qui leur est nécessaire pendant les premiers mois, des métayers ayant tendance à rationner puis à sevrer trop tôt ces jeunes bêtes pour augmenter les profits de la laiterie.

Même quand les porcs font partie du cheptel, le métayer obtient quelquefois le droit d'élever et d'engraisser chaque année un porc à son seul profit pour la consommation du domaine, bien que cette concession puisse prêter à des abus.

Partage des dépenses. — Le métayer a non seulement la charge de tous les travaux de culture des terres et d'entretien des prés, mais doit encore supporter la moitié de tous les achats, comme engrais ou amendements pour les terres, comme nourriture pour le cheptel, enfin fournir la moitié des semences, sauf convention contraire.

On a vu plus haut (Introduction, p. 18, et p. 163) comment le propriétaire, pour obtenir des travaux d'amélioration ou certaines cultures coûteuses, prend souvent à sa charge partie ou plus de la moitié de la dépense.

D'après la pratique, c'est le propriétaire qui paie toutes les dépenses ou qui en avance les fonds, au besoin, comme il fait toutes les recettes, sauf à faire figurer les sommes correspondantes au compte de métayage.

Privilège du bailleur. — Comme en matière de bail à ferme, le bailleur jouit à l'encontre du métayer du privilège du bailleur (C. civ., art. 2102 1°) sur les meubles effets, bestiaux et parts de récoltes appartenant au métayer, et que celui-ci est tenu aussi d'engranger et tenir dans les bâtiments et dépendances du domaine (C. civ., art. 1767); ce privilège garantit le reliquat du compte dont le métayer serait débiteur, ainsi que le paiement de la prestation colonique. (Loi de 1889, art. 10).

Cessions et sous-locations. — Il est à noter que le métayer n'a pas le droit de céder à un tiers son droit au bail ni de faire des sous-locations. Cette interdiction légale ou conventionnelle, repose sur cette idée que le contrat de métayage est réputé avoir été consenti en considération de la personne du métayer, et que le propriétaire ne peut se voir imposer un associé ou un collaborateur qu'il n'a pas recherché, choisi ou accepté lui-même. Pour le même motif, le bail est résolu et prend fin par la mort du métayer. Dès lors la jouissance des héritiers cesse à l'époque consacrée par l'usage des lieux pour les baux annuels (Loi de 1889, art. 6), à moins que le propriétaire, comme il arrive souvent en pareil cas ne fasse un nouvel accord avec la veuve et les héritiers ou leur représentant.

Réparations d'entretien. — Comme dans le fermage, et, avec la même garantie de l'état des lieux dressé à l'entrée et à la sortie, le métayer est tenu de faire les réparations locatives ou de menu entretien, qui ne sont occasionnées, ni par la vétusté, ni par la force majeure (L. 18 juillet 1889, art. 3, C. Civ., art. 1730-1731).

Responsabilité en cas d'incendie. — La loi de 1889 a aussi pris soin de rendre applicable au métayage l'article 1733 du Code civil sur la responsabilité en cas d'incendie des fermiers ou locataires (v. Chap. II, Section 2, p. 67).

Perte de récoltes. — Sur ce point, la loi de 1889 a donné, pour le cas de perte de récoltes, une solution différente à celle du Code civil, en matière de bail à ferme (v. ch. II, section 2, p. 72). Si, dit l'article 8 de cette loi, la totalité ou une partie de la récolte a été enlevée par cas forfuit, le preneur n'a pas d'indemnité à réclamer au bailleur — cette solution, rigoureuse en apparence, est conforme au principe d'après lequel, en métayage, l'exploitation est réputée faite à moitié profits et pertes, pour les deux parties.

Cas de vente de la métairie. — La vente de la métairie n'entraîne pas, de droit, la résiliation du contrat de métayage. Mais si, comme cela peut arriver, le propriétaire s'était réservé au profit d'un acheteur éventuel le droit de résiliation, en cas de vente, la loi de 1889, en prévision de ce cas particulier, a décidé dans un sentiment d'équité et de ménagement envers le métayer, que la résiliation ne pourrait se produire qu'à la charge, par l'acquéreur, de donner congé suivant l'usage des lieux (L. de 1889, art. 7). La loi réserve en outre au profit du colon ou métayer, le droit à une

indemnité pour les dépenses extraordinaires qu'il aurait
faites sur le fonds jusqu'à concurrence du profit qu'il aurait pu en tirer pendant la durée du bail. La loi renvoie au
surplus et se réfère aux articles 1743, 1745 à 1751 du Code
civil dont les avantages se trouvent ainsi combinés ou cu-
mulés avec ceux de la loi de 1889. Cela peut, à vrai dire,
faire naître des difficultés d'application et nécessiter une
expertise assez délicate.

Accidents de travail. — La loi du 15 décembre 1922,
étendant aux exploitations agricoles la législation sur les
accidents du travail, a créé de nouvelles obligations aux
propriétaires et métayers, en prévision des accidents surve-
nus dans le travail agricole, pour ce qui regarde l'élevage,
comme pour tout ce qui concerne la culture proprement
dite. dans tout ce qui rattache à l'exploitation agricole
(art. 1).

Le métayer, non plus que le fermier, n'est pas directement et formellement obligé de s'assurer contre ce risque
mais il y est conduit ou contraint indirectement par la
crainte des responsabilités qui peuvent lui incomber en
cette matière, et qui sont de nature par leur gravité à entraîner sa ruine.

D'ailleurs il est un cas, rare à la vérité, où le métayer,
comme tout exploitant, n'est pas assujetti à cette loi, c'est
quand il travaille seul ou avec l'aide des membres de sa famille, ascendants, descendants, conjoint, frères, sœurs ou
alliés au même degré. Cela se rencontre dans des pays de
métayage ou un laboureur, chef d'une nombreuse famille,
obtient le bail d'une métairie de peu d'importance ; mais
dès que le domaine réunit vingt à trente hectares avec un
certain cheptel, qu'on y fait une moisson sur six à dix hectares, des cultures sarclées et une fenaison de quelque im-

portance, il est difficile au métayer de se passer de deux à quatre ouvriers ou journaliers qu'il emploie au moins une partie de l'année. Il est dès lors assujetti à la loi de 1922, et il serait imprudent de sa part de ne point s'assurer contre le risque d'accidents.

D'ailleurs, il est à noter que le métayer qui n'est point strictement assujetti, dans le cas prévu ci-dessus, peut, de lui-même, se placer sous l'application de la loi de 1922, et y assujettir les membres de sa famille ainsi que ses collaborateurs occasionnels, c'est-à-dire les ouvriers qu'il emploie. Tous alors bénéficient de la législation sur les accidents du travail. Mais le métayer est obligé, par la loi, formellement cette fois, de contracter une assurance, après avoir déclaré à la mairie, son adhésion à la loi.

C'est ainsi que le métayer est conduit, sur le conseil du propriétaire souvent, à contracter une assurance, et s'il s'y refuse, le propriétaire bailleur, plus prudent et plus conscient du danger d'insolvabilité auquel son associé s'expose et dont il pourrait lui-même sentir le contrecoup, le bailleur prend les devants, et assure d'office le métayer, ce qui est fort utile et fort sage.

Il est bien vrai que dans le cas d'accident, le métayer se trouve, en droit, seul responsable des indemnités qui en seront la conséquence (art. 6). Mais si le métayer est incapable de payer les condamnations prononcées au profit de la victime ou des victimes de l'accident, ces condamnations seront acquittées par la caisse nationale des retraites sur la vieillesse (L. 9 avril 1898, art. 24) et cette caisse aura un recours à exercer contre le bailleur jusqu'à concurrence de la moitié des indemnités, nonobstant conventions contraires (L. de 1922, art. 6).

Le bailleur a de la sorte un intérêt personnel à contrac-

ter une assurance au profit de son métayer et en prévision
de cette éventualité, la loi réserve au bailleur le droit de
faire payer par le métayer la moitié de la prime d'assurance, l'autre moitié restant à la charge du bailleur.

La conséquence à tirer de cet exposé est qu'il importe,
dans le bail, de prévoir ces diverses éventualités et de
prendre des dispositions pour régler la situation respective du bailleur et du preneur en ce qui concerne le risque
d'accident et la charge de l'assurance. On trouvera une
clause appropriée, à ce sujet, dans le bail à métayage qui
sera donné plus loin à titre d'exemple (Section 6).

Une fois assuré, soit par lui-même, soit par les soins
du bailleur, pour l'intégralité du risque, le métayer est
couvert par l'assureur qui, en cas d'accident, est substitué
à lui de manière à supprimer tout recours de la victime
contre le chef d'entreprise, le métayer dans l'espèce. En
sorte que le métayer et le bailleur se trouvent garantis à
la fois (L. de 1922, art. 6).

Dans l'hypothèse visée ci-dessus ou le métayer petit
exploitant, non assujetti strictement à la loi, aurait pris
des ouvriers supplémentaires, et ne les aurait pas assurés,
il doit en prévenir le propriétaire ou bailleur par lettre
recommandée, faute de quoi, le propriétaire, non prévenu
huit jours avant l'accident survenu, se trouverait à l'abri
de tout recours, et le métayer serait seul exposé aux pour-
suites des victimes et aux conséquences des condamnations
(L. de 1922, art. 4 et 6 et instruction officielle de 1923).

L'instruction officielle de 1923 conclut en ces termes
sur cette question : « Il résulte de ces dispositions que
« dans le cas de métayage, le propriétaire ne peut jamais
« être assigné par la victime, c'est le métayer, dit la loi, qui
« est personnellement responsable des indemnités, sauf re-

« cours contre le bailleur. Encore le recours ne lui est-il
« ouvert que s'il n'y a pas assurance ou si l'assurance ne
« couvre pas l'intégralité du risque (1).

SECTION III. — *Des cheptels, et spécialement du cheptel
donné au métayer ou colon partiaire.*

Il y a peu de choses à ajouter ou à retrancher aux notions qui ont été données ci-dessus (II, section 3) touchant
les *cheptels*, à l'occasion du bail à ferme. Cependant, en
rappelant les règles du bail à cheptel, il convient de préciser comment et dans quelle mesure *le contrat* s'adapte au
métayage et se combine avec lui.

Le métayer, d'ordinaire peu fortuné, surtout s'il débute,
et s'il en est à son premier bail, possède rarement assez de
ressources, pour entrer dans le domaine qui lui est confié,
avec un cheptel suffisant d'animaux qui soit sa propriété.

Le plus souvent, le métayer ne possède, à son entrée,
qu'un petit nombre d'animaux et reçoit d'autre bétail, soit
d'un tiers, soit plutôt du propriétaire même du domaine,
afin de réunir un cheptel suffisant, pour la nature et l'importance de l'exploitation. Il devra se procurer, pour les
labours et les charrois, ici des bœufs de travail et là des
juments. Dans tel pays d'herbages, il devra posséder un
un troupeau de vaches, dans tel autre pays de cultures et
de vastes parcours, il aura besoin d'un troupeau de moutons. Partout il devra se procurer quelques porcs.

Bail à cheptel.— Tout ce bétail ou *cheptel* pourra lui
être fourni soit en entier, soit par fraction ou par catégories, à titre de bail à cheptel simple ou en cheptel à moitié.

(1) V. A. PLAISANT, *Les accidents du travail agricole*, Paris, in-18, 1824,
p.65 et 74.

Du cheptel simple. — On sait que, dans le cheptel simple (C. civ., art. 1804 à 1817), le bétail reste la propriété du bailleur ; l'estimation donnée au cheptel, dans le bail, ou dans un procès-verbal d'expertise d'entrée, n'en transporte pas la propriété au preneur ; elle n'a d'autre objet que de fixer la perte ou le profit qui pourra se trouver à la fin du bail (C. civ., art. 1805). Le preneur doit soigner, nourrir et entretenir le cheptel; il est tenu, en même temps que le bailleur, de la perte partielle seulement, il se trouve donc exonéré de la perte totale arrivée sans sa faute, et on ne pourrait même pas mettre cette perte à sa charge par stipulation expresse du bail (C. civ., art. 1811), cette perte totale se trouve ainsi supportée par le bailleur (C. civ., art. 1827-1828). D'ailleurs, durant le bail, le preneur profite des laitages, du fumier, du travail des animaux, ainsi que de la moitié du croît et de la laine, l'autre moitié étant réservée au bailleur. Il est même interdit de diminuer sa part, ainsi définie, dans les produits du cheptel, sauf, ainsi qu'on le verra, quand le cheptel est fourni par le propriétaire, bailleur de la métairie.

C'est d'ailleurs ainsi que, pratiquement, les choses se passeront d'ordinaire, beaucoup de métairies possédant même un cheptel qui passe de mains en mains, à chaque changement de métayer, mais qui, comme le cheptel de fer, dans les domaines loués à des fermiers par bail à ferme, est comme une dépendance du domaine. C'est là un élément de l'importance et de la richesse d'une métairie, et, par suite, de la faveur qui s'attache à ce domaine et le fait rechercher par les métayers. On disait ainsi autrefois, pour démontrer la nécessité de l'existence des cheptels, qu'il faut qu'une ferme soit bien « embétaillée » par opposition avec les domaines, qu'on dit aujourd'hui « mal montés ».

Ce cheptel aura été détaillé et estimé dans le bail même, ou bien suivant un procès verbal d'expertise à l'entrée. Cette estimation, rapprochée de celle qui aura lieu plus tard à la sortie, fixera s'il y a excédent, le croît à partager entre les deux parties et s'il y a insuffisance, la perte dont le métayer devra supporter la moitié, au moyen d'un paiement à faire, soit au propriétaire, soit au nouveau métayer entrant.

Durant le bail, selon les règles du cheptel simple, ni le preneur ni le bailleur n'auraient le droit de disposer d'une tête du cheptel, sans le consentement de l'autre partie, mais, par l'application des règles du métayage, il en sera autrement, du moins en ce qui concerne le bailleur. Celui-ci ayant, en effet, le droit de direction, quant à l'exploitation de la métairie, pourra décider les ventes à opérer, soit du croît du cheptel, soit même des têtes du cheptel qu'il conviendrait de réformer ou de remplacer par d'autre achats. On prend soin d'ailleurs de le rappeler et de le spécifier dans les baux. Si on ne vend que le croît du cheptel, les parties pourront s'en partager le prix de suite, ou en réglant le compte annuel de la métairie.

Si le propriétaire conservait même tous les prix de vente, soit d'autorité, soit d'accord avec le métayer sans que celui-ci ait rien reçu, il pourrait arriver à la longue qu'il se trouvât ainsi remboursé, en cours de bail, du montant total de l'estimation du cheptel à l'entrée, et il n'y aurait plus lieu à la restitution du cheptel, à la sortie du métayer, à la fin du bail, d'après les règles ordinaires. Le cheptel se trouverait « *affranchi* » suivant l'expression des anciennes coutumes, et dès lors le cheptel serait commun en perte et profit entre le bailleur et le preneur.

Mais à défaut d'une restitution du cheptel, à la fin du

bail, il y aurait lieu à un partage du cheptel existant alors entre le bailleur et le preneur.

La Thaumassière, dans son commentaire de la coutume du Berry au titre *« de cheptel de bêtes »* disait aussi dans cette hypothèse : « Le simple cheptel retombe en l'espèce, du bail à moitié, quand le bailleur a seul pris les profits jusques à l'entier paiement de son capital, auquel cas le cheptel est affranchy », et il se référait à la coutume de Nivernais, dont les articles 6 et 14 (chapitre XXI) décidaient, dans ce cas, que le bétail du cheptel, ensemble tout le croît, sont communs entre les parties ; « et en conséquence sont communs les dommage et profit. »

Ces décisions n'ont pas été reprises et reproduites par le Code civil, mais elles découlent si logiquement de la situation qu'elles paraissent s'imposer.

Caractère du cheptel simple. — On voit ainsi que le *cheptel simple* donné au métayer diffère par son caractère, et dans son administration, du cheptel de fer donné au fermier. Celui-ci, on l'a vu (Ch. II, § 3) a, par suite de l'estimation du cheptel, la libre disposition, au cours du bail, du bétail qui se trouve mis à ses risques. Il doit seulement à la fin du bail, rendre un cheptel de valeur pareille à celui qu'il a reçu et s'il y a un excédent de cheptel il en profitera seul. Le fermier jouit d'une situation indépendante et il ne lui est pas interdit de s'engager dans des opérations qui ne sont pas exemptes de toute idée de spéculation.

Le métayer, au contraire, a toujours à compter avec le bailleur, à la fois propriétaire de la métairie et du cheptel. Il subit l'ascendant et la direction de celui-ci et se contente, en principe et d'ordinaire, de partager les produits de la métairie et, en particulier, le croît du cheptel. En fin de bail, le métayer peut avoir à partager, avec le propriétaire, un excédent de cheptel, sauf à subir, mais pour moitié seulement, les conséquences de pertes partielles fortuites, qui auraient diminué l'importance ou la valeur du cheptel. Cependant il peut le plus souvent modérer ou restreindre l'étendue de cette perte, et même influencer l'administration du cheptel du fait qu'il a la garde du bétail et qu'il peut chaque année exiger le règlement du compte d'exploitation de la métairie.

D'un autre côté, on sait que cette circonstance que le cheptel a été donné au métayer par le propriétaire de la métairie, a permis à celui-ci de stipuler dans le bail des conditions de partage des produits qui dérogent aux règles ordinaires (V. p. 171).

Ainsi on peut stipuler que le métayer délaissera au bailleur sa part de toison à un prix inférieur à la valeur ordinaire, ou que le bailleur aura une plus grande part du profit, qu'il aura une part ou même la moitié du laitage, ce qui pourrait comprendre aussi des produits du laitage, beurre ou fromages, mais on ne peut cependant stipuler que le métayer ou colon sera tenu de la perte totale du cheptel (C. civ., art. 1828). On a voulu sans doute, au moyen de cette défense, garantir le métayer contre un risque de ruine complète, en cas d'incendie ou d'épidémies par exemple. On pourrait stipuler toutefois que le métayer serait chargé d'une part plus considérable dans la perte, que celle qu'il recueille dans le profit.

On a raisonné ci-dessus et présenté le cheptel comme s'il était fourni en entier par le propriéraire de la métairie, soit que le métayer n'eût aucun bétail soit qu'il ne possédât qu'un cheptel insignifiant comme nombre, et sans valeur réelle. Il peut cependant en être parfois autrement.

Cheptel à moitié. — Si le métayer a besoin seulement

de quelques têtes de bétail, pour les ajouter à celles qu'il possède déjà et composer ainsi le cheptel nécessaire à l'exploitation du domaine, ce sera le cas ou une occasion de réaliser, avec un apport et le concours du propriétaire, la combinaison du cheptel à moitié.

Par exemple, le métayer, possédant déjà 3 vaches, en recevra du propriétaire, trois autres, pour faire un troupeau de 6 vaches; ayant déjà 12 moutons, il en demandera et obtiendra douze autres, pour faire un troupeau de vingt-quatre têtes.

Sous une autre forme, peu différente, on pourra parvenir au même résultat si, le propriétaire et le métayer apportant dans le cheptel des parts inégales, celle du métayer étant inférieure à celle du propriétaire, le métayer rembourse au propriétaire la différence des estimations des deux parts. Dans ce cas, le cheptel, ainsi composé de deux parts inégales, sera néanmoins considéré, dans son ensemble, comme un cheptel à moitié qui aurait été constitué, par parts égales, par le propriétaire et par le métayer et, dès lors, l'entretien et l'exploitation de ce cheptel pourront s'effectuer, comme en cas de cheptel simple, dans le cadre, selon les règles, et d'après les exigences du métayage.

Cette combinaison peut être rendue sensible, et, sous une forme concrète, de la façon suivante : qu'on suppose que le propriétaire ait fourni au métayer quinze têtes de bétail, estimées dix mille francs, tandis que le métayer apporte seulement cinq têtes de bétail estimées quatre mille francs. Si le métayer remet au propriétaire dix mille francs, le propriétaire et le métayer seront réputés avoir ensemble constitué un cheptel à moitié de vingt têtes de bétail estimé vingt mille francs, car ils auront apporté, chacun, dans la société, soit en nature, soit en argent, une valeur de dix mille francs. Il y a là, en effet, d'après la loi (C. civ., art. 1818) une société, et d'après Pothier, (*des cheptels*, section II, n° 56) « un vrai contrat de société de bestiaux, « à laquelle chacune des parties contractantes fournit la « moitié des bestiaux, pour en retirer en commun le « profit. »

Cela n'empêche pas d'ailleurs, si les parties sont d'accord sur ce point, et le stipulent dans le bail, de reprendre, à la fin du bail, chacune leur apport en société, d'après la valeur d'estimation, lors de l'entrée en société, avant de se partager l'excédent, au lieu de partager tout le cheptel, considéré comme une masse commune (1).

Cheptel à moitié.—Le cheptel à moitié, comme le cheptel simple, fourni à moitié par le propriétaire de la métairie, et par le colon ou métayer, est également susceptible de clauses favorables au propriétaire, dérogeant aux règles ordinaires (C. civ., art. 1819 et 1828) car, disent les commentateurs des coutumes, « les propriétaires de métai- « ries ne fournissent pas seulement le bétail, mais encore « les maisons pour le logement des preneurs, les étables « et bergeries pour retirer le bétail, les prés, pacages et « fourrages pour le nourrir ». (La Thaumassière, *De chep- tels de bêtes*, p. 511 ; Guy Coquille, sur l'art. 4 de la coutume de Nivernois, *Des croîts et cheptels de bêtes*, Pothier, (*Des cheptels*, n° 56 et 58.)

Quant aux fumiers et labeurs, ils profitent directement à la métairie, aux besoins et profits de laquelle, ils sont réservés de droit (C. civ., art. 1811, 1824), c'est-à-dire qu'ils

(1) Jules Rieffel, *Manuel du propriétaire de métairies*, Paris, in-18, 1864, p. 29 à 30.

sont employés à l'avantage commun du propriétaire et du
métayer.

Opposition quant au cheptel de fer.— Qu'il y ait cheptel
simple ou cheptel à moitié, le bétail donné par le propriétaire au métayer est considéré comme un cheptel simple,
mais qui se trouve susceptible de clauses interdites d'ordinaire aux baux à cheptel de ce genre.

Telle fut l'opinion soutenue, dans la discussion, du
Code civil, par le tribun Monicault, et le Code, d'ailleurs,
a pris soin de rappeler que ce cheptel est soumis à toutes
les règles du cheptel simple (C. civ., art. 1830).

Cette observation serait de nature à faire croire, de prime
abord, que le cheptel donné au colon ou métayer, est, par
opposition, soustrait aux règles du cheptel donné par le
propriétaire du fonds rural au fermier (cheptel de fer) et
rapportées dans les articles 1821 à 1826 du Code civil.

Cependant le cheptel simple comporte aussi une estimation au commencement et à la fin du bail à cheptel,
mais c'est seulement pour faire ressortir le croît ou profit
qui sera partagé par moitié par les deux parties. Cette estimation n'a donc point pour effet de mettre le cheptel
aux risques du preneur, comme dans le cas du cheptel de
fer donné au fermier, et de faire courir au métayer le
risque de la perte totale, comme de la perte partielle, ni
de permettre au preneur de bénéficier, à la fin du bail,
de tout l'excédent de cheptel.

Si la règle posée par l'art. 1830 du C. civil s'applique
directement au cheptel constitué par un tiers, il ne faudrait
pas toutefois aller jusqu'à dire qu'en régime de métayage, le
cheptel de fer est exclu, ce qui serait contraire à ce qui a
été rapporté ci-dessus (v. p. 2). Aubry et Rau prévoient
le cas d'un cheptel de fer donné par le propriétaire d'une

métairie avec le bail de cet héritage (1). Aussi bien les combinaisons multiples de la pratique déjouent-elles souvent les prévisions des théoriciens du droit ou de l'économie rurale.

Ainsi Pothier considérait déjà, par hypothèse, le cheptel simple comme une société dans laquelle le bailleur fournit « la moitié du cheptel, comme sa part dans la mise sociale, « et l'autre moitié, comme avance qu'il fait au preneur ». au moyen de cette avance, disait-il, le fonds de cheptel devient commun entre les deux parties ; le preneur est fait propriétaire pour la moitié, et est seulement débiteur envers le bailleur du prix de la moitié du cheptel que le bailleur lui a avancé (Pothier. *Des cheptels* n° 2).

Un auteur moderne, le comte de Tourdonnet, envisage une combinaison voisine, basée sur l'idée de cheptel de fer : « un cheptel à chiffre fixe, tel que la loi le définit, « dont la valeur doit être représentée intégralement à « l'expiration du bail, sert de fondement au cheptel réel. « Supposons qu'il soit équivalent aux trois cinquièmes de « la valeur totale du cheptel, ce qui a lieu en général ; on n'a « qu'à ajouter à ce noyau fondamental, un cheptel supplé- « mentaire et mobile, dont la moitié appartient au pro- « priétaire et l'autre moitié au métayer. On aura ainsi le « résultat suivant :

Cheptel fixe, appartenant au fonds, cheptel de fer.   3/5
Cheptel mobile, contingent du propriétaire. . . 1/5
Cheptel mobile, contingent du métayer. . . . 1/5

« Ce mode de formation a cela de bon qu'il n'exige, de « la part du métayer que l'apport du cinquième du cheptel « vivant, et que ceux qui sont en mesure de solder ce con-

---

(1) Aubry et Rau, 5° édit., 1907, T. V. p, 692.

« tingent, en entrant, se trouvent, dès le début, dans une
« bonne position, quant à eux-mêmes, tandis que le pro-
« priétaire reçoit par là une sérieuse garantie de bonne
« gestion. Si le métayer n'a pas d'avances, ce qui est le cas
« le plus fréquent, il peut du moins par l'accumulation
« d'une partie de ses profits, année par année, rembourser
« le cinquième qui lui a été attribué, et qui devient son
« avoir à l'expiration du bail, sans compter sa part nor-
« male » (1). On peut remarquer que cette dernière observation confirme ce qui a été exposé ci-dessus (v. p. 172)
au sujet du cheptel, dit « cheptel affranchi ».

Tout ce qui précède est conforme à la pratique suivie
dans les pays de métayage où il arrive souvent que le
métayer entrant trouve, dans le domaine, un cheptel vif,
dont 1° la souche de cheptel, jusqu'à concurrence d'une
certaine somme fixée par le bail, et qui lui est laissée *à
titre de cheptel de fer*, 2° l'excédent sur la valeur de la souche de cheptel qui lui est laissé en cheptel simple, la moitié de ce cheptel simple formant une avance que le métayer pourra, et, quelquefois *devra* rembourser sur le
croît, au cours du bail. On trouvera dans l'exemple de
bail à métayage, donné dans la section 6 ci-après, une
clause, quant au cheptel, qui est l'application de cette
idée.

On considère si bien, généralement, le cheptel donné
au métayer (ou colon partiaire) comme cheptel de fer, au
moins pour partie, que les mêmes difficultés se sont élevées, dans la crise de 1914 à 1920 entre propriétaires et
métayers, qu'entre propriétaires et fermiers à propos des
plus-values anormales de cheptel au cours du bail, diffi-

(1) Le COMTE DE TOURDONNET, in-18, Paris 1882, *Traité pratique du métayage*, p. 282.

cultés qui ont été relatées ci-dessus (v. chap. II, Section 3, § 2). La même émotion a été ressentie à cette époque dans le monde des métayers et dans le monde des fermiers, et, suivant l'attitude des propriétaires, et les décisions de la jurisprudence, on a vu tantôt les métayers déserter les domaines et s'en éloigner, tantôt, au contraire, se manifester un regain de faveur pour le métayage (1).

Fin du bail à cheptel. — Le bail à cheptel, consenti par le propriétaire, finit, comme il est naturel, avec le bail à métayage.

Mais si ce bail avait été consenti par un tiers, sans fixation de durée, il faudrait rechercher quelle a été sur ce point l'intention présumée des contractants, d'après les autres conditions du bail, les usages locaux, et circonstances de la cause.

D'après Pothier (*des cheptels*, section II, n° 63) et selon la coutume de Berry, la durée devait être de trois ans, pour le cheptel simple, et de cinq ans pour le cheptel à moitié. Ce sont là des précédents intéressants mais que le Code civil n'a pas reproduits, et qui, par suite, ne s'imposent pas.

Fonds de lieux et effets morts. — Dans le bail à métayage, comme dans le bail à ferme, la notion et l'expression de *cheptel* a été étendue et s'applique aussi aux différents objets et différentes matières, matériel agricole, instruments, outils, ateliers, échaffaudages, pailles, fourrages, fumiers, laissés par le métayer sortant, dans le domaine qu'il quitte, à l'expiration de son bail, et que le nouveau métayer, ou métayer entrant, peut désirer recevoir, employer

(1) V. VIRLOGEUX. *Les plus-values de cheptel en Bourbonnais*, in-8°. Thèse Paris, 1921, p. 200 et 208.

et utiliser immédiatement pour que l'exploitation agricole
continue sans interruption. Cela dépend des conventions
intervenues entre le propriétaire et les deux métayers,
l'entrant et le sortant, ou encore de conventions spéciales
entre ces deux métayers.

Tous ces objets et matières ne font cependant pas l'objet
de contrats semblables au bail à cheptel, la notion de
croît faisant ici défaut; mais ils sont compris dans le bail
à métayage, soit explicitement, en vertu de clauses du
bail, soit implicitement, à cause des nécessités agricoles
et par application des usages locaux qui s'imposent par la
force de la tradition. Leur transmission s'effectue de
même, et non en vertu des articles du Code civil, lesquels
visent spécialement le cheptel vif, composé de bestiaux
(C. civ., art. 1805, 1821, 1826, 1830).

Cependant, il intervient une expertise avec estimation,
à l'entrée et à la sortie, pour constater la plus-value ou la
moins-value de ces cheptels et régler en conséquence les
indemnités, que propriétaire et métaycr ou les métayers
seulement, peuvent se devoir l'un à l'autre.

SECTION IV. — *Entrée en jouissance et sortie du métayer.*

Sans doute on a pu, en se référant à une époque déjà
ancienne, présenter comme fort simple, la tradition d'un
domaine, par un métayer, ou tout autre exploitant, sortant de ce domaine, à un métayer entrant. « Le métayer
sortant s'en va un matin, emportant son mobilier ; le métayer entrant arrive le soir avec le sien, ou le lendemain
matin, et tout est dit. La responsabilité du premier cesse
instantanément; celle du second commence, dès qu'il est
apparu (1). »

(1) V. TOURDONNET, *Traité pratique du métayage*, in-18, Paris, 1882, p.
129.

Mais l'opération semble plus longue et plus compliquée, dès que les parties se montrent préoccupées de sauvegarder leurs intérêts personnels, et d'autre part, sou-
cieuses d'assurer la marche de l'entreprise agricole, sans
interruption, et dans des conditions qui procurent une
exploitation rationnelle et fructueuse.

Or, il semble que ce soit là le cas le plus fréquent aujour-
d'hui.

Expertises et estimations. — Les expertises et estimations
qui accompagnent l'entrée et la sortie des fermiers, et
dont on a exposé plus haut le but et le fonctionnement
(v. Chap. II, Section 4) remontent à une tradition assurément très ancienne. Elles s'appliquent, pour les mêmes
raisons aux mêmes époques, comme répondant à des nécessités semblables, à l'entrée et à la sortie des exploitants se
succédant dans un domaine soumis au métayage ; on pourrait même prétendre qu'elles s'imposent encore plus, dans
ce mode d'exploitation, que sous le régime du fermage.

En effet, s'il est vrai que les cheptels vifs ou cheptels de
fer sont disparus ou sont en voie de disparition, dans les
contrées où le fermage est prédominant, on a déjà signalé
(Chap. III, Section 3) que les métayers, loin de jouir de
l'aisance et des ressources dont disposent beaucoup de
fermiers, ont très souvent besoin, surtout dans leurs
débuts, de trouver une aide efficace et des facilités d'exploitation, avec le cheptel vif qu'ils trouvent attaché au domaine, par le propriétaire du fonds comme dans les effets
morts et fonds de lieux qui, laissés dans l'exploitation par
le métayer sortant, sont tout prêts à servir à la marche
continue, et sans aucun arrêt, de l'entreprise agricole.

Il ne sera donc point indifférent aux métayers, l'entrant
et le sortant, ni même au propriétaire, que ces expertises

ne soient accomplies avec tout le soin désirable et avec les plus grands scrupules d'exactitude et de justice.

On s'est élevé, et avec raison, contre les tendances, parfois manifestées, par des experts trop facilement laissés à leur initiative, et qui, dans l'estimation du cheptel vif, en particulier, au lieu d'appliquer les cours des foires et marchés du moment même, ou tout au moins d'une période très récente, « adoucissent un peu les cours » en les abaissant par exemple, de cinq pour cent, afin, disent-ils, de ne pas trop surcharger le métayer sortant, sous le prétexte d'une compensation équitable, « pour les frais de son déplacement » (1).

Ce sont là des pratiques qui, sous le couvert d'une fausse équité, vont à l'encontre de la justice, et finissent toujours par léser quelqu'une des parties en cause dans ces expertises.

L'attention doit se porter également sur l'existence et la conservation des effets morts, même au cas ou ils ne doivent point être soumis à l'estimation. Il ne faut pas, en effet, qu'il soit toléré qu'un métayer, sachant que les pailles et fourrages en excédent, non plus que les fumiers, ne seront point soumis à l'estimation à la sortie, détournent ces matières, ou les emploient pour partie, en dehors des prévisions du bail ou de la loi.

Récolte pendante par racines du métayer sortant. — Pour ce qui est des difficultés résultant de la mise en train de l'exploitation du métayer entrant, et de la co-existence de ses travaux de culture avec les travaux de récolte du métayer sortant, il en sera forcément de même en métayage qu'en fermage. Peu importe d'ailleurs, au propriétaire, de

(1) P. TOURDONNET. *Traité pratique du métayage,* Paris, in-18, 1882, p. 132.

partager cette récolte avec le métayer sortant ou avec le métayer entrant. Mais, de même que dans le fermage, il serait préférable, dans les rapports des deux métayers, l'entrant et le sortant, plutôt que de maintenir, durant plusieurs mois, cette dualité d'autorités et la co-éxistence de deux exploitations, de régler la question des récoltes en terre appartenant au sortant par moitié, par une expertise et une estimation, suivies d'un paiement, immédiat ou à terme (V. chapitre II, Section 3, p. 105 à 110). C'est d'ailleurs à cette même conclusion que s'est rangé un agronome, qui a étudié le métayage dans tous ses détails, après l'avoir expérimenté et l'avoir vu fonctionner sous ses yeux, le comte de Tourdonnet, qui, sur ce sujet, s'exprime en ces termes : « Il existe cependant un mode d'opérer qui pour- « rait atténuer le danger du problème des récoltes en terre, « c'est celui d'estimer les céréales, au moment ou elles sont « bien levées, où les circonstances de la végétation ne « dépendent plus de celui qui a semé, et d'en faire rem- « bourser, à dire d'experts, la valeur par le nouveau mé- « tayer, le propriétaire intervenant nécessairement comme « garant du paiement. » Tous les intérêts se trouveraient par là équilibrés, dans une certaine mesure. Ce mode, usité çà et là, ne saurait être considéré comme une solution radicale, mais cela peut être, en bien des cas, un procédé bon à suivre (A. Tourdonnet, *Loc. cit.* p. 138).

Dans un exemple de bail à métayage donné plus loin (V. Section 6) se plaçant dans dans l'hypothèse où le domaine passe, des mains du propriétaire exploitant directement, aux mains d'un métayer, on a donné la formule d'une clause qui propose un réglement un peu différent, en permettant au métayer entrant de considérer la récolte en terre, à son entrée, comme une récolte ordinaire, au cours du bail, dont, par suite, la moisson se trouvera à sa charge, mais dont le produit, par exception, lui appartiendra, non par moitié, mais pour le quart seulement, cette portion réduite étant estimée, d'une manière empirique et à forfait, comme suffisante, afin de le désintéresser des frais qu'il aura dû exposer pour la moisson.

A vrai dire, le système de l'estimation et de la cession de la récolte, paraît, sinon plus simple du moins plus juste, et par suite plus acceptable pour les deux parties intéressées.

Dépenses d'amélioration. — Il ne semble pas que sous le régime du métayage, la question d'indemnité de plus-value au métayer sortant, puisse se poser avec la même force, la même rigueur qu'en ce qui concerne le fermier sortant, au sujet duquel on a soulevé les controverses qui ont été examinées ci-dessus (V. Chap. II, Section 4, § 2.)

En effet, sous le régime du métayage, on ne saurait, en principe, concevoir une amélioration qui aurait été réalisée autrement que d'un commun accord entre le maître ou propriétaire et le métayer, et par suite, à leurs frais, comme le résultat de leurs efforts communs. C'est une conséquence du droit de direction conservé par le bailleur, et, en fait, de son immixtion constante dans la marche de l'exploitation. Par la force des choses, il a dû se produire une autorisation expresse ou tacite, une participation directe ou indirecte aux améliorations réalisées, aux dépenses faites comme aux travaux qu'elles ont exigés.

D'ailleurs l'un et l'autre, le maître et le métayer, ont profité de ces améliorations, selon leurs prévisions. Aucun compte ne devrait donc intervenir à ce sujet, en fin de bail, les comptes de recettes et de dépenses ayant dû au surplus, être réglés, chaque année, et en avoir fait état. Il faudrait, pour admettre le contraire ou bien qu'une réserve formelle eut été insérée en ce sens dans le bail, au profit du métayer, ou bien que, l'amélioration ayant été faite, par suite de l'initiative et aux frais du métayer seulement, avec la tolérance ou l'autorisation tacite du propriétaire, celui-ci néanmoins n'eut point participé aux travaux ni aux dépenses. Dans cette hypothèse, la réclamamation du métayer, se produisant à la fin du bail, pourrait faire l'objet d'une appréciation, quant au bien fondé, et d'un règlement, par voie d'expertise.

Des baux à métayage ont cependant, par prudence, prévu le cas des dépenses d'amélioration, soit pour dégager d'avance la responsabilité du propriétaire, soit pour régler la contribution de celui-ci aux charges qui doivent en résulter.

Il faut en effet prévoir l'hypothèse où une amélioration ayant été conçue et proposée par le propriétaire, le métayer s'y opposerait, par inintelligence, ou pénurie d'argent, manifesterait de la mauvaise volonté, ou opposerait simplement la force d'inertie à tout ce que l'on pourrait lui dire ou lui commander.

Ainsi qu'on l'a observé plus haut (V. Introduction p. 18), le propriétaire en viendrait sans doute à bout en prenant, à sa charge, une partie des dépenses notablement supérieure à la moitié. Mais il est préférable que la question ait été envisagée d'avance et résolue dans le bail, et qu'on se soit mis d'accord sur une formule d'engagement réciproque, on sera plus sûr d'aboutir ainsi, le cas échéant.

C'est pourquoi, dans le bail-type de la société d'agricultur du Cher, en prévision des chaulages, marnages, emplois d'engrais et de fumiers dont l'effet se fera sentir pendant une période dépassant la durée ordinaire des baux, on a inséré la clause suivante :

« Le propriétaire se réserve de faire chauler et marner « chaque année une certaine étendue du domaine.

« La chaux sera fournie par le propriétaire qui en paiera « les deux tiers ; les colons paieront l'autre tiers, le con- « duiront et le répandront à leur frais.

« Le propriétaire paiera la moitié des engrais fumiers ou « engrais chimiques, et la totalité des fumiers si le colon « doit aller les chercher à plus de 6 kilomètres.

« Le choix des engrais et la fixation de la quantité à em- « ployer appartiendront exclusivement au propriétaire ».

D'après d'autres baux, « les engrais chimiques sont mis « à la charge du propriétaire pour les trois quarts et au « métayer pour un quart. »

On voit aussi des propriétaires s'engager, dans le bail, à contribuer pour moitié aux frais de culture des bette-raves quant aux façons, c'est-à-dire aux binages et à l'arra-chage.

Il serait prudent encore de prendre d'avance des dispo-sitions, dans le bail, si on prévoyait l'exécution de travaux coûteux de drainage ou d'irrigation, pour lesquels il serait difficile d'obtenir, au cours du bail, l'adhésion volontaire du métayer.

Section V. — *Comptabilité du métayage.*

Nécessité d'une comptabilité. — A première vue, il peut paraître singulier d'exiger, ou même de prévoir, une comptabilité, en métayage, alors que sous le régime du fermage, réputé d'un ordre supérieur, il n'en existe pas le plus souvent.

Cependant cette comptabilité s'impose bien, au double titre de l'utilité et de la nécessité.

On doit observer tout d'abord que la question se présente à deux points de vue différents : d'une part, le besoin manifeste, pour le propriétaire, d'être renseigné sur l'exploitation d'une métairie qui forme un élément de son patrimoine, et à laquelle il est directement intéressé, et aussi, la nécessité de savoir quelle est sa situation vis-à-vis de son métayer avec lequel il va se trouver en compte durant tout le cours de l'année ; d'autre part, l'utilité qu'il y a pour le métayer, comme il y en aurait une pour le fermier lui-même, à suivre la marche de son exploitation, à en constater les résultats, pour mieux apprécier la convenance des travaux qu'il a accomplis, la direction qu'il a imprimée à ses efforts, en tirer des enseignements pour l'avenir, et enfin, régler son train de vie et les dépenses de sa maison, d'après les bénéfices nets qu'il a réalisés.

Obligation légale. — Le premier point de vue parait s'imposer au propriétaire, si le second, à tort ou à raison, peut lui être indifférent. Mais il y a plus. On a vu plus haut (Section I, p. 154) que la loi de 1889 exige indirectement la tenue d'un compte de métayage, puisqu'elle stipule (art. 11) que chacune des parties peut demander le règlement annuel du compte de l'exploitation, et que le propriétaire est naturellement désigné pour tenir ce compte, étant plus instruit, plus intelligent et jouissant de plus de loisirs que le métayer.

Il semble évident que ce règlement annuel n'est facile, sûr et correct, que s'il est consigné, jour par jour, ou tout au moins, mois par mois, sur un registre ou cahier, et qu'il y aurait inconvénient à se fier à sa mémoire, aux notes plus ou moins confuses d'un agenda, à une collection de factures ou de notes sur feuilles volantes.

On a d'ailleurs fait observer, avec raison, que la tenue d'une comptabilité claire et complète, constamment à jour, par le propriétaire, était un élément du prestige et de l'autorité de celui-ci vis-à-vis de son métayer, et la plus sûre garantie contre les discussions, les différends ou difficultés, concernant les attributions et le partage des produits.

A la longue, le métayer lui-même ne manquera pas d'apprécier également l'utilité de cette comptabilité qui lui permet de voir clair dans ses propres affaires, qui précise ses souvenirs ou rectifie la comptabilité insuffisante ou incorrecte qu'il a pu tenir de son côté.

Compte de la Métairie. — Au regard du propriétaire ou bailleur, la comptabilité doit faire ressortir, d'un côté, la situation de la métairie, considérée dans son ensemble et isolément, par rapport à d'autres métairies du même propriétaire ou d'autres sources de son revenu, d'un autre côté, l'état du compte du bailleur vis-à-vis du métayer, car il faut distinguer ces deux comptes.

Le compte de la métairie, simple chapitre ou extrait du grand-livre du propriétaire, devra contenir, au *débit* et à l'*avoir*, tous les mouvements de fonds ou de valeurs qui intéressent la métairie, d'une façon distincte, par rapport à la caisse personnelle du propriétaire et à celle du métayer.

Sans doute, le compte de la métairie contiendra les éléments du compte distinct et séparé du propriétaire avec le métayer ; mais il sera toujours préférable, au point de vue de la clarté des comptes, et de la rapidité des recherches, d'avoir ces deux comptes séparés, tenus à jour, au fur et à mesure des opérations. On va d'ailleurs préciser, par quelques exemples concrets :

Grand-Livre. Compte ouvert à la métairie. — Il conviendra d'inscrire, au début du compte de la métairie, et à la date de l'entrée du métayer, *au débit*, le montant de l'estimation de chaque article, par exemple :

1er mai. — Cheptel vif, d'après estimation (1)   5.000 »
«   Effets morts, foin, pailles, fumiers   2.000 »
«   Provisions en sons, farines, grains   1.500 »

(Ces valeurs sont, en effet, prises en charge par la métairie et proviennent de l'avoir personnel du propriétaire. En fin d'année, on portera, par réciprocité, au *crédit*, les valeurs correspondantes existant dans la métairie, d'après inventaire.)

On fera figurer ensuite, successivement, au *débit*, et pour moitié, les achats faits et payés par le propriétaire pour le compte commun de la métairie, en engrais, amendements, assurances, en animaux pour l'augmentation ou l'amélioration du cheptel ou pour les remplacements devenus nécessaires.

En effet ces valeurs entrent dans la métairie qui les doit à qui les a payées.

Le propriétaire portera également à ce débit, ce qu'il aura payé pour l'assurance et l'entretien des bâtiments et pour les contributions s'appliquant au domaine.

D'autre part, on fera figurer au crédit ou *avoir* du compte de métairie, et pour moitié, les recettes faites à raison de la vente des produits de la métairie, en bétail, laine et grains, de tous les produits en général (2) égale-

(1) On suppose un cheptel de bestiaux donné en cheptel simple ou à titre de cheptel de fer. S'il y avait cheptel à moitié, fourni partie par le propriétaire, partie par le métayer, on devrait porter seulement la moitié de l'estimation, soit, si ce cheptel en entier vaut 8.000 fr. la moitié ou 4.000.

(2) On suppose ici que propriétaire et métayer vendent ensemble et en commun accord, ces différents produits, au lieu de les partager en nature et de les vendre séparément.

ment les remboursements par le métayer d'avances à lui faites, la prestation colonique en argent du métayer.

L'excédent du crédit sur le débit formera le revenu de la métairie, au regard du propriétaire, car ce sera la différence entre ce qu'il aura reçu et ce qu'il aura payé.

Si, à la fin de l'année, on porte ce revenu au débit, et si, d'autre part, on fait figurer à l'avoir, la valeur du cheptel et des effets morts existant alors dans la métairie et devant revenir en fin de compte au propriétaire, on devra trouver au crédit et au débit, au total, une somme égale (1).

Il est à noter que le détail du revenu du propriétaire, au compte de la métairie, ne sera pas le même pour le profit du métayer.

Compte personnel du métayer. — Le métayer, pour faire ressortir et apparaître son revenu, devrait additionner, d'une part, la moitié de toutes les ventes faites en commun, la totalité des ventes faites par lui seul de sa moitié en grains et en laines, enfin les sommes qui lui seraient dues par le propriétaire en vertu du bail, ou à raison d'accords postérieurs, et en soustraire : 1° la moitié du prix d'achat et de revient de toutes les denrées, marchandises et valeurs, introduites, en compte commun dans la métairie, pour la culture et l'entretien du bétail, la moitié des notes, se rapportant au bétail, du vétérinaire et du pharmacien, des assurances (grêle, mortalité du bétail, accidents, incendie), la totalité de l'assurance-incendie pour le risque locatif ; 2° la totalité des dépenses qu'il a faites, avec ses propres fonds, pour les salaires des ouvriers employés par lui aux travaux du domaine, pour la nourriture de sa famille et des ouvriers ; 3° les sommes dont il se trouve-

(1) V. J. Rieffel, *Manuel des propriétaires de métairies* (Paris, 1864, p. 37 à 42).

rait débiteur en vertu du bail, comme la prestation colonique en argent, ou à raison d'avances du propriétaire.

Dans la pratique, l'inscription de ces recettes et dépenses sera faite, le plus souvent, par le propriétaire lui-même sur le registre ou cahier du métayer, de manière que celui-ci puisse, à toute époque, se rendre compte de sa situation.

Le métayer pourrait aussi considérer à son point de vue, comme élément d'actif, non réalisé, mais lui appartenant cependant, la moitié du cheptel vif en excédent sur l'estimation d'entrée et existant à la fin de l'année ; mais, c'est là un bénéfice « en puissance » si on peut dire, réservé pour le règlement de la fin du bail.

Compte du propriétaire vis-à-vis du métayer. — Ce compte, qui sera la base de reddition de compte annuelle, sera différent aussi du compte de la métairie, quant aux résultats, bien que formé à l'aide des mêmes éléments.

Au débit de ce compte, le propriétaire fera figurer, 1° la moitié des sommes qu'il aura avancées ou payées pour les denrées et produits achetés en commun pour la métairie, en vue de la culture des terres, de la nourriture et de l'entretien du bétail, pour les bestiaux achetés en vue d'augmenter ou améliorer le cheptel, 2° la totalité des avances qu'il a pu faire directement au métayer qui avait besoin de fonds ; 3° la moitié des sommes qu'il aura payées pour les assurances (mortalité, grêle, accidents, pour les frais et honoraires du pharmacien et du vétérinaire concernant le bétail de la métairie.

Il fera figurer à l'avoir du métayer : 1° la moitié de toutes les ventes, faites en commun, de produits de la métairie, et dont il aura encaissé les prix ; 2° les sommes dont il serait débiteur envers le métayer, en vertu du bail, par exemple pour la culture des betteraves, ou pour certaines récoltes ; 3° les remboursements d'avances qu'il aurait reçues du métayer.

Si l'avoir est supérieur au débit, le propriétaire en devra la différence au métayer.

Si au contraire le débit est supérieur à l'avoir, c'est le métayer qui devra la différence au propriétaire.

En pratique d'ailleurs il n'y a pas toujours un paiement effectué réellement au moment du règlement de compte, et alors la solde fait l'objet d'un report à nouveau au compte de l'année suivante.

Il arrive aussi, qu'au cours de l'année, le propriétaire, prévoyant qu'il y aura, au compte, un solde créditeur au profit du métayer, remet à celui-ci des « à compte » qu'il inscrit au débit du compte, au lieu de lui faire des avances avec ses deniers personnels. En comptabilité, cela revient au même, sauf que le métayer n'aura point à rembourser les sommes ainsi reçues. Il peut arriver en définitive que le réglement de ce compte ne fasse vraiment l'objet d'un paiement pour solde par l'une ou l'autre partie, qu'à la fin du bail ou d'une période triennale.

Dans ce compte, entre le propriétaire et le métayer, il est inutile de faire figurer les estimations du cheptel et des effets morts, car on sait que cela doit faire l'objet d'un compte spécial à régler à la sortie du métayer, c'est-à-dire à la fin du bail.

Livre-Journal. — Cette comptabilité, assez restreinte, pourra être complétée, chez le propriétaire, utilement, mais pas nécessairement, par 1° un livre-journal.

Livre-Journal. — Ce livre-journal analogue à celui des commerçants, relatera, avec quelques détails et précisions, les opérations de la métairie, et spécialement celles qui se rapportent à une recette ou à une dépense, actuelle ou à terme.

Ce livre-journal pourrait être consulté avec fruit, et présenté, à cet effet, en justice de paix, en cas de différend avec le métayer, ou de contestation sur le règlement annuel. On pourrait y mentionner aussi les semailles, les travaux et les résultats de la fenaison et de la moisson, des battages, les faits concernant l'élevage du cheptel, les saillies des juments et des vaches, les vêlages et les mises bas des juments, les inscriptions au Herd-Book et Stud-Book, les mouvements des naissances et des ventes, à la porcherie et à la bergerie.

D'aucuns ont même suggéré que les événements et conditions particulières concernant la famille du métayer et ses auxiliaires à gages y fussent mentionnés. C'est intéressant sans doute ; mais, pour ce qui est relatif au compte de métayage, cela peut être jugé indifférent.

Inventaires. — Enfin, il sera utile de tenir un registre d'inventaires ou, chaque année, soit à la fin de l'année, soit plutôt à la fin de l'année de métayage, on portera une énumération avec estimation, au cours du jour, article par article, des bêtes du cheptel vif et des effets morts, et même des récoltes en terre, surtout si cette estimation est faite au 30 avril ou au 1er mai.

Si cette estimation des récoltes paraissait trop difficile, on pourrait tout au moins les faire figurer à l'inventaire, pour la valeur des semences et des engrais artificiels mis en terre.

Le total de cet inventaire pourrait ainsi donner le chiffre à inscrire comme dernier article de *l'avoir* du compte annuel de métairie.

Le livre d'inventaires permet de suivre plus facilement,

d'année en année, la marche de l'exploitation, sa prospérité ou son déclin, servir ainsi d'enseignement ou d'aver-
tissement salutaire, au propriétaire comme au métayer. Il
prépare en outre et facilite, pour l'avenir, les règlements de
sortie, à l'échéance de la fin du bail.

Section VI. — *De l'acte de Bail.*

Généralités. — Tout ce qui a été observé ci-dessus au
sujet de la préparation et de la rédaction du bail à ferme
(Chap. II, sect. 5) est applicable à la préparation du bail à
métayage, à plus forte raison, pourrait-on dire.

En effet si le bail à ferme engage sérieusement l'avenir
pour le fermier et le propriétaire, est susceptible de servir ou, au contraire, de compromettre leurs intérêts, cela
n'est pas moins vrai en ce qui concerne le métayer et le
propriétaire. Il convient même d'ajouter ceci, en ce qui
concerne le métayage, c'est que, par la continuité et la fréquence des rapports qu'il établit entre les deux parties, les
conflits d'indépendance et d'intérêt auxquels il expose, en
ce qui concerne le droit de direction et le partage des produits, il est particulièrement utile ici, de prévoir et de régler d'avance tout ce qui peut causer des difficultés, et,
par suite, de prendre des précautions pour éviter de les
faire naître ou pour en faciliter le règlement.

Il faut donc rappeler et retenir, en résumé, ce qui a été
dit plus longuement ci-dessus, que les conventions doivent être préparées, non pas seulement par des conversations mais plutôt par des études, enquêtes, discussions,
conduites méthodiquement, de préférence avec un praticien de ces sortes d'affaires, ou un notaire versé dans la
connaissance, non seulement des affaires et du droit, mais

aussi des usages ruraux, des habitudes et des besoins des cultivateurs. Il est bon qu'un projet de bail ayant été préparé, on ne se borne pas à en entendre la lecture, mais qu'on en pèse les termes et qu'on l'examine avant de le signer.

A la vérité, on pourrait, si on se trouve dans un pays de métayage, s'en rapporter et se référer, d'une manière générale, aux traditions, et aux usages locaux.

Mais, dans ce cas même, il y aura toujours lieu de faire une application et une adaptation de ce qui est général au cas particulier qu'on envisage. A ce travail on ne saurait apporter trop de soin et d'attention, et ne point reculer devant les formalités et les frais d'un acte notarié.

Acte notarié. — Ce serait le cas de rappeler ici l'avis d'un agronome autorisé, Jules Rieffel, qui, en visant les métayers de Bretagne, écrivait ce qui suit : « Je tiens essen-« tiellement à la rédaction d'un acte notarié ! Les conven-«tions verbales n'ont souvent que peu de valeur, aux yeux « des hommes incultes, et on ne peut en faire d'autres, avec « des métayers qui ne savent pas lire, à moins d'aller chez « le notaire. (1) »

Dispositions générales.— Le cadre et les dispositions générales du bail à métayage sont également semblables à ce qu'on a observé déjà pour le bail à ferme.

On sait que, par les grandes lignes, les droits et obligations du propriétaire et de l'exploitant sont sensiblement les mêmes, dans le fermage et le métayage, en ce qui concerne la délivrance, la garantie, l'entretien, la jouissance du fonds rural. Sur les différents points, après avoir, dans le bail, désigné le fonds rural, exprimé les engagements ré-

(1) J. Rieffel *Manuel du propriétaire de métairies*, in-18, Paris, 1864, p. 32.

ciproques des parties de donner et de prendre à bail, il y aura donc peu de choses à rappeler ou à préciser. Il en sera autrement pour les particularités relevées dans le métayage.

Cheptels. — Si le cheptel vif, donné en cheptel de fer, tend à disparaître dans le bail à ferme, à cause des ressources importantes des fermiers et de l'esprit d'indépendance qui anime ces exploitants il n'en est pas de même dans le métayage, où beaucoup de modestes exploitants, plus laborieux que fortunés, ne pourraient conduire à bien une exploitation qui ne serait pas déjà pourvue d'un cheptel vif avec ou sans souche de cheptel, et même d'effets morts ou fonds de lieux, pour faciliter la mise en train immédiate de l'exploitation, ou encore un matériel agricole un peu perfectionné, que les métayers ne connaissent pas assez ou qu'ils n'ont pas le moyen de se procurer.

C'est une question délicate que d'apprécier dans quelle mesure ces cheptels devront être confiés aux métayers, d'après le bail, en estimant la confiance que les métayers méritent, les garanties qu'ils offrent pour conserver, entretenir et restituer ces cheptels, en tenant compte, d'autre part, des avances que le propriétaire, eu égard à la situation, peut raisonnablement consentir sous cette forme.

Expertises et estimations. — La procédure de l'entrée en jouissance du métayer et de sa sortie, et des expertises et estimations, qui accompagneront ces événements, sera aussi réglée dans le bail, avec quelque précision.

Droit de direction. — Mais ce qu'il importera d'envisager surtout en matière de métayage, c'est, d'une part, le droit de direction du propriétaire, au cas où les règles légales ne paraîtraient pas encore assez précises, ou auraient besoin d'une adaptation spéciale, eu égard au cas particulier du bail projeté ; c'est aussi, d'autre part, le partage des produits, point sur lequel les exigences particulières et originales del'une et de l'autre des parties peuvent se manifester avec quelque vivacité.

Réserves. — Qu'on ajoute à cela que le propriétaire, soit qu'il habite une dépendance du domaine ou une construction voisine, soit qu'il se trouve peu éloigné du domaine, peut, à cause de cette circonstance ainsi qu'il arrive assez souvent vouloir faire de nombreuses réserves, et obtenir du métayer des prestations en nature, volailles, beurre, œufs, produits du laitage, charrois, fourrages, grains, bois, et autres produits de la métairie. Il importe à cet égard de savoir d'avance ce que l'on veut, ce que l'on peut raisonnablement demander et exiger, eu égard aux circonstances, et de l'exprimer, dans le bail, avec netteté.

Prestation colonique. — Enfin, à la place du prix de fermage qui est un élément essentiel du bail à ferme, on trouve ici, à côté des règles sur le partage des produits en nature ou de leurs prix de vente, la stipulation importante parfois délicate à formuler et souvent difficile à faire reconnaître, relative à la prestation colonique.

Le montant et la base de cette prestation une fois fixés, il sera intéressant de rechercher, comme dans le bail à ferme, s'il ne conviendrait pas de la chiffrer, à la place d'une somme d'argent, en denrées, au moyen de clauses propres à s'ajuster, plus particulièrement, au bail à métayage.

Sur ces différents points, on tentera de donner plus loin des formules dans un type de bail à métayage qui soit, non pas un modèle, mais un exemple de ce qui peut être réalisé en pareille matière, un contrat susceptible de modifications et qui pourra tout au moins servir de point de départ et de base de discussion avant d'arrriver au bail s'adaptant exactement au fonds rural qu'on a en vue, et aux parties qui veulent contracter.

Enregistrement du bail. — A l'égard de l'enregistrement des baux à métayage, il y a lieu de se reporter aux notions générales qui ont été exposées ci-dessus (Chap. II, Section 5, p. 128) en tenant compte en outre des notions qui vont suivre.

On a pu penser, à une certaine époque, que le bail à métayage (ou à colonat partiaire) devait être considéré, au point de vue fiscal, comme une société, et taxé, par suite, au droit fixe ou au droit gradué. Mais, avec la jurisprudence, la pratique s'est fixée en ce sens, qu'il y avait lieu d'appliquer le droit prévu pour tous les baux de 0,20 pour cent par la loi de 1824, ce tarif étant appliqué à défaut de prix de fermage, à la part de fruits revenant au bailleur, et qu'on fait évaluer, dans le bail, par les parties contractantes. Ce droit est appliqué aussi au montant cumulé de cette part pour toutes les années du bail et restreint au besoin à la première période de trois ans, lors de l'enregistrement de l'acte.

Ce tarif devrait donc être remplacé aujourd'hui, comme pour le bail à ferme, par le droit de 0 fr. 60 pour cent de la loi du 25 juin 1920, auquel il faudrait ajouter les deux décimes votés en 1924 et maintenus implicitement en 1925.

Honoraires des baux notariés. — Comme pour les baux à ferme, les honoraires relatifs aux baux à métayage sont aussi calculés sur la part de produits du bailleur, cumulée pour toutes les années de bail. Il sont également variables suivant les ressorts des cours d'appel et s'élèvent en général à 0 fr. 50 pour cent, dans le ressort de Lyon, à 0 fr. 40

de 1 à 10.000 et à 0 fr. 25 au-dessus; dans les ressorts de Besançon et de Dijon à 0 fr. 30 pour cent (1).

Le bail à cheptel, séparé et distinct du bail à métayage, comporte aussi, en général, un honoraire de 0 fr. 50 pour cent sur la part revenant au propriétaire dans le croît.

Type ou exemple de bail à métayage.

Ce bail a été rédigé, en prenant comme base, ou comme point de départ, le contrat de bail à colonage, à portion de fruits, profits et pertes, adopté par la société d'agriculture du Cher, en 1892, avec entrée à la Saint-Georges (23 avril) principalement à l'usage des métairies de culture, de la Champagne et de la Sologne berrichonne ; ce bail a été modifié par des praticiens, en 1911-1925, pour être adapté à l'exploitation par métayage, des domaines de cultures et d'élevage de la région herbagère du Cher, comportant une prédominance des prairies naturelles sur les terres de culture, et un cheptel nombreux.

En outre, on s'est placé dans l'hypothèse où le domaine est déjà exploité directement par le propriétaire lui-même au moment où il est donné à bail à métayage.

. . . .

Le bailleur donne à titre de bail à métayage ou à moitié fruits pour le temps ci-après fixé
à (noms des preneurs) . . . .

Désignation. — Le domaine des Fades, situé commune de — Canton de — comprenant bâtiments d'habitation et d'exploitation, cours, jardin, verger, terres labourables et prés, le tout d'une contenance de soixante-dix-huit hectares, tel que ledit domaine s'étend, se poursuit et comporte, avec tous ses droits, aisances et dépendances, mais

(1) AMIAUD ET VOLAND, *Commentaire du bail*, Paris, 1901, p. 221.

sans garantie de contenance, les indications du présent
bail étant fournies â titre de simples renseignements et
toute différence en plus ou en moins, excédât-elle un
vingtième, devant faire le profit ou la perte des preneurs
et tel que ledit domaine est actuellement exploité par le
bailleur, étant d'ailleurs bien connu des preneurs qui l'ont
vu et visité en vue des présentes et qui déclarent se contenter de la désignation ci-dessus, et de l'énumération ci-
après,

   A) *Terres de culture ou autres.*
   1° La cour du domaine, d'une contenace de   0.48
   2° Le champ de la Grange, avec ses emplacements de
meules et donjons, de 0.50
   3° Le champ du Corbier, de 1.25.30
   4° . . . .
   5° . . . .
   6° . . . .
   7° . . . .
   8° . . . .
   9° . . . .
   10° . . . .
                                          ____
       Total, trente hectares, çi . . . . . 30.

B) *Jardin. Verger et prés.*
   1° Un jardin, attenant aux bâtiments. de. . 0.95
   2° Un verger, dit champ Gaillard, de . . 0.50.20
   3° Le Grand pré, d'une contenance de . . 4.25.60
   4° La Grande Embouche, de 10.15.25
   5° Le champ vert, de 3.80.50
   6° . . . .
   7° . . . .
   8° . . . .
   9° . . . .
   10° . . . .
                                          ____
       Total quarante-huit hectares, ci . . 48.
soit, au total, la contenance de soixante-dix-huit hectares.

2. *Entrée* et *Sortie*. — L'entrée et la sortie auront lieu au premier mai.

3. *Durée du Bail*. — Le présent bail est consenti pour une durée de neuf années, entières et consécutives qui commenceront à courir le 1er mai 1926 pour prendre fin le 1er mai 1935.

Toutefois, chacune des parties aura respectivement le droit de faire cesser le bail à l'expiration de la troisième ou de la sixième année, à la condition de prévenir l'autre partie de son intention, au moins un an d'avance et par écrit.

Les preneurs ne pourront, en aucun cas, céder leur droit au bail ni consentir des sous-locations sans le consentement exprès et par écrit du bailleur.

Il est stipulé dès à présent que si, à l'expiration du bail, les preneurs restent en possession et jouissance du domaine, sans protestation ni opposition du bailleur, il s'opérera une tacite reconduction, mais seulement d'année en année, et la partie qui voudra faire cesser le bail devra donner congé six mois d'avance et par écrit à l'autre partie.

4. *Etat des lieux*. — A l'entrée en jouissance des preneurs, il sera dressé contradictoirement par les experts des parties, un état de lieux des bâtiments, clôtures, barrières, haies et fossés, mares et abreuvoirs du domaine. Pendant le cours du bail, les preneurs devront conserver le tout en bon état de réparations locatives et d'entretien, et rendre le domaine à la sortie dans le même état, suivant une expertise qui fixera s'il y a lieu, les indemnités à la charge du sortant, pour remettre les lieux en bon état,

indemnités qui seront alors immédiatement exigibles (1).

Les améliorations, créées par les preneurs en cours de bail, dans le domaine, avec ou sans le concours direct du bailleur, seront laissées par eux, à leur sortie, sans indemnité.

5. *Culture des terres, entretien du jardin et du verger.* — Les preneurs laboureront, fumeront et ensemenceront les terres en temps et saisons convenables. Ils devront se conformer au mode de culture déterminé par le bailleur ou son représentant, en ce qui concerne les assolements, les labours, les plantes et semences à employer. Pour ces travaux ils devront se servir des instruments et ustensiles qui leur seront indiqués par le bailleur.

Il devront cultiver avec soin le jardin du domaine, en fournissant à leurs frais les plants et graines potagères et remplaceront aussi, à leurs frais, les arbres et arbustes à fruits, morts ou disparus, en sujets de bonne espèce, qui seront dirigés et taillés chaque année. De même ils devront sulfater les vignes et passer à la chaux les arbres envahis par la mousse ou par les insectes.

L'année de leur entrée, ils pourront commencer à cultiver et emblaver le jardin, et à tailler les arbres et arbustes à fruits, à partir du 1er mars; ils laisseront la même liberté, l'année de leur sortie, aux nouveaux exploitants du domaine.

6. *Direction de l'exploitation.* — Les preneurs demeureront soumis, en cours du bail, à la direction du bailleur, non seulement pour la culture, mais aussi pour les soins

(1) On pourrait adopter également, sur ce point, une des formules qui ont été rapportées ci-dessus (Chap. II, Section 6, p. 136 à 138) sur le bail à ferme, la situation, à cet égard, étant la même pour le métayer, et pour le fermier.

à donner au cheptel vif, l'entretien et la sélection des animaux, et en général, pour tout ce qui concerne l'exploitation du domaine, même s'il doit en résulter des dépenses,
pourvu que ces dépenses soient supportées en commun,
le travail qui sera nécessaire à cette occasion restant à la
charge des preneurs.

7. *Cultures sarclées, betteraves, pommes de terre*, etc... —
Les preneurs devront préparer les terres chaque année,
pour les plantes sarclées, les fumer au fumier de ferme,
semer, donner les façons, faire l'arrachage, rentrer les racines, les mettre en silos ou les loger dans les bâtiments,
le tout à leurs frais exclusifs ; néanmoins, par exception à
la règle et pour encourager cette culture, le bailleur contribuera aux frais des façons de nettoyage et à l'arrachage
à forfait, jusqu'à concurrence de deux cent francs par hectare cultivé, lesquels seront versés ou inscrits au compte
de métayage, au crédit des preneurs, au fur et à mesure de
l'avancement des travaux, et chaque mois par sixième, du
du 1er avril au 1er octobre, le dernier sixième étant acquitté
après la rentrée des racines, des champs aux silos. Faute
d'un bon entretien de cette culture, les betteraves pourront être données par le bailleur, à cultiver à l'entreprise,
à des ouvriers ou journaliers et le propriétaire contribuera
à la dépense, jusqu'à concurrence de la somme fixée ci-
dessus, mais alors sans rien payer au métayer, directement ou indirectement, le tout ainsi que le bailleur en
décidera.

Les semences, les engrais chimiques, les tubercules pour
les pommes de terre, seront au choix du bailleur et seront
fournis à frais communs, même pour les espèces potagères
cultivées dans les champs.

L'emblavure pourra être portée jusqu'au quart des terres

de culture y compris 8o ares de pommes de terre, si le bailleur le juge nécessaire, dont partie en espèces potagères.

Le produit de la récolte sera réservé et consommé en entier dans le domaine, pour l'entretien du cheptel, et l'engraissement des sujets préparés pour la vente, et par exception, quant aux pommes de terre, pour les besoins du personnel du domaine. D'autre part, le bailleur pourra prélever, pour la consommation de sa maison, 6 hectolitres de pommes de terre, 1 hectolitre de carottes potagères, un décalitre de haricots, deux doubles décalitres de choux raves, des espèces choisies par lui, et en produits de bonne conservation.

8. *Cheptels et fonds de lieux.* — A) Les preneurs recevront lors de leur entrée, sur estimation contradictoire des experts et sous les distinctions ci-après, les cheptels laissés par le bailleur dans le domaine pour son exploitation. L'estimation déterminera par la numération, description suivant sexes, catégories, races, poids net, qualité et valeur marchande, la nature et la valeur des cheptels à représenter à la sortie.

B) Le cheptel vif comprendra : 1° une souche de cheptel d'une valeur de dix mille francs, attachée au domaine à titre de cheptel de fer ; le surplus laissé par le bailleur aux preneurs, à titre de cheptel simple, à moitié profits et pertes, devra être acquis par les preneurs pour la moitié, l'autre moitié restant la propriété du bailleur. A cet effet, les preneurs dès avant leur entrée ou à leur entrée, au plus tard, devront verser au bailleur, comme à compte, de condition expresse, la somme de dix mille francs et ils rembourseront au bailleur le surplus de leur moitié du cheptel simple pendant les années subséquentes, sur leur moitié du croît du cheptel simple, pendant les années subséquentes et au moyen de leurs bénéfices annuels, à raison de cinq cents francs au minimum chaque année et jusqu'à complet remboursement, et paieront au bailleur, à la fin de chaque année de bail au premier mai, un intérêt de six pour cent, de la somme restant dûe au premier mai précédent.

C) A la fin du bail le bailleur prélèvera sur l'ensemble du cheptel, garnissant le domaine, préalablement estimé : 1° des animaux à son libre choix, comme espèce, race, âge, poids, sexe et origine, d'abord pour une valeur égale à celle de la souche de cheptel; 2° sa part de moitié du cheptel simple dans le surplus ; ensuite, les métayers prendront leur part s'ils l'ont acquise dans le cheptel simple, soit la moitié, soit la portion qu'ils auront seulement acquise par leurs versements.

S'il y a insuffisance pour faire ces reprises en entier, sur l'excédent de la souche de cheptel, le bailleur et les preneurs exerceront respectivement leurs reprises proportionnellement à leur droit sur ledit excédent.

S'il y a perte, les métayers devront en rembourser immédiatement la moitié au propriétaire.

S'il y a plus-value, par rapport à l'estimation d'entrée, les reprises étant une fois exercées, il y aura partage de cette plus-value par moitié, soit en nature, d'après l'estimation, soit après vente en foire ou aux enchères, le tout au gré du bailleur (1).

(1) La société d'agriculture du Cher avait, sur le même objet, adopté la rédaction suivante :

13. *Cheptel de fer.* — « Le colon recevra sur estimation, à titre de cheptel à moitié profits et pertes, le 23 avril, les animaux de toute nature constituant la souche du cheptel appartenant au propriétaire. (On supposait ici un métayer entrant, succédant à un métayer sortant).

« Si la souche du cheptel présente un excédent, que le propriétaire prenne tout ou partie de la part des sortants, et la laisse, en même

Le bailleur pourra aussi en cas d'excédent, mais sans y être obligé, conserver et retenir, en dehors de sa part, tout ou partie de l'excédent des bestiaux auxquels les métayers pourraient prétendre, en payant aux métayers la moitié de la valeur des bestiaux qu'ils auraient ainsi conservés, au surplus de la souche de cheptel (1) et de leurs reprises.

temps que la sienne, dans le domaine, les colons entrants rembourseront la moitié de la totalité de l'augmentation de la souche de cheptel.

(Ainsi, dans ce texte, on ne s'explique pas sur le caractère de la souche ou de l'excédent, mais on semble considérer le tout comme cheptel simple, puisqu'on déclare que le cheptel est à moitié profits et pertes. Cependant, dans un article subséquent (art. 21) on stipule : « les bestiaux et objets divers, donnés en cheptel, sont immeubles par destination ». Ce qui semble bien reconnaître au cheptel vif, ou à la souche de cheptel tout au moins, le caractère de cheptel de fer. Il a paru préférable de s'expliquer nettement, à ce sujet, dans le bail modifié).

« L'article 13 poursuit ainsi : « Les entrants pourront prendre possession de ce cheptel le jour même du terme, que l'estimation soit faite ou non, c'est aux entrants à se faire délivrer les bestiaux au 23 avril. A la sortie des colons, l'estimation comprendra tous les bestiaux existants dans le domaine.

« S'il y a excédent sur la souche, le propriétaire peut garder outre sa part, tout ou partie de celle des sortants.

« Le propriétaire aura le droit de choisir les bêtes de chaque espèce à sa convenance, dans le cas où il ne garderait pas toutes celles existant dans le domaine.

« Le surplus, si les colons ne veulent l'enlever en tout ou partie pour le prix de l'estimation, sera vendu dans l'intérêt commun par le propriétaire à la plus prochaine foire.

« Le propriétaire et les entrants devront aux colons sortants la moitié de la valeur estimative de tous les animaux qui auront été retenus en sus de la souche et la moitié du prix de vente du surplus. S'il y a perte, les colons devront en rembourser la moitié au propriétaire.

(1) Un autre bail à métayage, pour la même région, en 1924, relatif à un domaine de 154 hectares, et pour 12 ans de bail, contenait sur le même objet des cheptels, les clauses suivantes :

« Les preneurs recevront à leur entrée, en cheptel simple, à moitié profits et pertes :

« La souche de cheptel vif à rendre par les fermiers sortants, pour une somme de 11.500 fr. de fumiers, pour 2.100 fr., des fourrages et pailles pour 1.150 fr.

9. *Fumiers, pailles, foins, légumes, denrées pour la nourriture du cheptel.* — Les métayers recevront sur estimation, en cheptel à moitié profits et pertes, à l'entrée, les fumiers, pailles, foins et légumes de la précédente récolte, les denrées et approvisionnements pour la nourriture du cheptel, existant encore dans le domaine, à leur sortie, ils devront représenter pareillement tous les objets de même nature existant dans le domaine, s'il y a un déficit sur la valeur, ils devront en payer la moitié, s'il y a un excédent, la moitié leur en sera remboursé en argent ou abandonnée en nature, au choix du propriétaire. La dernière année, les métayers ne pourront plus employer les fumiers du domaine qu'avec le consentement exprès du propriétaire et pour l'usage convenu d'accord.

« Les preneurs sont subrogés par le bailleur pour faire rendre par les métayers actuels les cheptels, fonds de lieux garnissant le domaine.

« En outre le bailleur s'engage à augmenter les cheptels ci-dessus d'une portion du croit qui sera constaté à la sortie des métayers actuels

« Les preneurs apporteront tous les bestiaux de bonne qualité qu'ils peuvent avoir en leur possession et qui seront acceptés facultativement par le bailleur.

A l'entrée en jouissance des preneurs il sera dressé par deux experts, un état contenant une description détaillée par catégorie, qualité et poids, de tous ces animaux, et ensuite, sera établi la différence exposée par catégorie et qualité entre les animaux fournis par le propriétaire, et et ceux apportés par les métayers. L'excédent en poids fourni par le propriétaire constituera la souche de cheptel à moitié profits et pertes, le surplus sera considéré de part et d'autre comme croit.

« Quand aux juments et effets morts, les experts les consigneront à part sur un état estimatif faisant suite au premier et non en poids.

« Lors de la sortie, le bailleur prélèvera des bêtes de chaque espèce, à son choix, jusqu'à concurrence du poids des animaux de chaque catégorie constituant le fonds du cheptel.

« L'excédent, après prélèvement, sera partagé par moitié ; si, au contraire, il y a perte, elle sera supportée dans la même proportion, La moitié de la perte à la charge des preneurs, devra être remboursée de suite au bailleur.

Enfin dans un bail de 1925, de la même région, pour un domaine de

10. Garde et nourriture des animaux, tonte, saillies, vétérinaire, affranchisseur. — Les frais de garde et d'entretien du bétail seront à la charge des métayers. Ils devront tenir constamment en bon état tous les animaux du domaine. Ils réserveront sur leur part de récolte, la totalité du moins nécessaire à l'entretien des animaux, spécialement des chevaux, pour leur moitié, des dindes, des oies, et la moitié de ceux qui seront nécessaires à la nourriture des animaux mis à l'engrais, des truies mères, des jeunes porcs et des agneaux.

Dans le cas où, pour l'entretien ou l'engraissement du bétail, il serait nécessaire, en dehors des fourrages produits par le domaine, de se procurer des denrées alimentaires quelconques, le prix de ces denrées serait supporté par moitié, mais les métayers devraient supporter seuls les

140 hectares, on trouve quant au cheptel, la formule simplifiée suivante:
« Les preneurs recevront à l'entrée, sur l'estimation contradictoire des fermiers sortants :

« Des bestiaux de toute nature pour une valeur de 9.500 francs qu'il tiendront à titre de cheptel simple, à moitié profits et pertes.

« A la sortie, il sera fait une estimation contradictoire de tous les bestiaux garnissant le domaine, le bailleur en prélèvera à son choix une somme égale de 9.500 fr. valeur de fonds par lui confiée aux preneurs.

» S'il y a excédent, le surplus sera partagé par moitié, si au contraire il y a déficit sur les cheptels confiés aux preneurs ce déficit sera supporté par moitié par les parties, et la moitié à la charge des preneurs sera immédiatement remboursée par eux au bailleur.

En cas d'excédent, le bailleur se réserve le droit, mais sans y être astreint, de conserver ou retenir tout ou partie des bestiaux qui garniront alors le domaine, en payant aux preneurs la moitié de la plus value des bestiaux qu'ils auront conservés en surplus de la souche de cheptel.

D'autres baux spécifient encore sur le cas de perte partielle : « en cas de perte, par cas fortuit, sans la faute des preneurs, ceux-ci devront rendre compte des peaux » ce qui se rapporte à un ancien usage déjà relevé dans la coutume de Berry.

Enfin des baux prennent soin de stipuler, quant au cheptel, rendu à la sortie : « Les preneurs ne pourront engraisser les bêtes rendues par eux ; ces bêtes devront être simplement en bon état et de qualité normale ».

frais de transport de la gare du chemin de fer, ou des magasins du fournisseur régional au domaine.

La *Tonte* des moutons sera faite, d'un commun accord, au jour fixé ou accepté par le bailleur qui paiera la moitié du salaire des tondeurs, lesquels seront nourris par les métayers.

Les épingles reçues lors des ventes d'après les usages et les tarifs actuels, resteront aux métayers qui supporteront seuls les droits d'entrée et de stationnement aux foires, ainsi que leurs frais personnels de déplacement.

Les épingles fournies, lors des achats, seront supportées par moitié.

Le bailleur supportera la moitié des frais des saillies des juments par un étalon accepté par lui, ainsi que des frais d'inscription des animaux au *Herd-Book* et au *Stud-Book*, la nourriture de l'étalon et du palefrenier sera supporté, pour l'étalon par le domaine, pour le palefrenier par les métayers.

11. *Elevage. Laitage.* — Tous les produits du cheptel, bien conformés, devant être élevés, sauf décision contraire du bailleur, tout le lait des mères leur sera exclusivement réservé, jusqu'à l'époque normale du sevrage qui sera fixé par le bailleur.

Les métayers n'auront le droit de tirer du lait, et, pour les besoins du domaine et du personnel seulement, que d'une vache dont le veau aurait été perdu ou vendu et non remplacé. Ils auront cependant le droit de traire les vaches, après le sevrage des veaux, mais sans abus, et, en principe, pour les besoins du domaine seulement. Ils ne seront autorisés, en conséquence, à vendre du beurre et des produits du laitage, qu'après le 15 novembre de chaque année et jusqu'au début d'une nouvelle série de vêlages.

12. *Porcs.* — Les métayers n'auront point le droit d'élever ou d'engraisser des porcs, pour leur profit ou usage personnel et exclusif.

Néanmoins, si, d'un commun accord, on avait, au domaine, nourri et préparé pour la vente plusieurs élèves de la porcherie, les métayers pourront être autorisés, sur leur demande, à abattre un de ces porcs, de 80 kilos, poids vif, au maximum, pour la consommation du domaine, et sans le droit d'en vendre.

Dans ce cas, l'animal serait préalablement pesé et estimé d'un commun accord, et les métayers paieraient la moitié de sa valeur. Ils devraient en outre remettre au bailleur, sur cet animal, un cuissot, propre à faire un jambon ou 4 kilos de viande nette dans les bons morceaux, et en outre, un kilo et demi d'andouillettes et de boudin, si les métayers préparaient ou faisaient préparer ces produits pour eux-mêmes, au domaine.

13. *Jouissance des arbres et haies.* — Les preneurs auront le droit d'élaguer tous les ans les arbres têtards qui ont coutume d'être ainsi traités, mais par sixième et sans cumul ; ce travail devra être terminé au 1ᵉʳ mars.

Le produit de cette coupe servira d'abord à l'entretien des haies et clôtures, et subsidiairement, au chauffage des preneurs, sans que l'excédent puisse être vendu ni emporté.

Ils livreront gratuitement, chaque année, au bailleur, en rondins, deux stères de 33 centimètres de longueur.

Le bailleur se réserve l'élagage des arbres de haute futaie qu'il fera à sa convenance.

Les preneurs respecteront, dans les haies et plessis, et laisseront pousser les jeunes pousses d'arbres bien venants et de bonne essence, propres à faire des têtards ou des arbres de haute tige.

Si, à la sortie, les preneurs laissent du bois non employé, il leur en sera tenu compte, ainsi que de la façon des fagots non employés, à dire d'experts.

14. *Entretien, réparations, constructions.* — Les preneurs devront entretenir en bon état de réparations locatives les bâtiments du domaine, ils souffriront les grosses réparations nécessaires, faites par le propriétaire, quelle que soit leur durée. Ils passeront, au lait de chaux, au moins une fois l'an, l'intérieur de toutes les étables et écuries du domaine, ainsi que les mangeoires et rateliers ; en cas de maladies contagieuses, ils prendront les mesures de désinfection ordonnées par le vétérinaire ou par le bailleur.

15. *Exploitation.* — Les preneurs auront constamment, dans le domaine, pour les besoins de l'exploitation, le personnel nécessaire, agréé par le propriétaire et qui comprendra au moins quatre hommes valides en plus des preneurs.

Ils ne devront ni sous-louer ni occuper le personnel en dehors du domaine.

16. Le bailleur aura le droit de faire tous échanges concernant les parcelles du domaine, de prendre le terrain nécessaire pour l'ouverture, l'aggrandissement ou le redressement des chemins, routes ou avenues, sauf rétablissement des clôtures à la charge du bailleur, et réduction proportionnelle de la prestation colonique, stipulée ci-après, si la perte du terrain excède un hectare.

Les preneurs souffriront, sans indemnité, que le bailleur fasse extraire de la pierre ou des minerais ou établisse temporairement des dépôts de bois, pierres ou autres matériaux, dans une partie quelconque du domaine, sauf à in-

demniser les métayers pour moitié, de la perte de récolte
en résultant.

17. *Assurances.* — Les preneurs seront tenus d'assurer
leur mobilier et leur matériel contre l'incendie, ils devront
aussi s'assurer, à leurs frais, contre le risque locatif ; à moins
que le bailleur ne préfère assurer directement lui-même ce
risque, en même temps que les bâtiments du domaine,
auquel cas les preneurs paieront la moitié de la prime
totale.

Chaque année, d'après les indications du bailleur, la récolte en terre sera assurée contre la grêle et les preneurs
supporteront la moitié de la prime.

L'assurance contre l'incendie des bestiaux, foins, pailles
et récoltes, mises en meules ou dans les bâtiments, sera
contractée à frais communs par les soins du bailleur.

Il sera contracté aussi, par les soins du bailleur, une
assurance contre les accidents du travail pour le personnel
de l'exploitation, y compris les métayers, la prime sera
acquittée par le bailleur, mais les métayers en rembourseront les deux tiers, directement ou par inscription au
compte de métayage.

Les métayers devront constamment faire connaître au
bailleur la composition du personnel de domestiques et
ouvriers ou journaliers agricoles, à peine de demeurer
personnellement responsables de la totalité des indemnités.

L'assurance accidents devra comprendre les accidents
causés aux tiers, par les animaux ou le matériel du domaine, soit dans le domaine soit au dehors, pour les foires
ou dans toutes autres circonstances.

18. *Battages.* — Si le battage se fait à la journée, le bailleur paiera la machine à battre et le charbon. Tous les

ouvriers seront à la charge, en salaires et en nourriture, des métayers qui nourriront aussi les mécaniciens, ainsi que le garde ou « l'ouvrier de maître » chargé de surveiller le battage et le partage des grains, dont le salaire restera à la charge du bailleur. Les ouvriers du métayer devront monter les sacs dans les greniers s'il n'y a vente immédiate, auquels cas, ces ouvriers chargeront les voitures. Pour les graines de prairies artificielles, le battage, fait à l'entreprise, à la mesure ou au poids, sera supporté par moitié y compris la nourriture du personnel qui sera fournie par les métayers à un prix débattu. S'il y avait insuffisance des ouvriers engagés et occupés au battage, le bailleur pourrait les augmenter en nombre aux frais des preneurs. Les métayers rouleront sans indemnité, la part du bailleur, dans un rayon de 15 kilomètres.

Dans tous les cas, les métayers feront, à leurs frais, la conduite des machines, d'après les conditions de l'entrepreneur de battage.

Le partage des grains, lors du battage, se fera par moitié, soit à la mesure, au double décalitre ou à l'hectolitre, soit au poids, aux 80 ou au 100 kilos, selon les instructions du bailleur, ou les exigences de l'acheteur de la récolte.

19. *Prairies naturelles et artificielles.* — Les prairies naturelles seront entretenues constamment en bon état, à faulx courante, les clôtures, fossés, barrages, barrières, abreuvoirs, rigoles d'irrigation ou d'assainissement toujours en état de servir. L'année de la sortie, il ne sera point mis de bétail avant le 1er mai, dans la moitié au moins des prés, sauf autorisation spéciale du bailleur.

Les preneurs devront semer au printemps qui précédera leur entrée en jouissance, en temps convenables, sur le tiers au plus des terres emblavées en céréales d'hivers et en grains de printemps, désignés par le bailleur, des graines de prairies artificielles qui seront hersées et roulées par le bailleur sans indemnité.

A leur sortie, ils souffriront que les entrants fassent les mêmes semis dans les mêmes conditions et ils seront tenus de herser et rouler sans indemnité.

Les prairies artificielles seront prises et rendues sur estimation au 11 juin. Les preneurs devront la moitié du déficit, s'il en existe. En cas d'excédent il leur sera payé la moitié de la valeur.

20. *Assolements.* — Les preneurs devront laisser les terres cultivées suivant les tournures existant à l'entrée, ou établies au cours du bail, d'après les intentions du propriétaire qui pourra exiger, l'année de la sortie, qu'il n'y ait pas plus du quart des terres emblavées en céréales d'hiver.

21. *Amendements. Engrais.* — Les amendements et engrais seront payés par moitié, mais les métayers les rouleront, conduiront et en feront l'emploi et l'épandage à leurs frais.

22. *Semences.* — Les preneurs devront réserver sur leur part de récolte, les quantités nécessaires aux semences, qui seront fournies par moitié. Les métayers devront passer toutes les semences de céréales au tarare et au trieur, avant l'emploi. Le bailleur aura le droit de renouveler toutes les semences par des échanges ou par des achats qui seront payés en commun.

23. *Dernière récolte.* — La récolte pendante par racines, à l'entrée et appartenant au bailleur, sera laissée à la disposition de l'association formée par les métayers et par le preneur dans les conditions ci-après : cette récolte sera traitée, pour les travaux de la moisson, comme la récolte d'une année ordinaire, au cours du bail, mais au battage

le bailleur aura droit au trois quarts, les métayers auront droit au quart seulement des grains obtenus, pour tenir compte à ceux-ci de leurs frais de moisson. Les pailles, balles et vantins demeureront au domaine.

Il en sera de même à la sortie, si les mêmes conditions sont imposées au nouvel exploitant, c'est-à-dire que les métayers sortants et propriétaire auront droit, en commun, aux trois quarts de la récolte et le nouvel exploitant au quart, dans le cas où ce nouvel exploitant aurait accepté ces mêmes conditions. Dans le cas contraire, et si le nouvel exploitant ne consent pas à prendre et payer la récolte pendante par racines, suivant estimation, on se conformera aux usages locaux ainsi qu'il suit :

Le fermier ou métayer entrant, ou le propriétaire, fournira gratuitement les voitures attelées et le charretier pour les charrois des récoltes du sortant dans les granges et hangars ou sur le lieu de la mise en meule. Le charretier aidera au chargement et déchargement des voitures.

Jusqu'après la récolte et le battage et au plus tard jusqu'au 15 octobre, l'entrant laissera au sortant la disposition de la lassée de la grange et du hangar aux récoltes, pour les gerbes non battues, celle d'un grenier et d'une chambre pour les ouvriers ainsi que place pour ceux-ci au feu et à la table. Enfin les chevaux seront reçus dans l'écurie du domaine, quand ils viendront chercher les grains.

Lors du battage des céréales l'entrant fournira, à ses frais, quatre hommes pour l'entassement des pailles battues et des balles.

24. *Prestation colonique.* — A raison de l'importance du cheptel confié aux métayers, et de l'étendue des prairies naturelles par rapport aux terres de culture, la part du

propriétaire dans les produits du domaine sera augmentée d'un commun accord, ainsi qu'il suit :

Sur le produit du battage, le propriétaire prélèvera, avant tout partage, cinq quintaux de blé, qualité marchande, et 5 quintaux d'avoine d'hiver aussi de qualité marchande.

Sur le produit de l'élevage, le propriétaire aura droit, hors part, à un quintal de viande, bœuf, vache ou jeune bête. première qualité, poids net, au moyen de l'attribution au propriétaire au compte de métayage, de la part proportionnelle du prix de vente d'une des bêtes ou d'un lot de bêtes de cette catégorie et qualité, dans le cours de l'année, à la suite de la vente en foire, à prix débattu ou de vente au marché de la Villette à Paris.

En cas de désaccord sur l'application de cette clause, qui sera faite provisoirement, conformément aux indications et calculs du propriétaire, le différend sera porté devant deux experts-arbitres, choisis par les parties. lesquels réviseront s'il y a lieu cette application sur le compte de métayage de l'année suivante, en tenant compte des cours moyens des céréales et de la viande dans le cours de l'année écoulée, d'après les mercuriales officielles du marché aux grains et du marché de la Villette, de Paris.

25. *Comptabilité*. — Les comptes de métayage seront établis par le propriétaire, réglés à l'échéance de chaque année et signés par les parties. Le propriétaire passera sur le carnet des métayers, des écritures conformes à celles de son registre.

Si les métayers ne savent ou ne peuvent écrire au moment de ce règlement, le livre du propriétaire fera foi comme étant le livre de l'association.

Il sera fait chaque année, du 1er avril au 1er mai, un inventaire estimatif du cheptel vif, aux cours du jour, au moyen d'une expertise dont les frais seront portés au compte de métayage par moitié.

Il sera fait également, à la même époque, et dans les mêmes conditions, un inventaire des effets morts et fonds de lieux pour en connaitre et en juger l'importance et la valeur ; et un examen et recensement du matériel pour s'assurer qu'il est complet, suffisant et bien entretenu.

26. Les preneurs ne pourront prétendre à aucune indemnité ni diminution des charges du bail, pour cause de gelée, grêle, sécheresse, épizootie, ou tout autres cas, ordinaires ou extraordinaires, prévus ou imprévus.

27. *Clause résolutoire.* — En cas d'inexécution dé l'une quelconque des conditions du bail, de refus, de résistance ou d'inertie quant à l'exécution de ces conditions ou des prescriptions du propriétaire, le présent bail sera résilié et le compte de métayage arrêté et le domaine continuera à être exploité jusqu'au 1ᵉʳ mai suivant, par des domestiques, ouvriers ou journaliers qui prendront possession des locaux, sous la direction et surveillance du propriétaire ou de son représentant avec le cheptel et le matériel existant dans le domaine. Il sera tenu un compte de recettes et de dépenses propre à fixer les droits des parties, sur le partage par moitié du produit net de l'exploitation pendant cette période. Des estimations de sortie seront faites à la fin de cette année qui sera l'expiration du bail, comme il a été prévu ci-dessus.

Si les parties se ravisaient et remettaient en marche l'exploitation par métayage, l'année en cours une fois écoulée, le bail ne se continuerait plus que d'année en année, ainsi qu'il a été dit ci-dessus à l'article 3.

28. *Matériel d'exploitation.* — Les preneurs seront tenus

de se pourvoir et de conserver sur le domaine tout le matériel de culture, de récolte et d'exploitation nécessaire.

Si le bailleur, sans y être tenu, livrait cependant aux métayers, à leur entrée, partie du matériel actuellement en service dans le domaine ou si, au cours du bail, il voulait introduire dans l'exploitation des machines, instruments ou appareils perfectionnés, les preneurs recevraient ce matériel sur estimation, ou à prix coûtant, et le rendraient de même à la sortie sur estimation, et s'il y avait déficit d'après cette dernière estimation, ils en seraient comptables pour le tout.

29. *Faisances*, et menus suffrages. Les preneurs fourniront chaque année au bailleur, comme supplément de part, et à titre de menus suffrages:

   1° . . . (volailles)
   2° . . . (beurre)
   3° . . .
   etc...

30. *Fruits.* — Tous les fruits pendant par branches, produits du jardin et du verger appartiendront aux preneurs qui toutefois remettront au bailleur, sur cette récolte :

   1° . . . (noix)
   2° . . . (pommes)
   3° . . . (poires)
   etc.. . . (prunes)

31. *Impôts.* — Les preneurs acquitteront, en outre de leurs contributions personnelles, les prestations en nature ou en argent afférentes au domaine, ou toutes autres contributions analogues basées sur la valeur locative foncière, bâtie ou non bâtie du domaine, qui seraient établies pour lui en tenir lieu ou comme nouvelle charge fiscale non personnelle du bailleur.

32. *Chasse.* — Le bailleur se réserve expressément le droit de chasse sur les parcelles du domaine.

33. *Enregistrement.* — Pour baser la perception de l'enregistrement seulement, les parties évaluent à seize mille francs la part annuelle, revenant au bailleur, dans les produits de toute nature du domaine, y compris le croît du cheptel, les menus suffrages et les charges, ainsi que la prestation colonique.

34. *Frais* — Tous les frais et honoraires des présentes y compris le coût d'une grosse pour le bailleur seront à la charge personnelle et directe des preneurs.

35. *Domicile.* — Pour l'exécution des présentes, les parties élisent domicile en l'étude de M^e   notaire à

CHAPITRE IV

————

AUTRES FORMES DU BAIL

Observation liminaire. — On n'a pas toujours eu des législateurs, occupés à préparer et promulguer des lois, selon les besoins, vrais ou supposés du moment. Mais les agriculteurs ont existé, de tout temps, pour exploiter le sol et en tirer les produits.

Aussi, la simple coutume, durant des siècles, pour répondre aux besoins et aux convenances des agriculteurs, pasteurs ou éleveurs, tenanciers ou exploitants de la terre et des fonds ruraux, distincts des propriétaires, ou maîtres du sol, la simple coutume a-t-elle suffi pour établir divers modes de jouissance du sol, aujourd'hui à peu près disparus, mais dont il reste des vestiges ou des souvenirs, qu'il est intéressant de rappeler ici, ne serait-ce qu'à titre de comparaison avec le bail à ferme et le bail à métayage qui, en apparence, ont seuls subsisté.

§. 1 — Emphytéose.

Telle fut l'emphythéose ou bail emphythéotique que les civilisations grecque et romaine ont connu et que le droit coutumier français a réglementé.

Guy Coquille, traitant de la tenure féodale, connue dans le Nivernais sous le nom de *Bordelage*, dit que cette tenure a beaucoup de propriétés tirées de « l'emphyteuse » des Romains car elle se disait proprement, ajoute-t-il, quand un seigneur baillait son héritage, désert et inculte, à la charge de l'amander, pour utilité perpétuelle, et l'entretenir ». De son côté, Merlin l'a définie « une convention par laquelle le propriétaire d'un héritage en cède à quelqu'un la jouissance pour un long temps, et même à perpétuité, à la charge d'une redevance annuelle, que le bailleur se réserve sur cet héritage pour marque de son domaine direct ». (Répertoire, Ve Emphythéose).

Ainsi qu'on le voit, cette forme du bail correspond à un état encore peu avancé de l'exploitation du sol, et comportait une concession à très long terme, avec un loyer ou redevance modique, afin que le preneur acceptât et eut la possibilité d'y faire des travaux destinés à l'améliorer, travaux que le propriétaire pouvait conserver pour en tirer profit à l'expiration du bail, sans avoir à payer aucune indemnité.

Anciennement pourtant, l'emphythéote pouvait enlever les constructions qu'il avait faites volontairement, mais à la condition de ne pas dégrader l'héritage. On a déjà vu plus haut (v. Ch. I) qu'une loi de 1790 avait, par réaction contre la coutume, réduit la durée de l'emphythéose à 99 ans.

Cette forme du bail, très critiquée par les économistes, peu en rapport avec les mœurs modernes, a été, d'année en année, en voie de disparition ; cependant le Code rural (L. du 25 juin 1902) l'a réglementée, car elle peut encore être utile pour la mise en valeur de très grandes propriétés, qui ne trouveront point preneur aux conditions habituelle du bail à ferme ou à métayage.

Actuellement on aurait tendance à spécifier dans le bail, ainsi que cela est permis, les améliorations que devra faire l'emphytéote et à en réserver la propriété au bailleur, à la sortie, sans indemnité, mais la clause contraire peut se concevoir également.

L'emphythéose se distingue par une grande liberté de disposition et de jouissance réservée au preneur, à ce point que celui-ci peut sous-louer et même hypothéquer. C'est pourquoi on a pu considérer que l'emphythéose était un véritable droit réel et que ce bail d'une durée d'au moins dix-huit ans, était un acte de disposition, et par suite se trouvait soumis à la formalité de la transcription, comme la vente ou la donation.

L'emphytéote pourrait d'ailleurs consentir à des tiers, non seulement une sous-location, mais aussi un bail à ferme de partie de la propriété, naturellement, dans la limite de la durée du bail emphytéotique.

L'emphytéote possède aussi le droit de chasse et de pêche (L. du 25 juin 1902, art. 12).

D'autre part, ainsi que dans le bail à ferme, le bailleur peut invoquer, pour garantir le paiement de la redevance annuelle ou *canon*, le privilège établi par l'art. 2102 1° du Code civil sur les meubles du preneur et sur la récolte de l'année.

L'emphytéose, qui ne peut se prolonger par tacite reconduction, pourrait être résolue, à la demande du bailleur, pour abus de jouissance, ou détériorations graves, inexécution du contrat, ou défaut de paiement de la redevance (anciennement on disait après un délai de trois ans sans paiement, aujourd'hui on devrait dire après un arriéré de deux ans (L. de 1902, art. 5). Toutes les contributions, ordinaires et extraordinaires, qui pèsent sur la propriété sont à la charge de l'emphytéote.

Enregistrement. — Les baux emphytéotiques sont enregistrés au droit de o. 20 pour cent sur le montant des redevances, lors de la constitution de l'emphytéose, mais les mutations ultérieures du droit réel une fois constitué donnent lieu au droit perçu sur les mutations de propriétés immobilières (L. 1902, art. 14).

§ 2 — Bail à Domaine Congéable.

Un des contrats, imaginés autrefois et réglés par les coutumes et usages, était le bail ou louage à domaine congéable. Ayant survécu à la Révolution qui avait voulu abolir toutes les tenures d'origine féodale, ce bail est encore pratiqué dans plusieurs départements de Bretagne, le Finistère, le Morbihan et les Côtes-du-Nord. Mais on lui a reconnu assez d'utilité et de valeur pour une application plus répandue sur le territoire, et on l'a réglementé, en conséquence, à nouveau, par une loi du 8 février 1898.

On trouve, dans ce contrat, comme dans l'emphytéose, un moyen d'attacher à une terre pauvre ou inculte, un tenancier qui ne voudrait ou ne pourrait point la prendre, comme fermier ou comme métayer, mais qui l'accepte, à titre de concession, et moyennant le paiement d'une *rente* peu élevée appelée *rente convenancière*, accompagnée de prestations de peu d'importance, par exemple, en blé, beurre ou volailles.

Si, dans ce contrat un peu primitif, le bailleur de la terre ou *foncier*, demeure propriétaire du fonds rural, le preneur, appelé *domanier* ou *colon* conserve ainsi, à titre de propriétaire les travaux qu'il exécute sur le fonds, les constructions qu'il y élève, les plantations qu'il y fait. En somme, le foncier n'a plus que le sol nu et les arbres qui y poussent naturellement, avec son droit à la rente et aux prestations.

L'intérêt qu'on portait au sort assez misérable du *domanier*, lui a fait enfin reconnaître, après quelques contestations, le droit de se retirer du fonds, ou déguerpir, s'il trouvait la rente convenancière trop lourde pour lui. C'est ce qu'on appelait *faire exponse*, et l'expression a passé dans la loi de 1897, art. 1, qui consacre ce droit.

L'exponse était d'ailleurs corrélative du *droit de congément*, reconnu au propriétaire, qui pouvait ainsi congédier le domanier, à charge de lui payer des droits réparatoires ou convenanciers. On avait seulement introduit l'usage des *baillées d'assurance* par lesquelles le *foncier* renonçait pour un temps à l'exercice du droit de congément, baillées qui étaient l'occasion de la perception d'un pot de vin ou commission.

En cas d'exponse, les droits réparatoires ou convenanciers sont fixés par des experts. La loi de 1897 a posé des règles pour la détermination de la plus-value acquise par le fonds (art. 3).

Le domanier peut renoncer à perpétuité à son droit d'exponse (art. 9).

L'avantage de ce contrat consistait dans l'encouragement qu'il donnait au domanier à faire sur le fonds tous les travaux et frais nécessaires pour le mettre en valeur et l'améliorer, étant d'autre part assuré que, s'il n'en devenait pas lui-même dans l'avenir, propriétaire, fermier ou métayer, il serait tout au moins indemnisé pour la plus-value qu'il aurait donnée à ce fonds.

On voit par là, que l'ancien droit et la coutume avaient ainsi réalisé déjà par avance, pour des exploitations très modestes sans doute, la théorie moderne si discutée de l'indemnité, de plus-value à payer au fermier sortant.

§ 3. — Bail à Complant.

Le contrat de bail à complant appelé parfois bail à complant nantais est aussi une survivance de l'ancien droit et des vieilles coutumes, il est d'ailleurs fort peu usité, et on a pu prétendre qu'il était confiné dans une partie de la Loire-Inférieure sur la rive gauche de la Loire, dans le Maine-et-Loire et la Vendée. Enfin, il est spécial aux terrains plantés de vignes ; on considérait d'ailleurs autrefois que la culture de la vigne était la seule qui convint au sol de l'ancien comté nantais. De cette spécialité on a voulu tirer cette conséquence que si le terrain est cultivé autrement, au commencement du bail, le preneur est tenu d'en faire un vignoble ou une pièce de vigne. Cela explique que le contrat est, de sa nature, perpétuel, ce qui est le cas de la plupart des baux de cette nature, qui ont existé de temps immémorial. Il ne comporte pas non plus de prix proprement dit, comme le bail à ferme, mais une redevance en nature ou « *devoir* », généralement le tiers ou le quart de la récolte, par quoi il ressemble au métayage.

Comme le domaine congéable, cette tenure a du être, à l'origine, un moyen d'exploiter et de mettre en rapport une terre négligée ou inculte, pour un cultivateur ou vigneron, qui ne pouvait devenir, lui-même, ni propriétaire ni fermier.

Ce bail ne comprenait point la propriété foncière, il se bornait au plant, à la superficie, suivant l'expression des auteurs bretons. La conséquence logique et rigoureuse de ce principe, était que si la vigne périssait, le droit du preneur s'éteignait, de plein droit et par la force des choses.

Ce caractère du contrat devait l'exposer ou exposer les

fermiers à de dures épreuves, lors de l'invasion du phyllo-
xéra, qui entraîna la disparition d'un si grand nombre de
vignes.

Des propriétaires, en présence de leur vigne dévastée ou
sur le point de disparaître, voulurent rentrer en possession de leur terre pour en disposer autrement.

Il fallut qu'une loi du 8 mars 1898 vint donner au colon
de la vigne le droit de la reconstituer et de maintenir ainsi
le bail à complant sans modification.

Un délai de quatre ans fut accordé pour la reconstitution
et on considéra comme reconstituée la vigne dans laquelle
la replantation et le greffage des plants étaient exécutés.
En attendant, le colon pouvait cultiver et amender le sol,
en payant une redevance calculée à raison de 35 francs par
hectare. Le colon pouvait aussi céder son droit à un tiers.

CHAPITRE V

———

CONCLUSIONS

*Du choix à faire entre les divers modes d'exploitation des.
biens ruraux et les formes du bail.*

Observation. — Au moment de conclure, c'est-à-dire
d'apprécier, de juger les divers modes d'exploitation et
les formes du bail, et de faire un choix, il paraît nécessaire
tout d'abord de formuler des observations et des réserves
faciles à comprendre.

Différence des points de vue. — D'une part, quels que
soient les mérites ou les défauts de tel ou tel mode d'exploitation, on reconnaîtra que l'appréciation qu'on en doit
faire, variera selon qu'on se placera au point de vue du
propriétaire, ou au point de vue de l'exploitant du fonds
rural.

D'autre part, il paraît difficile de décider, d'une manière
abstraite et théorique, que tel mode d'exploitation est par
lui-même, à raison de ses avantages, supérieur à tout
autre, et doit par conséquent, être préféré et adopté par
tout propriétaire de biens-fonds, comme par tout exploitant. Car il y a évidemment à tenir compte de leur condi-

tion, comme des sentiments des personnes, de la situation
locale, comme des conditions économiques du moment.

Rôle et exigences du propriétaire. — Que le point de vue
du propriétaire soit bien particulier, il n'y a rien là qui
doive étonner. On peut même aller plus loin, en disant
qu'il est divers. Car il y a des différences entre les conditions, les habitudes et la mentalité des propriétaires de
fonds ruraux. Sans doute, tout propriétaire a la préoccupation d'obtenir de sa terre, une rente élevée et suffisante,
c'est-à-dire en rapport avec la fertilité de cette terre, et
aussi avec ses propres besoins, que la rente du sol, élément
de son revenu, doit lui permettre de satisfaire.

Propriétaire capitaliste. — Mais il faut distinguer le
propriétaire capitaliste, étranger à la terre, laquelle est
uniquement, pour lui, un capital susceptible de produire
un intérêt régulier chaque année. Pour lui, le fermage
sera sûrement le mode d'exploitation le plus recherché,
et qu'il préférera à tout autre. Si son domaine est situé
dans un pays riche et peuplé, la concurrence entre fermiers lui permettra d'obtenir, comme prix de fermage,
une rente élevée et susceptible d'augmentation dans l'avenir ; et, pourvu que ce prix soit régulièrement payé, et
que les conditions générales du bail soit observées, au dire
de son garde ou de son régisseur, il n'ira pas, lui-même,
s'assurer sur place, de la façon dont le domaine est réellement exploité, ni si la prospérité apparente de sa terre ne
compromet pas sa fertilité à venir. De son côté, l'exploitant appréciera fort la liberté que le bail à ferme lui laisse ;
laissant de côté toute préoccupation quant à l'amélioration du domaine, à plus ou moins longue échéance,
il s'arrangera, sans beaucoup de scrupules, et sans en-

traves, de manière à tirer de la terre les plus grosses et les plus avantageuses récoltes.

Propriétaire améliorateur. — Mais il y a aussi le propriétaire qui est, au contraire, attaché à la terre, ami des champs et des prés, des arbres et des animaux, ayant la volonté de conserver et de faire produire, mais également d'améliorer son capital foncier, d'en jouir même, autrement que par le revenu qu'il procure.

Celui-ci ne se contentera pas de recevoir un fermage même élevé, avec régularité. Il se préoccupera de la façon dont son domaine est exploité, de l'état dans lequel l'exploitant le lui rendra un jour, soit qu'il veuille alors l'exploiter lui-même, soit qu'il songe déjà à un mode d'exploitation différent par autrui. Ce propriétaire sera plutôt en méfiance vis-à-vis du fermier entreprenant, qui se flattera de faire produire au domaine un produit supérieur à celui qu'il a déjà fourni, mais qui, en même temps, affichera son désir ou son besoin d'indépendance et qui fera comprendre si même il ne l'annonce formellement, qu'il veut être libre de diriger l'exploitation à son gré, sachant mieux que le propriétaire lui-même ce qu'il convient de faire.

Dans cette occurence, le propriétaire réfléchira avant de se lier les mains vis-à-vis d'un fermier à prix d'argent, et si les circonstances ne lui permettent pas d'exploiter, lui-même, son domaine, en régie, ou en faire-valoir direct, il sera plutôt disposé à écouter les propositions d'un métayer, exploitant plus modeste, mais aussi plus docile, et destiné, suivant la tradition et l'usage, à suivre les instructions qu'il recevra pour la culture des terres et l'élevage du bétail, se contentant de partager avec le propriétaire, les produits du sol qu'ils auront obtenus de concert, en ménageant les ressources naturelles de la terre

et en pensant, en même temps qu'aux récoltes prochaines,
à l'avenir lointain du domaine.

Si le propriétaire obtenait ainsi, par hypothèse, un
revenu moindre qu'avec le fermage, ou s'il devait payer
lui-même de sa personne et participer, en quelque mesure,
aux soucis et aux fatigues de l'exploitation, il goûterait du
moins, en échange de plus grands profits et de plus grands
loisirs, des satisfactions d'amour-propre et le contente-
ment d'exercer sur sa terre une véritable possession.

Recours au métayage. — Pour ce propriétaire, bien différent du premier, le métayage serait donc un refuge salutaire, si même il n'était aussi l'objet d'une préférence rai-
sonnée et réfléchie.

D'ailleurs, il y a également des exploitants, que les
risques du fermage effraieront, et qui, même s'ils possèdent
déjà le capital d'exploitation nécessaire, n'oseront pas s'engager, d'avance et pour plusieurs années, à payer, à terme
échu, un fermage en argent assez élevé, nonobstant une
situation |agricole, économique ou sociale, qui leur cause
de légitimes préoccupations.

Pour ces exploitants, le fermage étant écarté, le métayage s'offrira heureusement, comme une situation temporaire d'expérience et d'attente, leur imposant des charges
encore assez lourdes pour leurs ressources et leurs moyens,
mais avec des produits et des avantages suffisants pour la
satisfaction de leurs besoins.

On voit déjà, par ces considérations, qu'on ne saurait
être trop circonspect, avant de se prononcer sur la supé-
riorité d'un mode d'exploitation |déterminé. Cependant le
plus grand nombre des économistes et des agronomes
n'ont pas craint de se prononcer, d'une manière générale
et absolue, en faveur du fermage, qu'ils ont recommandé

comme étant la forme la plus achevée et la meilleure de
l'exploitation, pour obtenir des produits supérieurs et les
rendements les plus élevés, en favorisant les efforts des
exploitants et l'application des méthodes qui sont la conséquence des progrès certains de la science et de l'industrie
agricole.

Avantages et inconvénients du fermage. — On légitime
tout d'abord cette appréciation, sur des observations de
pur fait, et sur des résultats visibles.

Il n'est pas douteux, en effet, que le fermage n'ait gagné
partout du terrain, aux dépens des autres modes d'exploitation, en particulier du faire-valoir direct et du métayage.
D'où on veut inférer qu'il y a, dans cette institution, une
vertu particulière, qui n'a pas besoin d'être définie, et qui
doit forcément justifier cette préférence pour un mode
d'exploitation qui a cependant des inconvénients qu'on ne
se refuse pas à reconnaître.

Le premier de ces inconvénients, auquel on a déjà fait
allusion, est la propension du fermier à surexciter la production en escomptant la richesse et la fertilité du sol,
sans souci de l'avenir, et au risque de compromettre les
récoltes futures. D'autre part, le fermier, libre et indé-
pendant, peu surveillé d'ordinaire, exploite sur le domaine
tout ce dont il peut tirer profit, même en dehors des prévisions ordinaires, négligeant les réparations d'entretien,
coupant les arbres, faisant des fouilles, ouvrant des car-
rières, ne se souciant aucunement ni de la beauté du domaine rural, ni des réserves qu'il conviendrait de ménager
pour l'avenir.

On a quelquefois entendu dire, d'une propriété qui avait
été laissée à un fermier, « qu'elle était au pillage », ce
qui est exagéré, dans la forme, mais justifié, dans une
mesure, quant au fond.

Il est bien vrai que le bail peut prévoir les abus de jouissance, prononcer des interdictions avec des sanctions pour les refréner ou même les empêcher de se produire.

Mais, précisément, pour l'application stricte du bail, des clauses et mesures de prévoyance et de sévérité, il faudrait une surveillance et une immixtion dans l'exploitation agricole, qui paraissent contraires aux traditions et et à l'essence même du fermage.

Il est certain que, si le propriétaire voulait user, vis-à-vis du fermier, de tous ses droits, ceux qui résultent de la loi et ceux qui sont inscrits dans le bail, il en résulterait des tiraillements et des conflits continuels, par suite de la dualité d'autorité et d'un antagonisme de position, qui rendrait l'existence fort pénible au propriétaire comme au fermier.

En réalité, le propriétaire se lasse le premier dans cette lutte, et préfère sa tranquillité à l'exercice rigoureux de ses droits.

Il y a aussi, fort heureusement, des fermiers de bonne foi qui exécutent leur bail et qui ne commettent pas d'abus.

On relève, d'autre part, pour démontrer l'excellence du fermage, que tous les heureux résultats acquis dans l'industrie agricole, sont à inscrire au compte du fermage.

C'est en effet dans les pays de fermage, la Normandie, la Picardie, la Flandre, que la culture est la plus parfaite.

Dans les concours régionaux, c'est aux fermiers que vont généralement les primes d'honneur décernées aux exploitations les meilleures ou les plus remarquables par les résultats obtenus dans la culture et l'élevage.

Mais en même temps, on passe sous silence les épreuves auxquelles les fermiers ont été soumis et dont ils n'ont pu triompher.

C'est cependant ce qui s'est produit, dans la crise agricole de la période 1875-1885 où, en même temps que le prix du blé s'avilissait devant la concurrence étrangère, les récoltes de blé, attaquées par la maladie de la rouille, donnaient des rendements de plus en plus réduits.

Beaucoup de fermiers furent ruinés, et, renonçant à leur exploitation, causèrent de lourdes pertes aux propriétaires des domaines affermés, cependant que des métayers, bien que souffrant aussi de cette crise, se maintenaient à la tête de leurs entreprises, et n'ayant point de fermages à payer à date fixe, continuaient à travailler, se contentant de la maigre récolte partagée avec le propriétaire.

On vit alors des propriétaires, en désespoir de cause, recourir au métayage, pour relever le domaine délaissé par les fermiers, préférant recevoir un produit en nature médiocre, plutôt que d'être privés de la totalité du revenu de leur fonds, sous forme de fermage, et comptant pouvoir attendre, de cette façon, de meilleurs jours.

Une autre crise, engendrée par la « vie chère », la rareté et la cherté de la main-d'œuvre a pu affecter les fermiers et les métayers, mais ceux-ci l'ont supportée et la supportent plus facilement que ceux-là.

Et même, dans des domaines de peu d'importance, que des métayers exploitent avec des parents et leurs enfants, la rareté de la main-d'œuvre a pu passer presque inaperçue. Quand à la vie chère, les métayers, habitués à une existence sans faste, et vivant surtout de la production du domaine, en ont aussi souffert à un moindre degré que les fermiers habitués à une vie plus large et qui ont du restreindre notablement leur train d'existence.

Critique du métayage.— Des écrivains, ardents à vanter les mérites du fermage, ont dirigé, par comparaison, une critique d'autant plus vive contre le métayage, où ils voulaient trouver la contre-partie des avantages du régime de leur préférence.

Tel fut le cas du vicomte L. de Dreuille, propriétaire en Bourbonnais, semble-t-il, et propriétaire exploitant par métayage, qui en 1866, publia un ouvrage sous le titre : « *Du métayage et des moyens de le remplacer* » (1) avec une épigraphe inspirée des maximes de La Rochefoucauld : Le « principal mobile des actions humaines, c'est l'intérêt ».

Pour ces écrivains, dans le fermage, tout est bien, tout est louable, et digne d'admiration, cultures, résultats, rendements. Aux fermiers, les succès, les récompenses. Dans le métayage, au contraire, tout est humble, médiocre, insuffisant. Aussi l'obscurité, l'oubli pèsent sur les métayers qui n'ont su, dit-on, produire ni récoltes à haut rendement ni bétail d'élite.

La cause de cette infériorité, c'est, pour de Dreuille, on le devine, le défaut d'intérêt. C'est, en effet, cet écrivain qui a produit le reproche fait au métayage et signalé déjà plus haut (v. Introduction, p. 118) d'après lequel, le métayer n'a point intérêt à entreprendre, même en commun avec le propriétaire, une dépense de cent francs qui ne rapporterait qu'une recette nouvelle de cent cinquante francs.

Voici d'ailleurs exactement son raisonnement :

« Imaginez une amélioration agricole qui coûte un franc « de main-d'œuvre et qui rapporte un franc cinquante de « produit brut. L'opération est excellente en elle-même, « on en trouve rarement de meilleure dans l'industrie. Le « propriétaire ou le fermier qui avancera 10 francs, en re- « tirera 15, s'il avance 1.000 francs, il retirera 1.500 francs,

(1) Paris, in-18, 1865.

« s'il avance 10.000 francs, il retirera 15.000 fr. Pas un fer-
« mier n'hésitera devant de pareils chiffres.

« Eh bien ! cette amélioration excellente, le métayer la
« repoussera absolument, parce que, pour lui, le résultat
« se retournera comme ceci :

Dépense	1 fr.
Recette, 1/2 produit brut .	0 75
Reste une perte nette de. .	0, 25

« Ce simple calcul renferme tout le secret du métayage»
(D. Dreuille, p. 21).

Ainsi présentés, le raisonnement et le calcul paraissent
péremptoires, mais il n'en est rien, si on va au fond des
choses.

S'il s'est agi d'une amélioration à réaliser dans l'exploitation, le propriétaire et le métayer n'auront point manqué d'examiner et de discuter ensemble le projet, et, s'ils
l'adoptent, le moins qu'aura pu faire le propriétaire, aura
été de prendre, à sa charge, la moitié de la dépense, le métayer supportant l'autre moitié.

Par exemple, on voulait répandre sur les terres des
amendements ou des engrais dont le prix serait de 1000 fr.
Le propriétaire et le métayer paieront donc cette dépense
chacun pour 500 fr. et en outre le métayer fera les roulages
et l'épandage.

Si cette amélioration doit produire un supplément de
récolte de 1500 francs, il faudra dire alors que l'opération
se liquide de la façon suivante :

Dépense totale.	1.000 francs.
Recette pour le maître et le métayer 1500 fr. soit pour chacun. .	750
Mais la dépense, pour chacun, n'a été que de.	500
d'où résulte pour chacun un bénéfice de	250

Sans doute si le métayer a envisagé d'avance ce résultat, il a pu se montrer peu disposé à entreprendre l'opération, non parce qu'il se trouverait en perte, mais parce qu'il estimerait qu'il ne ferait que rentrer dans ses déboursés, sans réaliser, pour son travail, un bénéfice suffisant.

Mais, ce qui est vraisemblable, en cette occurrence, c'est que le propriétaire trouvant l'opération avantageuse pour les deux parties, insistera auprès de son métayer et le décidera, par persuasion, par autorité, ou mieux encore, en prenant à sa charge une partie de la dépense, supérieure à la moitié, par exemple les trois cinquièmes ou 600 francs. Il en résultera que, dans l'opération, le propriétaire n'aura plus qu'un supplément de recette de 150 francs, mais que le métayer fera un bénéfice de 750 moins 400 ou 350 fr. ce qui l'encouragera à répéter l'opération, même dans des conditions moins avantageuses, alors qu'il en aura vu les effets sous ses yeux.

Progrès réalisés par le métayage. — Il est surprenant que de Dreuille ait peint, sous des couleurs aussi noires, une situation qu'il aurait pu juger assez favorable.

Car c'est un fait connu de tous ceux qui ont étudié l'économie rurale du Centre, que l'agriculture a fait, dans cette région, au 19ᵉ siècle, d'immenses progrès.

C'est dans le Bourbonnais même, que, grâce au métayage, diront les uns, malgré le métayage, diront des observateurs pessimistes, que, sous les efforts combinés des propriétaires et des métayers, les terres de culture trop argileuses et difficiles à assainir, dans la culture ordinaire et traditionnelle, ont été transformées par l'emploi de la marne, de la chaux, du plâtre, en même temps que par des travaux d'assainissement et de drainage, au point d'être devenues d'excellentes terres à blé, qu'un cheptel, rare et médiocre, a été remplacé par un cheptel beaucoup plus nombreux, formé par la race craonnaise et des races anglaises, pour les porcs, par la race charollaise, pour les bovins, par la race nivernaise ou percheronne, pour les chevaux, et avec un tel succès, que les éleveurs bourbonnais luttent aujourd'hui avec leurs voisins du Berry et du Nivernais, et, l'emportent parfois sur eux, aux concours annuels de Moulins, de St-Amand, et même au concours de Nevers.

D'ailleurs l'intervention des écrivains, des publicistes de la région, n'a pas été sans effet pour cette réussite. Les écrits, les entretiens, l'action enfin des Méplain, des de Garidel, des de Tourdonnet et d'autres encore a porté des fruits.

En même temps, dans une autre région, les métayers de la Mayenne se montraient si peu réfractaires au progrès, qu'ils introduisaient dans leurs étables et qu'ils élevaient, avec succès également, une race bovine aussi perfectionnée et exigeante que la race Duhram.

Ce sont là des résultats appréciables, et on pourrait en citer d'autres encore.

Ainsi, plusieurs observateurs ont soutenu à différentes reprises, et, pour diverses contrées, que le métayage procurait, en somme, aux propriétaires, au prix de quelques soins, un revenu supérieur à celui que donnait le fermage, dans des conditions identiques.

Tel était l'avis de J. Rieffel qui écrivait, en 1864, en se référant aux campagnes bretonnes de l'ouest :

« Comment se fait-il que le métayage persiste, malgré « tout ce qu'on a écrit contre lui ? Pourquoi les proprié-« taires ne renvoient-ils pas simplement leurs métayers ? « C'est parce que, dans le milieu où sont situées leurs terres,

« ils ne peuvent pas obtenir un meilleur revenu. Il existe
« donc des milieux où le métayage est encore le système
« d'exploitation du sol qui rapporte le plus.

« Dans d'autres localités plus favorisées, où déjà la classe
« agricole possède un certain capital, on se félicite du mé-
« tayage. Quelques cultivateurs, plus hardis que les autres,
« essaient le fermage, et la comparaison n'est pas en leur
« faveur. Le pays n'est pas encore assez fort en capitaux ;
« la preuve est palpable dans les revenus sur deux proprié-
« tés voisines, les fermiers de l'une rapportent 25 fr. par
« hectare, les métayers rapportent 40 fr. par hectare. »

Et plus loin dans le même ouvrage ;

« Il arrive souvent, dans les riches pays à fermages, que
« les propriétaires ne trouvent à louer leur terre qu'à deux
« pour cent de la valeur de ces biens-fonds, tandis que cer-
« taines métairies, dans des contrées arriérées, rapportent
« dix à douze pour cent des capitaux qu'on leur a confiés.
« Ainsi je connais beaucoup de terres dans l'ouest de la
« France, que j'ai vues passer sous divers régimes, sous l'ex-
« ploitation directe du propriétaire, sous le fermage et le
« métayage, et toujours c'est le métayage qui a donné le
« revenu net le plus élevé. Aussi y a-t-il une tendance pro-
« noncée vers le bail à partage de fruits, chez un grand
« nombre de propriétaires, et cette tendance est très heu-
« reuse pour leurs intérêts personnels et pour l'avenir
« de l'agriculture » (1).

Conclusion. — On en conclura qu'il y a injustice en
vantant les mérites du fermage, de vouloir jeter le discré-
dit sur le métayage, en tentant de le montrer, en toute circonstance, enfoncé dans l'ignorance, la routine, rebelle

______

(1) J. RIEFFEL, *Manuel du propriétaire de métairies*, Paris, in-18, 1864,
p. 47 et 50.

aux innovations et au progrès. La vérité est que l'exploitation par métayage étant le résultat de l'effort commun, d'une sorte de collaboration ou association continue du propriétaire et de l'exploitant, le métayage sera ce que les deux associés auront voulu le faire. Sans doute tous les métayers ne sont pas intelligents, instruits, pourvus de ressources, toujours en quête d'améliorations et de progrès. Mais en est-il donc autrement parmi les fermiers ?

Cependant, le propriétaire qui a rencontré et accepté un fermier insuffisant et inférieur à ce qu'il doit être, est obligé de le tolérer, et de le conserver durant un bail souvent assez long, sans espoir de le réformer et de faire modifier ses procédés d'exploitation.

Au contraire, le propriétaire, instruit, disposant de capitaux, dirigeant un métayer, pourvu de qualités et de moyens seulement ordinaires, arrivera toujours, avec un peu d'intelligence et de patience, en s'entourant des conseils de gens expérimentés, à sortir son métayer des routines anciennes, à lui faire adopter les bonnes méthodes de culture et d'élevage ; il aura la satisfaction, en conservant le domaine dans l'état où il lui plait de le voir, de réaliser des améliorations, tout en servant son intérêt comme celui du métayer.

Cela ne constitue pas un mince avantage et peut se mettre en balance avec les satisfactions d'amour-propre que pourrait lui procurer l'exploitation d'un fermier riche et entreprenant, qui, dans le domaine pris à bail, organiserait une culture intensive pour son plus grand profit, mais peut-être, au prix de changements contraires aux prévisions, et à la volonté du propriétaire.

Améliorations proposées. — Il convient de reconnaître que l'ouvrage de De Dreuille, à côté d'une critique excessive du métayage, contient des vues justes et qui peuvent êtres fécondes.

C'est ainsi qu'il recommande de recruter le personnel des nouveaux fermiers auxquels on veut avoir recours, parmi les métayers qui sont déjà connus du propriétaire, qui eux-mêmes ont pu étudier le domaine, sur lequel ils opéreront à leurs risques, à l'avenir.

Le métayage serait ainsi une étape pour le propriétaire, comme pour le métayer pour aboutir au fermage, de même que la régie ou le faire-valoir direct ont pu être une expérience et une préparation avant l'adoption du métayage.

Dans les critiques du même auteur, il y a une observation justifiée, quant au défaut d'intérêt des salariés que le propriétaire emploie, dans le faire-valoir direct, et quant à l'intérêt insuffisant que l'on constate chez les métayers. De Dreuille signale le remède que d'autres, avant lui, avaient déjà signalé et même appliqué depuis longtemps dans une mesure plus ou moins étendue. C'est, ainsi qu'on peut le deviner, soit une participation aux bénéfices, soit, plus simplement, l'attribution d'une part sur les produits bruts ou nets de l'exploitation, au profit des auxiliaires employés, régisseurs, domestiques, ouvriers salariés ou métayers.

Ainsi, il n'est guère de faire-valoir direct où la basse-courière ne reçoive en effet le sou du franc, soit cinq pour cent sur les ventes des produits de la laiterie et de la basse-cour.

Dans le même mode d'exploitation, le basse-courier ou chef domestique qui conduit à la foire des animaux destinés à la vente reçoit aussi et conserve à son profit, les « épingles » qu'il est d'usage de demander aux acheteurs, en sus du prix. La bergère reçoit une « pièce » sur un lot

de moutons vendus, comme le charretier, sur les chevaux
nés et élevés au domaine, puis vendus.

Il en est de même dans le métayage ; mais on met d'ordinaire, à la charge du métayer, par réciprocité, les droits
d'entrée et de stationnement des animaux et des voitures
sur le champ de foire.

On pourrait assurément aller plus loin, et s'en bien trouver, en allouant au salarié qui s'occupe d'une écurie ou
d'une étable un tant pour cent sur les bêtes vendues qu'il
a élevées et soignées.

On a vu, dans le faire-valoir direct, le basse-courier
recevoir, en sus de son gage fixe, chaque année, un ou
deux pour cent sur le produit brut des ventes de bétail et
de grains, ou encore sur ce prix, déduction faite du montant des achats de bétail, d'engrais, de fourrages et de tour-
teaux.

Ces combinaisons peuvent être infiniment variées ; elles
reviennent toutes à ce but d'intéresser le salarié à faire des
efforts pour augmenter la production ou la valeur des produits, alors que, payé seulement à la journée, au mois ou
à l'année, il lui importe peu que le rendement des cultures
soit plus ou moins élevé, que l'élevage du bétail soit plus
ou moins réussi, plus ou moins onéreux pour l'exploitant.

Si on ne craint pas de compliquer cette opération de
rémunération complémentaire, il serait indiqué de faire
une masse de la part des produits que l'on consent à allouer
au personnel employé et de la répartir entre tous les salariés, proportionnellement à leurs salaires fixes et aussi à
l'ancienneté ou à la durée de leurs services.

On sait que dans l'industrie on a poussé plus loin encore
l'application de cette idée de supersalaire, en tenant compte
aux salariés de leurs charges de famille, de leur femme, de

leurs enfants. Cette combinaison serait aussi bien applicable aux salariés de l'exploitation agricole, soit aux frais de l'exploitant seul, soit aux dépens d'une caisse à laquelle l'exploitant et les salariés eux-mêmes feraient des versements proportionnels.

On voit ainsi que, dans l'application, les différents modes d'exploitation des lieux ruraux se rattachent à des conceptions touchant l'ordre social.

Le vicomte de Dreuille a été jusqu'à dire que le métayage était appelé à disparaître (p. 35). Il serait beaucoup plus sage de reconnaître la valeur du métayage, valeur démontrée par son ancienneté et sa résistance à toutes les attaques. Par suite, il serait préférable d'améliorer le métayage plutôt que de le remplacer par le fermage ou même par la régie intéressée.

Dans ce but, il importerait de développer l'idée d'association, qui est à la base de l'institution, et l'idée de patronage du propriétaire vis-à-vis du métayer, idée qui s'accorde fort bien avec le rôle de dirigeant qui est réservé au propriétaire. L'efficacité et le rendement du métayage en seraient augmentés et le métayage serait sauvé des critiques dont il est l'objet de la part des agronomes et des économistes, ainsi que des attaques venues des milieux politiques.

Mouvement social. — Il ne faut pas se dissimuler en effet que le prolétariat rural est fortement travaillé et agité par des éléments révolutionnaires, et que dans ce prolétariat, il faut comprendre un grand nombre de métayers. Or, à cette propagande de subversion sociale il convient d'opposer une propagande et un travail de stabilité, de concorde, d'étude et d'organisation réfléchie.

Il n'y a pas encore très longtemps, en 1904, que dans

l'Allier, des agitateurs parcouraient les campagnes faisaient naître un mouvement syndicaliste tendant à des réformes non seulement économiques, mais aussi sociales et politiques, enfin fondaient et organisaient la Fédération des syndicats de cultivateurs de la région de Moulins. Parmi eux, Émile Guillaumin, ancien paysan, devenu publiciste et écrivain original, auteur de « *La vie d'un simple* » tableau coloré de la vie des métayers, Guillaumin, devenu secrétaire de rédaction du « Travailleur rural », organe de la Fédération, se montrait relativement modéré, et tentait de limiter les revendications des syndiqués aux points suivants : suppression des fermiers généraux, réfection des habitations et cours des domaines. Mais d'autres, avec des intentions moins pures et couvant sans doute des ambitions politiques, attaquaient le principe même de la propriété et semblaient vouloir faire du métayage, une sorte de communisme pratique, ne mettant en face de la classe possédante que les seuls ouvriers agricoles.

Ce mouvement n'a pas abouti, si ce n'est à préparer le succès électoral de quelques politiciens, mais la meilleure manière de l'empêcher de se développer, de renaître ou de se manifester ailleurs serait évidement que les propriétaires se rapprochâssent encore davantage des métayers, en supprimant, là où il existe, l'intermédiaire des fermiers généraux, en améliorant les habitations et les bâtiments de ferme en général. Cela exigerait sans doute la résidence du propriétaire à la campagne, à proximité du domaine, plus fréquente encore qu'elle n'est aujourd'hui, des capitaux plus élevés consacrés à des constructions et à des améliorations culturales, enfin une participation plus assidue à la direction des travaux agricoles. Mais il ne paraît pas douteux que les propriétaires ne dûssent être récompensés de ces efforts et de ces sacrifices, en obtenant plus de confiance et de dévouement de la part des métayers, et aussi en réalisant une augmentation de leur revenu, en définitive.

Choix personnel des intéressés.— Après les réserves formulées au début de ce chapitre, les développements auxquels on s'est laissé entraîner montrent assez combien est complexe et difficile le choix à faire entre les divers modes d'exploitation, même si on borne ce choix au fermage et au métayage.

C'est aux intéressés, connaissant les règles et les principes généraux se rapportant à ces contrats, à choisir, en tenant compte de leurs goûts, de leurs ressources, de leur situation sociale, de leurs occupations antérieures et de l'orientation de leur existence. Eux seuls peuvent peser ces éléments de décision et en apprécier l'importance.

Ils auront d'ailleurs à tenir compte aussi de la nature et de l'étendue du domaine à exploiter, des mœurs du pays et du caractère des habitants, enfin de la situation sociale et économique.

Choix du Métayage. — Cependant, s'il fallait nécessairement se prononcer et faire un choix, on serait tenté de dire, qu'à l'époque actuelle, dans l'état de l'agriculture, des mœurs, de la condition et de l'esprit de la population rurale, prise dans son ensemble, ce serait au métayage qu'il conviendrait de donner la préférence, là surtout où il est pratiqué déjà, mais là aussi où il paraît possible de l'adapter à la situation locale avec les éléments qu'on y rencontre.

On en donnera deux raisons principales, tirées de la situation de la main-d'œuvre agricole et de l'économie générale du pays.

Il est avéré que, dans toutes les campagnes, la main-d'œuvre est extrêmement rare et par suite d'un prix fort élevé. Là est l'écueil du faire-valoir direct qui ne trouve pas des auxiliaires assez nombreux pour toutes les tâches, et qui paie un salaire excessif aux quelques éléments qu'il recrute encore. Le fermage d'ailleurs s'accommode aussi très difficilement de cette situation. Le métayer seul, entouré de sa famille, du moins dans les domaines de trente à cinquante hectares, peut à la rigueur suffire aux travaux d'une culture qui ne serait pas trop intensive, c'est ainsi que le métayage est encore possible, là où les autres modes d'exploitation, y compris le fermage, doivent être abandonnés.

La situation économique qui est traduite par la baisse du franc, la hausse des devises étrangères et, finalement, par la vie chère et l'instabilité des prix, est une autre raison de recourir au métayage.

En effet, le fermage étant fondé sur le paiement en argent ou monnaie ayant cours, à une échéance annuelle déterminée et fixée d'avance pour un certain nombre d'années, le propriétaire et le fermier, au moment où ils signent un bail, font, pourrait-on dire, un saut dans l'inconnu. Car ils ne savent point, ni le fermier à quelle quantité de produits correspondra le prix de fermage adopté, aux échéances qui se succèderont au cours du bail, ni le propriétaire, si ce prix, jugé par lui suffisant, au moment où il contracte, suffisant comme rente de sa terre, suffisant aussi comme source de revenu, pour la satisfaction de ses besoins, sera encore suffisant, à ces deux points de vue, aux mêmes échéances plus ou moins lointaines. A dire vrai le propriétaire sera sans doute porté à croire que ce prix sera encore insuffisant, si élevé soit-il, dans les limites des ressources du fermier.

C'est même pour cela, que, faisant retour à des usages anciens, on s'est ingénié, ainsi qu'on l'a exposé plus haut (v. Chap. I, p. 39) à substituer, dans les baux à ferme, à un prix de fermage en argent, un prix en denrées, ou productions du domaine, grains et viande, dont le prix est variable et peut, par hypothèse, suivre les oscillations du revenu nécessaire au propriétaire, pour la satisfaction de ses besoins les plus essentiels.

Mais on a vu aussi, d'après l'exemple de bail à ferme (p. 144) que cette combinaison entraîne certaines complications, pour la conversion aux échéances des quantités de denrées en valeur monétaire, expose à des différends, des règlements de compte fréquents et à des expertises aléatoires qui peuvent effrayer à la fois fermiers et propriétaires et les détourner de cette stipulation qu'ils jugent à tort ou à raison, obscure et hasardeuse.

Sous le régime du métayage il n'en saurait être de même, précisément à raison de ce que la rente de la terre est ici représentée par une part de denrées ou productions du sol, dont les prix, selon toute vraisemblance, subiront des oscillations correspondant de près ou de loin, aux oscillations des autres marchandises ou produits. Le métayer saura d'avance qu'il n'aura point à se procurer des fonds pour s'acquitter vis-à-vis du propriétaire, il n'aura qu'à lui abandonner sa part de récolte ; il se trouvera, de cette façon, plus sûrement que le fermier, à l'abri du danger d'insolvabilité.

Tout au plus sera-t-il préoccupé au sujet du paiement de la prestation colonique qui est peu élevée, par rapport à l'ensemble et même à la moitié des produits, et qui, d'ailleurs, n'est point forcément payable en argent ainsi qu'on l'a vu par l'exemple de bail à métayage, donné ci-dessus (v. Chap. III, Section 6, p. 216)

Des autres formes du Bail. — On n'a rien dit jusqu'ici, à dessein, des autres formes du bail examinées dans le chapitre IV. C'est que l'*Emphythéose*, qui a eu sa raison d'être dans les temps anciens quand il fallait défricher et mettre en valeur de grandes étendues encore incultes, n'a pour ainsi dire plus d'application, aujourd'hui que toutes les terres ont été mises en culture, aménagées, amodiées et que les domaines ont été fractionnés, construits, organisés dans toutes leurs parties et avec tous les éléments nécessaires à l'exploitation.

Tout au plus, pourrait-on songer à utiliser avec profit cette forme de bail dans les colonies, sur de vastes espaces non encore pourvus de routes et n'ayant reçu ni plantations, ni constructions. On en dira autant du *bail à domaine congéable*.

Le bail à complant, enfin, comporte de son côté une telle spécialisation, qu'il y a peu de chances qu'il trouve à s'étendre au delà de sa région d'origine, le Nantais, et les bords de la Loire dans son cours inférieur.

TABLE DES MATIÈRES

CHAPITRE III

CHAPITRE IV

CHAPITRE V

Poitiers. — Imp. du Poitou, 22, rue de la Marne.

LE MATÉRIEL VITICOLE

Par R. BRUNET

Précédé d'une étude générale sur le choix et l'emploi du matériel viticole

Par P. VIALA

Professeur à l'Institut national agronomique.

2e édition 1923, 1 volume in-18 de 440 pages, avec 282 figures.

Broché................ **12 fr.** | Cartonné.............. **17 fr.**

Si la production du vignoble et la qualité des vins sont en dépendance primordiale du cépage, du sol et du climat, les actions de la culture peuvent faire varier aussi la productivité du vignoble et la qualité du vin. De la perfection donnée aux labours, de l'emploi judicieux des engrais, des traitements des maladies de la vigne et encore du choix des systèmes de plantation et de taille résultent des actions certaines aussi bien sur la qualité que sur la quantité des produits. Dans tous les vignobles, dans ceux à vins communs comme dans ceux à vins de grands crus, les diverses opérations culturales sont l'objet des soins assidus des viticulteurs.

Mais les bases culturales une fois déterminées, il faut chercher à appliquer les systèmes adoptés dans les meilleures conditions économiques d'exécution, par l'emploi d'un *Matériel viticole* approprié. Il est donc d'un intérêt primordial pour le viticulteur de bien connaître ce matériel qui lui permettra de réaliser les diverses opérations de la culture d'une façon parfaite et aussi d'une façon économique. Tel est le but de ce livre.

Il est divisé en cinq parties : I. Etablissement du vignoble ; — II. Plantation, tuteurage et palissage ; — III. Taille, labours, fumures ; — IV. Vendanges ; — V. Traitements des maladies de la vigne.

LE MATÉRIEL VINICOLE

ET LES SOINS A DONNER AUX VINS

Par R. BRUNET

Précédé d'une étude sur les Vins et les Grands Vins dans le monde

Par P. VIALA

Professeur à l'Institut national agronomique.

2e édition, 1925, 1 volume in-18 de 556 pages, avec 282 figures.

Broché................ **15 fr.** | Cartonné.............. **20 fr.**

Quand les conditions naturelles, le sol, le climat et le cépage ont amené entre les mains des viticulteurs les éléments pour produire de grands vins, ils ne conduisent ces grands vins à leur maximum de qualité qu'autant qu'ils savent les entourer des soins les plus parfaits pour développer et fixer leurs qualités propres. C'est surtout pour permettre aux viticulteurs d'obtenir la perfection la plus grande dans chacun des types de vins qu'a été conçu le *Matériel vinicole*. Le commerce doit ensuite continuer à élever les vins, et surtout il doit les faire valoir et savoir les présenter. C'est encore à lui que le livre *Matériel vinicole* rendra des services pour compléter l'œuvre du viticulteur.

Ajouter 10 p. 100 pour recevoir franco.

VINS DE CHAMPAGNE

ET

VINS MOUSSEUX

Par P. PACOTTET et L. GUITTONNEAU

1918, 1 volume in-18 de 416 pages, avec 135 figures.

Broché.................. 12 fr. | Cartonné................. 17 fr.

Dans la première partie, MM. PACOTTET et GUITTONNEAU étudient les vins en cercles.
Ils exposent d'abord la climatologie, la constitution du sol et les façons culturales du vignoble champenois.
Le vin de champagne et la plupart des autres vins mousseux sont obtenus avec des raisins rouges vinifiés en blanc. La vendange, la cueillette, le pressurage, la pratique du débourbage des moûts les arrêtent longuement.
La composition et la correction des moûts les amènent à indiquer quelles sont les additions nécessaires à effectuer pour arriver à obtenir des vins normalement constitués. Viennent ensuite la fermentation, la clarification, le collage et les opérations de campagne.
Dans la seconde partie, sont étudiées toutes les manipulations particulières que subit le vin en bouteille.
D'abord le tirage ou mise en bouteilles avec toutes les opérations accessoires qu'il comporte. Viennent ensuite : la fermentation en bouteilles, le formation du dépôt et la maturation du vin ; l'élimination du dépôt de fermentation par le remuage et le dégorgement ; la préparation de ce vin brut avec la liqueur d'expédition : le bouchage définitif, l'habillage et l'expédition.

PLANTES A PARFUMS

ET

PLANTES AROMATIQUES

CULTURE ET EMPLOI

Par A. ROLET

Ingénieur agronome, Professeur à l'École d'agriculture d'Antibes.

1918, 1 volume in-18 de 432 pages, avec 100 figures.

Broché.................. 12 fr. | Cartonné................. 17 fr.

M. ROLET expose les modes de multiplication et la culture rationnelle : la lutte contre les insectes et les maladies ; l'influence du sol, des engrais, de l'altitude, du climat, de l'éclairement ; les meilleures conditions de la récolte : le traitement des produits, etc.
Voici la liste des plantes étudiées par M. ROLET :
Angélique, Anis, Basilic, Cassier, Citronnelle, Estragon, Eucalyptus, Fenouil, Géranium, Hysope, Iris, Jasmin, Lavande, Marjolaine, Menthes, Oranger, Cédratier, Citronnier, Limonier, Réséda, Romarin, Rosier, Sarriette, Sauge sclarée, Serpolet, Thym, Tubéreuse, Vanillier, Verveine, Violette.

Ajouter 10 p. 100 pour recevoir franco.

ZOOTECHNIE GÉNÉRALE

Par P. DIFFLOTH
Professeur spécial d'Agriculture.
Nouvelle édition entièrement refondue.

1922, 3 volumes in-16.. **36 fr.**

I. — **Production et amélioration du Bétail**, 1 vol. in-16 de 408 pages, avec 140 figures.. **12 fr.**

II. — **Élevage et exploitation des Bovidés et des Chevaux**, 1 vol. in-16 de 386 pages, avec 138 figures.............. **12 fr.**

III. — **Élevage et exploitation des Moutons et des Porcs**, 1 vol. in-16 de 370 pages, avec 90 figures..................... **12 fr.**

I. PRODUCTION ET AMÉLIORATION DU BÉTAIL
1921, 1 volume in-16.　Broché..... **12 fr.** ; Cartonné..... **17 fr.**

Les premiers chapitres traitent de l'étude générale des animaux domestiques, montrent l'importance capitale de la production animale et établissent la progression constante de l'industrie zootechnique.

La définition et l'étude des fonctions économiques conduisent à l'examen de l'individualité et des causes pouvant l'influencer : sexe, âge, etc. Les caractères de l'individualité pouvant être masqués par l'apparition de variations, il importait d'examiner les variations, soit indépendantes de l'intervention humaine (milieu, climat, etc.), soit occasionnées par l'intervention humaine (méthodes de reproduction, méthodes d'alimentation, etc.).

L'éleveur doit assurer la fixation des variations ainsi produites : l'étude de l'hérédité, des tares, du sexe, de la couleur, lui permet de diriger à son avantage ces forces naturelles qu'il fixe grâce à une application précise des méthodes de sélection, croisement, métissage, consanguinité, etc.

II et III. ÉLEVAGE ET EXPLOITATION DU BÉTAIL
1922, 2 volumes in-16.　Brochés.... **24 fr.** ; Cartonnés... **34 fr.**

Bien qu'une étroite et précieuse corrélation unisse les modes d'exploitation de chacun de nos groupes domestiques : *chevaux, bovidés, moutons, chèvres* ou *porcs*, il n'en existe pas moins des caractères spéciaux, des particularités intéressantes, qui sont nettement propres à l'élevage de tel groupe, bœufs ou porcs, chevaux ou moutons.

On trouvera dans ces volumes tout ce qui concerne l'élevage et l'exploitation de nos animaux domestiques : 1° production des jeunes élèves : méthode de reproduction, sélection des reproducteurs, accouplement, gestation, parturition, sélection des produits, allaitement et sevrage ; 2° élevage des jeunes ; 3° hygiène et maladies ; 4° méthodes d'exploitation entre lesquelles le cultivateur aura à choisir, production de la viande et pratique de l'engraissement, production du lait, choix des femelles laitières, traite, influence de l'alimentation sur la sécrétion lactée, production du travail, dressage, harnachement, production de la laine, tonte, etc., en s'appuyant sur les conditions du milieu, la connaissance des débouchés et les aptitudes personnelles.

Ajouter 10 p. 100 pour recevoir franco.

RACES CHEVALINES

CHEVAUX DE TRAIT ET CHEVAUX DE SELLE

Par P. DIFFLOTH

5ᵉ édition, 1923, 1 volume in-18 de 512 pages, avec 133 figures.

Broché................... 15 fr. | Cartonné.............. 20 fr.

On trouvera résumées dans ce volume les données les plus utiles sur l'extérieur du cheval, les aplombs, les allures, la ferrure, les robes, etc.

L'étude des diverses races de *Chevaux de trait* et de *Chevaux de selle* de la France et de l'étranger occupe naturellement la plus grande partie de l'ouvrage.

Ces monographies ont reçu le développement nécessaire : M. DIFFLOTH expose clairement les procédés d'élevage mis en œuvre et en fait ressortir toute la valeur en donnant aux *Races de trait*, dont l'élevage est actuellement très rémunérateur, l'importance qu'elles méritent.

Les Haras de France et d'Europe occupent les derniers chapitres.

RACES BOVINES

Par P. DIFFLOTH

4ᵉ édition, 1922, 1 volume in-18 de 472 pages, avec 124 figures

Broché................. 15 fr. | Cartonné.............. 20 fr.

Les Bovidés sont au nombre d'environ quinze millions de têtes en France, et l'étude des statistiques montre leur augmentation constante. On conçoit donc l'importance qui s'attache à leur exploitation.

Si l'emploi des Bovidés, comme animaux moteurs, tend à diminuer, l'exploitation zootechnique des Bovidés en vue de la production de la viande est en progression constante et semble assurée du plus brillant avenir. La même progression dans l'accroissement des débouchés s'observe pour le lait et ses dérivés, beurre et fromage.

Ce volume réunit les monographies des diverses *races bovines*. M. DIFFLOTH s'est attaché, dans l'étude particulière de ces variations, à donner toute l'importance nécessaire à la description des modes d'exploitation de chaque race, aux pratiques agricoles, aux procédés d'élevage, aux méthodes de sélection qui résument le côté pratique et intéressant de toute exploitation zootechnique. On trouvera résumé dans ce volume l'enseignement si apprécié de M. le professeur Mallèvre à l'Institut National Agronomique.

L'étude des races est précédée de notions succinctes d'anatomie réunissant, sous le nom d'**extérieur**, les préceptes indispensables à la compréhension des caractères de chaque type.

Ajouter 10 p. 100 pour recevoir franco.

MOUTONS

Par P. DIFFLOTH

4e édition, 1923, 1 volume in-18 de 424 pages, avec 99 figures.

Broché................. 12 fr. | Cartonné .... 17 fr.

CHÈVRES, PORCS, LAPINS

Par P. DIFFLOTH

5e édition entièrement refondue.

1923, 1 volume in-18 de 432 pages, avec 82 figures

Broché................. 12 fr. | Cartonné .... 17 fr.

Dans ces deux volumes, M. DIFFLOTH passe successivement en revue les moutons, les chèvres, les porcs et les lapins, étudiant, pour chaque groupe, les spéculations zootechniques dont ils sont l'objet, et les races qu'ils ont fournies.

Le chapitre des races, dans chaque espèce, est de beaucoup le plus important et le plus étendu ; le texte en est rendu plus clair et plus complet par des reproductions photographiques nombreuses, excellentes et choisies parmi les meilleurs types de chaque race.

L'élevage du lapin mérite de retenir l'attention du zootechnicien ; il est pratiqué, soit par l'éleveur qui possède un clapier important et fait de l'élevage industriel, soit par le fermier qui trouve dans cette exploitation des revenus appréciables et la possibilité d'utiliser des déchets qui pourraient être perdus.

ZOOTECHNIE COLONIALE

Par P. DIFFLOTH

1924, 2 volume in-18 de 700 pages avec figures.
Chaque volume :

Broché................. 12 fr. | Cartonné................. 17 fr.

I. — Bovidés, 1 vol. in-18 de 355 pages avec 37 figures..... 12 fr.

— Chevaux, Moutons, Porcs, Chameaux. 1 vol. in-18 de 391 pages avec 52 figures.............................. 12 fr.

Ajouter 10 p. 100 pour recevoir franco.

LAITERIE

Par Charles MARTIN

Ancien directeur de l'École nationale d'Industrie laitière de Mamirolle.

6e édition, 1924, 1 volume in-18 de 404 pages, avec 182 figures.

Broché................. 12 fr. | Cartonné.............. 17 fr.

M. MARTIN fait tout d'abord l'*étude du lait* et de sa composition, très variable, puis du rôle des microbes en laiterie.

Les *procédés pratiques de contrôle* sont décrits en détail, ainsi que le *commerce du lait en nature*, puis la préparation du lait stérilisé.

L'*industrie beurrière* est ensuite traitée. Elle a subi des perfectionnements notables depuis l'introduction de l'écrémeuse centrifuge.

Vient ensuite l'étude détaillée de l'*industrie des fromages*.

Les installations, le pesage et le mesurage du lait, la traite, le conditionnement après la traite, le transport sont étudiés en détail.

Un chapitre a été consacré aux *industries diverses*, lait condensé, lait séché, képhyr, et un autre aux *sous-produits*, lait écrémé, lait de beurre et petit-lait.

La coopération laitière, très en progrès dans notre pays, ne pouvait être passée sous silence. M. MARTIN l'a signalée en donnant les détails nécessaires sur le fonctionnement des *beurreries coopératives* et des *fruitières*.

MICROBIOLOGIE APPLIQUÉE

A LA FERTILISATION DU SOL

Par E. KAYSER

Maitre de conférences à l'Institut agronomique.

4e édition, 1921, 1 volume in-16 de 326 pages, avec figures.

Broché.................. 10 fr. | Cartonné............... 15 fr.

MICROBIOLOGIE APPLIQUÉE

A LA TRANSFORMATION DES PRODUITS AGRICOLES

Par E. KAYSER

4e édition 1921, 1 volume in-16 de 390 pages, avec 49 figures.

Broché.................. 10 fr. | Cartonné.............. 15 fr.

Après la description des ferments qu'on trouve dans les industries agricoles, M. KAYSER passe en revue leur intervention dans les industries employant des produits végétaux en vinification, vinaigrerie, cidrerie, sucrerie, amidonnerie, féculerie, panification, dans la fabrication des produits fermentés, dans le rouissage, l'ensilage, la fermentation du tabac. Il s'occupe ensuite de la laiterie, de la fromagerie et de la tannerie, qui transforment des produits animaux par des processus microbiens.

DISTILLERIE AGRICOLE ET INDUSTRIELLE

Alcools, Eaux-de-vie de fruits et Rhums

Par E. BOULLANGER
Sous-directeur de l'Institut Pasteur de Lille.

3e édition, 1924, 2 volumes in-18 de 920 pages, avec 94 figures.

Brochés .... 30 fr. | Cartonnés.............. 40 fr.

I. — **Matières premières de la distillerie. Préparation et Fermentation des Moûts.** 1924, 1 vol. in-18 de 460 pages avec 51 figures....................................... 15 fr.

II. — **Distillerie. Rectification et Résidus de la distillerie,** 1925. 1 vol. in-18 de 460 pages avec 30 figures................. 15 fr.

Après quelques notions générales sur l'alcool et l'alcoométrie. M. Boullanger étudie les matières premières de la distillerie : matières sucrées telles que la betterave, la mélasse, les fruits et miels, et matières amylacées, telles que les grains et les pommes de terre. Viennent ensuite la préparation et la fermentation des moûts de betteraves, de mélasses de betteraves et de cannes, de topinambours, de cannes à sucre, du maïs, des pommes de terre et des autres matières amylacées ; pour chacune de ces matières, les méthodes de traitement les plus nouvelles sont exposées en détail. Les chapitres suivants sont consacrés à la distillation, à la rectification et à l'épuration de l'alcool. Le volume se termine par le contrôle du travail et le rendement en alcool et par l'étude des résidus de la distillerie, et enfin par les tables de la force réelle des liquides alcooliques et par les tables des richesses alcooliques.

BRASSERIE - MALTERIE

Par E. BOULLANGER

3° édition 1921, 2 volumes in-16 de 686 pages, avec 218 figures.

Brochés .... 20 fr. | Cartonnés.............. 30 fr.

La *brasserie* n'est pas une industrie agricole au sens exact du mot ; mais l'agriculteur doit la connaître, car elle utilise ses produits et elle lui livre des résidus pour l'alimentation de son bétail.

L'ouvrage de M. Boullanger comporte, pour chaque chapitre, une partie théorique et une partie opératoire, et l'on ne sait ce que l'on doit apprécier le plus de l'homme de science qui a écrit la première, ou du praticien qui expose la seconde.

La première partie du volume est consacrée aux notions générales chimiques et bactériologiques. La deuxième partie comprend l'étude et l'analyse des matières premières, le maltage, le brassage, avec la description du matériel employé, la cuisson et le houblonnage, le refroidissement du moût, la fermentation, les accidents de fabrication et les maladies de la bière.

Ajouter 10 p. 100 pour recevoir franco.

BETTERAVE ET
SUCRERIE DE BETTERAVE

Par E. SAILLARD
Professeur à l'École nationale des industries agricoles de Douai,
Directeur du Laboratoire du Syndicat des fabricants de sucre de France.

3e édition, 2 volumes in-18 de 1062 pages, avec 147 figures.

Brochés .... 25 fr. | Cartonnés.............. 35 fr.

I. — Les méthodes d'analyse. Le contrôle chimique et la fabrication, 1 vol. in-18 de 470 pages avec 47 figures.......... 10 fr.

II. — Production de la betterave et technique sucrière, 1 vol. in-18 de 592 pages avec 97 figures..................... 15 fr.

Plusieurs chapitres sont consacrés à la betterave (Historique des essais faits sur la betterave, essais de graines, composition de la plante entière (racine et feuilles), de la racine. Choix de la betterave, culture de la betterave.

Les opérations préparatoires de la fabrication (achat, transport, conservation en silos, lavage, découpage en cossettes, etc.), sont étudiées surtout au point de vue pratique.

Les divers modes d'extraction des jus, le travail des presses à pulpe, le séchage des pulpes, et leur emploi comme fourrage sont l'objet d'un chapitre spécial.

L'épuration calco-carbonique (chaulage, défécation, carbonatation) et la sulfitation sont envisagées au point de vue théorique et pratique.

Le travail des masses cuites et les divers procédés ou appareils employés, les turbines sont l'objet de données pratiques. L'auteur passe ensuite en revue les modes d'utilisation de la mélasse.

MEUNERIE ET BOULANGERIE

Par L. AMMANN
Professeur à l'École nationale d'agriculture de Grignon.

2e édition, 1925, 1 volume in-18 de 500 pages, avec 200 figures.

Broché................. 15 fr. | Cartonné .... 20 fr.

Les liens qui unissent la meunerie et l'agriculture sont des plus étroits. La matière première de la meunerie est fournie par les graines de diverses céréales, et plus particulièrement par celles du blé ; or, la culture des céréales occupe une place considérable dans la culture française, où plus de 6 millions et demi d'hectares sont ensemencés en blé. Que devient cette énorme production? le cultivateur peut avoir le légitime désir de le savoir ; en outre, l'industrie de la meunerie, en même temps qu'elle fournira des produits consommables pour l'homme, donnera aussi des déchets inutilisables pour notre alimentation, mais dont les animaux pourront tirer un excellent parti. Il est donc nécessaire que le cultivateur connaisse ces résidus, ces sons, ces recoupettes, ces criblures, etc., qu'il connaisse leur valeur et les ressources qu'il pourra trouver de ce côté ; et c'est pourquoi, sans chercher à devenir lui-même boulanger ni meunier, un cultivateur aura besoin de consulter un traité de meunerie-boulangerie.

Ajouter 10 p. 100 pour recevoir franco.

POMOLOGIE ET CIDRERIE

Par G. WARCOLLIER
Directeur de la Station pomologique de Caen.

2ᵉ édition, 1920, 1 volume in-18 de 562 pages, avec 113 figures.

Broché................ 15 fr. | Cartonné .... 20 fr.

L'ouvrage débute par des considérations sur la production, la consommation, le commerce des pommes et des cidres.

La *culture du pommier* méritait un examen approfondi. Les fumures, les maladies cryptogamiques, l'étude des parasites animaux constituent des chapitres où le praticien trouvera les conseils indispensables à suivre pour assurer la productivité et la longévité des arbres. L'examen des caractères des bonnes variétés de pommiers, de la composition rationnelle des vergers, des routes et haies fruitières, sont successivement traités.

Vient ensuite la *fabrication du cidre ou cidrerie*, fabrication à la ferme et à l'usine ; on y suit pas à pas toutes les transformations successives subies par la pomme, le moût et le cidre.

Tous les procédés de conservation du cidre trouvent leur place dans les chapitres qui suivent et qui traitent de l'outillage, des collages, de la filtration, de la carbonification, de la conservation en bouteilles.

Les procédés spéciaux de cidrification, de production de cidres se conservant doux, de conservation des moûts, la fabrication des cidres mousseux complètent l'étude de la fabrication du cidre.

Le volume se continue par l'examen des maladies du cidre, par l'étude de sa composition, des méthodes légales d'analyse, pour se terminer par la fabrication du poiré, l'utilisation des marcs de pommes et la production des eaux-de-vie.

OSIÉRICULTURE

ET VANNERIE D'OSIER

Par M. LEROUX
Directeur de l'École nationale d'osiériculture.

1921, 1 volume in-18 de 352 pages, avec 183 figures.

Broché................ 12 fr. | Cartonné .... 17 fr.

Ajouter 10 p. 100 pour recevoir franco.

GUIDE PRATIQUE

POUR

La Connaissance et l'Élevage du Cheval

Par L. RELIER

Vétérinaire principal au haras de Pompadour.

2e édition. 1912, 1 vol. in-16 de 448 pages, avec 206 figures.. **10 fr.**

M. RELIER a résumé, sous une forme concise et claire, toutes les connaissances indispensables à l'homme de cheval. Organisations et fonctions, extérieur (régions, aplombs, proportions, mouvements, allures, âge, robes, signalements, examen du cheval et vente) : hygiène, maréchalerie ; reproduction et élevage ; art des accouplements. Ce livre est destiné aux propriétaires, cultivateurs, fermiers, ainsi qu'aux palefreniers des haras, qui y trouveront des renseignements dont ils ont sans cesse besoin dans l'accomplissement de leur tâche.

L'AGE DU CHEVAL

ET DES PRINCIPAUX ANIMAUX DOMESTIQUES

Ane, Mulet, Bœuf, Mouton, Chèvre, Chien, Porc et Oiseaux

Par Marcelin DUPONT

Médecin vétérinaire,
Professeur à l'École d'agriculture pratique de l'Aisne.

1913, 1 vol. in-16, avec 36 planches, dont 30 coloriées...... **10 fr.**

Le ministre de la Guerre fait procéder chaque année à l'inspection et au classement des chevaux susceptibles d'être requis pour le service de l'armée.

Les propriétaires sont tenus de déclarer le nombre et le signalement des sujets qu'ils possèdent : toute fausse déclaration étant sévèrement punie, l'étude de l'âge du cheval a pris une importance sans précédent.

Ce livre s'adresse aux vétérinaires civils et militaires, aux officiers et sous-officiers de cavalerie, aux sportsmen, enfin et surtout aux acheteurs de chevaux ou de bétail, qui pourront y puiser, sur l'âge de nos animaux domestiques, les renseignements nécessaires pour défendre leurs intérêts.

LES MALADIES DU JEUNE CHEVAL

Par P. CHAMPETIER

Vétérinaire en premier de l'armée.

1896, 1 vol. in-16 de 348 p., avec 8 planches en couleurs.... **10 fr.**

Les maladies du jeune cheval, par leur fréquence, la mortalité qu'elles occasionnent et les pertes qui en sont la conséquence, sont de celles qu'il importe aux vétérinaires et aux éleveurs de connaître le mieux dans leurs causes et leur traitement, afin de les conjurer et de les guérir plus sûrement.

M. CHAMPETIER passe successivement en revue la gourme, la scarlatinoïde, la variole Horse-Pox), la pneumonie infectieuse, l'entérite diarrhéique, l'arthrite des poulains, le muguet, les affections vermineuses et les insectes cavitaires.

On trouvera dans ce livre, outre les traitements rationnels et méthodiques, les procédés pratiques permettant d'en éviter les désastreuses conséquences.

Ajouter 10 p. 100 pour recevoir franco.

LA BASSE - COUR

Guide pour l'Élevage pratique et économique des
Poules, Lapins, Pigeons, Canards, Oies, Dindons, Pintades
Par C. ARNOULD
Professeur à l'École d'agriculture de Rethel.

2e édition, 1924, 1 vol. in-18 de 396 pages, avec 173 figures.. **10 fr.**

Nul n'ignore que l'élevage des volailles et celui des autres petits animaux de ferme peut devenir, pour l'habitant de nos campagnes, une source de profits appréciables ; mais ce qui rend surtout l'aviculture intéressante, c'est qu'elle demeure à la portée de tout le monde, et qu'il n'y a pas en France un seul ménage qui ne puisse produire avantageusement, tous les ans, les œufs, les poules et les lapins susceptibles de servir de complément à la nourriture végétale fournie par les jardins.

L'aviculture ne nécessite qu'une faible mise de fonds ; mais elle ne peut être d'un bon rapport pour le cultivateur et l'amateur qu'autant qu'elle reste *simple* et *économique*.

M. ARNOULD a rassemblé dans ce volume tout ce qui, ayant un caractère pratique et utilitaire, est de nature à faire aimer l'aviculture : il s'est attaché tout particulièrement à exposer les bonnes méthodes d'élevage, de sélection et de reproduction, les constructions économiques, les modèles de rations à bon marché, les règles de l'hygiène, le meilleur parti à tirer des différents produits, etc.

Il passe successivement en revue les poules, les lapins, les pigeons, les canards, les oies, les dindons et les pintades.

CANARDS, OIES ET CYGNES

Palmipèdes de produit, de chasse et d'ornement
Par A. BLANCHON

1896, 1 vol. in-16 de 348 pages, avec 73 figures............ **10 fr.**

La première partie de ce volume est consacrée à l'installation, à la nourriture, à l'incubation, à l'élevage, à l'éjointage, aux maladies, à l'acquisition et au transport des oiseaux et des œufs. Dans la deuxième partie, M. BLANCHON passe en revue les différentes races de cygnes, oies et bernaches et autres anséridés ; canards, sarcelles et autres anatidés ; il donne, à propos de chaque espèce, les caractères distinctifs, la distribution géographique, les migrations, le nid, la ponte, l'incubation, es mœurs, la nourriture, les produits, la chasse, la vie en captivité, la longévité.

Les Oiseaux de Parcs et de Faisanderies

Histoire naturelle, acclimatation, élevage
Par Rémy SAINT-LOUP

1896, 1 vol. in-16 de 354 pages, avec 40 figures.......... **10 fr.**

Sans doute il est bon de faire multiplier les oiseaux de basse-cour, il est attrayant d'obtenir dans ces espèces des centaines de races et de variétés ; mais la naturalisation des oiseaux exotiques est incontestablement plus intéressante. Enfin le repeuplement des chasses offre à l'activité des amateurs d'oiseaux des sujets de recherches et d'expériences que l'on doit faciliter et dont l'étude doit être indiquée par des livres spéciaux. Aussi était-il intéressant d'exposer ce qui a été fait et de signaler les résultats obtenus en un livre pouvant servir de guide à la fois pour la connaissance zoologique et pour l'éducation des oiseaux de parc et de faisanderie.

Les oiseaux étudiés par M. REMY SAINT-LOUP sont les nandous, les casoars, l'autruche, l'agami, le cygne, les gouras, les colins, les cailles, les perdrix, les hoccos, le paon et les faisans. Ces derniers occupent naturellement une place prépondérante dans l'ouvrage.

Ajouter 10 p. 100 pour recevoir franco.

LES MARCHANDISES
D'ORIGINE VÉGÉTALE et ANIMALE

Par A. ASTRUC
Docteur ès sciences,
Professeur à l'École supérieure de commerce de Montpellier,
et S. CHADEFAUX.

1924, 1 vol. in-16 de 444 pages, avec 120 figures........... **10 fr.**

I. *Matières alimentaires.* — CÉRÉALES ET FÉCULERIE. — Céréales : Blé ou froment. Seigle. Méteil. Orge. Bière. Avoine. Maïs. Riz. Sorgho. Sarrasin. Mouture et farines. Panification et pâtes alimentaires. Féculerie. Amidons de céréales. Fécules.

MATIÈRES SUCRÉES. — Canne à sucre. Betterave. Fruits sucrés. Saccharine.

ALIMENTS TIRÉS DES ANIMAUX. — Miel. Œufs. Lait, beurre, fromage. Viande.

CONSERVES ALIMENTAIRES. — Conservation du lait, de la viande, du poisson, des légumes, des fruits.

ALIMENTS D'ÉPARGNE. EPICES ET AROMATES.

CORPS GRAS. — Corps gras retirés des végétaux : Huiles de fruits (olives). Huiles de graines (coton, ricin, lin, colza, œillette, arachide, amandes douces, chènevis, faîne, noix, sésame). Beurres végétaux (huile de palme, de palmite, beurre de coco). Corps gras retirés des animaux. Graisses et suifs. Cire.

II. *Matières colorantes.* — MATIÈRES TANNANTES. — Ecorce de chêne, écorce de châtaignier, Cu-Nau, sumac, noix de galle. Tannage.

III. *Matières odorantes.* — Matières odorantes d'origine végétale. Essences d'aurantiacées, essence de rose, essences de térébenthine. Matières odorantes d'origine animale.

IV. *Inclusions et sécrétions végétales.* — Gommes, résines, etc.

V. *Produits pharmaceutiques.*

VI. *Produits textiles.* — Produits textiles d'origine végétale. Coton. Jute. Lin. Chanvre. Ramie, Produits textiles d'origine animale. Soie. Laine.

VII. *Produits végétaux divers.* — Papier. Bois. Tabac.

VIII. *Produits animaux divers.* — Peaux. Poils. Fourrures. Plumes. Boyaux. Colles et gélatines. Cornes, écailles. Os, etc.

MANUEL DU CONFISEUR - LIQUORISTE
Sucre, chocolat, bonbons, dragées, fruits confits, confitures, sirops, liqueurs, glaces et boissons gazeuzes

Par Léon ARNOU

2e édition, 1920, 1 vol. in-16 de 388 pages, avec 188 figures.. **10 fr.**

Le *Manuel du Confiseur-Liquoriste* a pour but d'indiquer la composition et la fabrication des divers produits de la confiserie, ainsi que la préparation des liqueurs et autres boissons d'agrément. M. ARNOU indique les procédés qui permettent de préparer d'une façon avantageuse des produits de qualité irréprochable. Il a d'abord examiné le *sucre*, sa fabrication et les diverses transformations qu'il subit ; ensuite le *chocolat*, puis toute la *confiserie*. Les *fruits* et leurs diverses préparations ont été étudiés, soit pour les conserver ou les confire, en préparer des *compotes*, des *fruits glacés*, au sirop ou à l'eau-de-vie soit pour en faire des *confitures*, des *gelées*, des *sirops*. Il a encore indiqué la façon d'en faire d'excellentes *liqueurs* et des *vins de table* fort appréciés. La distillation comprenant la fabrication des liqueurs a été assez développée.

Pour compléter cet ouvrage, il a ajouté une partie fort intéressante, les *glaces et boissons glacées* ; cet art du glacier, assez facile à pratiquer, est utile à connaître et peut être d'une grande ressource dans les centres éloignés. Pour terminer, il a examiné les *boissons gazeuses* ; leur fabrication, très simple, est encore facilitée par l'emploi de l'acide carbonique liquide.

Ajouter 10 p. 100 pour recevoir franco.

L'OLIVIER ET L'HUILE D'OLIVE

Histoire naturelle de l'olivier, culture de l'olivier
préparations, falsifications et usages des produits,

Par BONNET
Directeur du service de l'oléiculture à Marseille.

1924, 1 vol. in-16 de 300 pages, avec 60 figures............ **10 fr.**

Cet ouvrage est consacré à décrire les caractères et l'histoire de l'olivier, les meilleurs procédés à employer pour sa culture et l'obtention de ses produits, les méthodes perfectionnées pour déceler les fraudes dont ceux-ci sont l'objet, etc.

Pour relever l'oléiculture, il faut assurer un prix rémunérateur à ses produits. Lorsque les oléiculteurs seront certains de vendre leur huile un prix convenable, ils n'hésiteront plus à prodiguer leurs soins aux oliviers. Il faut donc, d'abord, améliorer la qualité de l'huile par une fabrication plus soignée, ensuite frapper de peines sévères les fraudeurs qui vendent, sous le nom d'*huile d'olive*, des mélanges plus ou moins savants d'huiles inférieures. Aujourd'hui, grâce aux travaux des chimistes, il est devenu facile de déceler la fraude et de livrer ceux qui la pratiquent aux tribunaux chargés de la réprimer.

LES HUILES VÉGÉTALES

ORIGINES, PROCÉDÉS DE PRÉPARATION, CARACTÈRES ET EMPLOIS

Par H. JUMELLE
Professeur à la Faculté des Sciences de Marseille, directeur du Musée colonial.

1921. 1 vol. in-16 de 496 pages, avec 125 figures............ **15 fr.**

LES MATIÈRES GRASSES

Caractères, falsifications et essai des huiles,
beurres, graisses, suifs et cires.

Par le Dr BEAUVISAGE
Professeur agrégé à la Faculté de Lyon.

1891, 1 vol. in-16 de 324 pages, avec 90 figures............ **10 fr.**

Matières grasses en général, caractères généraux, usages, origine et extraction, procédés physiques et chimiques d'essai, huiles animales, huiles végétales diverses, huiles d'olive, beurres, graisses et suifs d'origine animale, beurres végétaux, cires animales, végétales et minérales.

HISTOIRE DES PARFUMS

Par S. PIESSE

Nouvelle édition, 1905, 1 vol. in-16 de 352 pages, avec 72 fig.   **10 fr.**

La plus grande partie de ce volume est consacrée aux plantes à parfums, à leur culture, leur récolte et leur emploi, puis aux parfums d'origine animale, notamment à l'ambre et au musc.

Ajouter 10 p. 100 pour recevoir franco.

REGISTRE
DE COMPTABILITÉ AGRICOLE

Par E. JOUZIER

Professeur d'économie rurale à l'Ecole d'Agriculture de Rennes.

1 vol. in-folio de 220 pages solidement relié .... **15 fr.**

En agriculture, plus encore que dans beaucoup d'industries, la comptabilité est indispensable en raison de la variété que l'on rencontre dans les entreprises productives, réunies côte à côte, et dans la forme des capitaux engagés, aussi bien qu'en raison de l'échéance le plus souvent fort longue des diverses opérations entreprises sur la ferme.

Si bien peu de cultivateurs s'astreignent à la tenue d'une comptabilité rationnelle, cela tient à la variété et à l'abondance des faits à enregistrer, à la nécessité de les relever avec une régularité que ne permettent pas toujours les occupations de la vie de cultivateur, surtout si l'on n'a, préparé d'avance, un cadre pour les inscrire et les classer et même pour poser les questions auxquelles il est nécessaire de répondre.

De là l'utilité d'un registre soigneusement établi sous forme de feuilles de semaines.

C'est ce qu'a fait M. JOUZIER en réunissant en un recueil unique tous les faits comptables à une même exploitation, sous une forme suffisamment simplifiée pour que la tenue puisse en être confiée à tout chef de culture, sans aucune instruction comptable préalable.

Le registre est établi pour cinquante-deux semaines (une année) avec texte explicatif pour s'en servir et feuille de semaine toute remplie pour servir de modèle. Il est très solidement relié, de façon à pouvoir être conservé.

Manuel d'Enseignement ménager agricole, par Mᵐᵉ PERCHE-RON. Préface de M. TISSERAND. directeur honoraire de l'Agriculture. 1914, 1 vol. in-18 de 396 pages.................. **4 fr.**

LES ASSOCIATIONS AGRICOLES

Syndicats, coopératives, mutualités
et les nouvelles lois sociales agricoles

Par G. LÉCOLLE

Préface de M. de ROCQUIGNY

1912, 1 vol. gr. in-8 de 348 pages....................... **6 fr.**

La France Agricole et la Guerre. par M. CHAUVEAU, sénateur. 1917-1919, 4 vol. in-18 de 874 pages................... **20 fr.**
Chaque volume séparément........................... **5 fr.**

Écrits et Paroles, Par M. CHAUVEAU. 1923-1924, 2 vol. in-18 de 300 pages.. **15 fr.**

L'Agriculture et la Guerre. par PERREAU-PRADIER. Préface de Fernand DAVID, ministre de l'Agriculture. 1919, 1 vol. in-18 de 220 pages...................... **3 fr. 50**

Annales de l'Institut National Agronomique. Paraît depuis 1901. *En vente:* Tomes I à XVIII, 1901 à 1924. Chaque volume.. **7 fr.**

Ajouter 10 p. 100 pour recevoir franco.

HYGIÈNE RURALE

Par le Dʳ R. LAFFON

1904, 1 volume in-16 de 160 pages...................... **3 fr.**

Le milieu rural. — L'habitation rurale. — Hygiène corporelle. — Nourriture. — Boissons. — Maladies. — Dépopulation. — La médecine dans la campagne.

HYGIÈNE RURALE

Par le Dʳ IMBEAUX
Directeur du service municipal de Nancy,

et E. ROLANTS
Chef de laboratoire à l'Institut Pasteur de Lille.

1908, 1 vol. gr. in-8 de 249 pages, avec 125 figures...... **10 fr.**

Alimentation en eau des villages et des habitations rurales. — Habitation à la campagne. — Emplacement et orientation. Matériaux. Constructions. — *La Ferme.* — Logement des animaux. Ecuries. Laiteries. Evacuation des eaux pluviales. Eaux ménagères. Eaux de lavoir. Ordures ménagères. *Etablissements publics et établissements classés.* — Foires et marchés. Tueries. Destruction des animaux contagieux.

APPROVISIONNEMENT COMMUNAL

par MM.

F. PUTZEYS | **M. PIETTRE**
Professeur d'hygiène à Liége, | Inspecteur vétérinaire de la Seine.

1908, 1 vol. gr. in-8 de 464 pages, avec 134 figures........ **15 fr.**

Police sanitaire des animaux. Foires et marchés aux bestiaux. Inspection sanitaire des animaux. Législation sanitaire Abattoirs. Inspection sanitaire des animaux abattus. Désinfection. Législation. Destruction des Cadavres. Clos d'équarrissage. Tueries particulières. Assainissement des viandes. Viande saine et viande malade. Inspection dans les établissements privés. Inspection dans les marchés alimentaires. Marchés forains. Contrôle sanitaire du lait. Hygiène de la production laitière. Hygiène de l'étable. Hygiène de l'alimentation. Hygiène de la traite. Sophistications du lait. Police sanitaire des vaches laitières.

Les Abattoirs modernes, par A. MESNAGER, architecte de la ville de Paris. 1906, 1 vol. in-8 de 135 pages, avec 40 planches. **5 fr.**

Album des Constructions rurales. Logement des espèces chevaline, bovine, ovine et porcine, par M. MILON. 1897, 1 atlas in-folio de 25 pl. noires : 12 fr.; planches coloriées .... **26 fr.**

Les Constructions rurales en Egypte, par MOSSERI et AUDEBEAU BEY. 1921, 1 vol. gr. in-8 de 172 pages avec figures et plans.. **25 fr.**

Ajouter 10 p. 100 pour recevoir franco.

TRAITÉ PRATIQUE DE SYLVICULTURE
Par A. JOLYET
Professeur à l'École nationale des Eaux et Forêts de Nancy.

2e édit., 1916, 1 vol. in-8 de 724 p., avec 130 photogravures.   **30 fr.**

La culture forestière a toujours occupé une place spéciale à côté des autres exploitations agricoles. Les végétaux forestiers ne donnent des produits rémunérateurs qu'au bout d'un nombre d'années d'existence plus ou moins considérable. D'autre part, le caractère extensif de la culture forestière réduit à peu de chose l'intervention humaine : la forêt est un bien naturel que l'homme se contente de domestiquer à son profit. La sylviculture est donc la science qui étudie les phénomènes relatifs à la végétation de la forêt sauvage et l'art d'exploiter celle-ci sans entraver son fonctionnement physiologique.

Évitant avec soin de poser *à priori* des règles auxquelles devraient se plier toutes les forêts, M. JOLYET, dans son nouveau *Traité de, Sylviculture* considère d'abord *l'arbre* au strict point de vue forestier ; puis il étudie *l'espace* qui s'affirme par son *tempérament*, et le suit dans ses rapports avec les *phénomènes météoriques* et avec le *sol* : à cette occasion, il passe en revue les différentes *essences* qui peuplent nos plaines et nos montagnes, en donne *l'aire d'habitation* de chacune, avec les lois qui président à cette *distribution*.

Ensuite il examine comment ces essences se comportent quand elles sont à l'*état isolé*, ou réunies en *massifs* pour former les *peuplements*, dont l'ensemble constitue la *forêt*. Celle-ci, influencée par le *sol* et le *climat*, change d'aspect dans chaque station, et il en montre les principaux types.

Après avoir établi les exigences de la forêt spontanée dans chaque station, il dit par quel genre de *culture* la forêt *aménagée*, c'est-à-dire économiquement constituée, doit être *régénérée* et *améliorée*, en vue de diriger la fabrication de la matière bois vers telle ou telle qualité de marchandise : il aborde, alors, l'étude détaillée des *régimes* et des *modes de traitement* en usage avec leur application en toutes circonstances.

Après ces chapitres consacrés à la forêt en état de rendement, il examine : 1° la *protection de la forêt*, contre les dommages qu'elle peut subir ; 2° le *boisement des terrains nus*, partout où l'exploitation rationnelle du sol le commande.

NOS ARBRES DANS LA NATURE
Par CORREVON

Ouvrage illustré de 100 planches en couleurs, tirées sur papier couché.
1921. 1 beau volume gr. in-8 sous reliure artistique....... **45 fr.**

M. CORREVON étudie l'arbre dans son caractère scientifique, nous montre les aspects divers qu'il revêt sous les différentes latitudes qu'il habite, et nous parle de sa culture.

Les cent aquarelles en couleurs qui accompagnent les textes sont fidèles à la réalité scientifique et à la beauté des formes.

TRAITÉ DE LA CONSERVATION ET DE L'AMÉLIORATION DES BOIS
Par M. de KEGHEL
Ingénieur chimiste, ancien directeur des Usines de la Compagnie des bois injectés.

1920, 1 vol. in-16 de 360 p. avec 40 fig. et nombreux tableaux.   **15 fr.**

LE REBOISEMENT
PAR
LES RÉSINEUX
Par L. BRETON-BONNARD
Lauréat de la Société des Agriculteurs de France.

1918, 1 vol. in-18 de 276 pages, illustré de 61 photogravures..   **5 fr.**

Ajouter 10 p. 100 pour recevoir franco.

Les Plantes des Champs et des Bois

Excursions botaniques. Printemps, Eté, Automne, Hiver.

Par Gaston BONNIER

Membre de l'Institut, professeur de botanique à la Faculté des Sciences de Paris.

Nouveau tirage.

1 vol. gr. in-8 de 568 pages, avec 873 figures dans le texte, et 39 pl., dessinées d'après nature par E. MESPLÉS. Broché..... **25 fr.**

Cartonné, tête dorée................................. **40 fr.**

ATLAS COLORIÉ
DES FLEURS DE JARDIN

Origine, description, affinités, variétés, culture, époque de floraison, utilisation des plus belles plantes vivaces d'ornement.

Par HESDORFFER et E. GRIGNAN

1902, 1 vol. in-4 de 108 pages, avec 48 planches chromolithographiées .... **30 fr.**

LA ROSE

Histoire et culture, description de cinq cents variétés de rosiers

Par J. BEL

1892, 1 vol. in-16 de 160 pages et 41 figures .... **3 fr.**

Culture des Dahlias Cactus et autres, à grandes fleurs, par VAN DEN HEEDE (A.). *2ᵉ édition.* 1909, in-8, 69 pages avec fig. **2 fr.**

Arboretum Segrezianum. Icones selectæ arborum et fruticum in hortis Segrezianis collectorum, par A. LAVALLÉE. 1885. 1 vol. gr. in-4, avec 36 planches, cartonné............ **60 fr.**

Les Clématites à grandes Fleurs (Mégalanthes) par LAVALLÉE, 1884, 1 vol. gr. in-4, avec 24 planches, cartonné..... **40 fr.**

Atlas de la Flore alpine, par H. CORREVON. 1901, 1 vol. de texte et 5 vol. d'atlas contenant 500 pl. col. Ensemble 6 vol. in-16, cartonnés..................................... **100 fr.**

Atlas Manuel de Botanique, ou illustrations des familles et des genres de plantes phanérogames et cryptogames, avec le texte en regard, par J. DENIKER, bibliothécaire en chef du Muséum de Paris. 1887, 1 vol. in-4 de 400 p., avec 200 pl., comprenant 3 300 figures, cartonné........................ **60 fr.**

Edition de luxe, 200 pl. coloriées au pinceau, cartonné.... **75 fr.**

Ajouter **10 p. 100** pour recevoir franco.